# TRAITÉ

DU

# POUVOIR

DU

## MAGISTRAT POLITIQUE

SUR LES CHOSES SACRÉES;

*Traduit du Latin de Grotius.*

A LONDRES.

1751.

# AVANT-PROPOS.

LE TRAITÉ DE GROTIUS, intitulé, *le Pouvoir du Magistrat politique sur les choses sacrées*, a eu en Latin plusieurs éditions fort rapides, sans qu'aucun Traducteur ait songé à en donner une Version Françoise. Cet Ouvrage roule pourtant sur des objets aussi intéressans, que son *Droit de la Paix & de la Guerre*, & il s'y livre moins aux questions de pure spéculation. Mais soit que l'on ait redouté la Doctrine à cause de la Religion que l'Auteur professoit, soit qu'on l'ait encore trouvé plus abstrait, il n'a point paru jusqu'à présent dans la Langue la plus familiere, & que Grotius avoit adoptée en quelque sorte par le séjour qu'il avoit choisi en France.

Monsieur de Barbeyrac, dont les veilles ont illustré ce profond Publiciste, consulté en 1732 sur le

a

projet déja fort avancé de traduire ce morceau précieux, répondit par une Lettre très-ample le 18 Janvier 1733. de Groningue, où il étoit alors Professeur, après avoir enseigné long-tems à Lauzanne. On ne raportera ici que l'article qui concerne ce Traité particulier.

„ Les Libraires m'ont égale-
„ ment sollicité plus d'une fois de
„ traduire le Traité dont vous par-
„ lez, *de Imperio Summarum Potes-*
„ *tatum circà sacra*, mais j'ai refusé
„ ces propositions & bien d'au-
„ tres que l'on m'a faites. Un seul
„ homme ne peut pas tout, & je
„ crois n'avoir pas à me reprocher
„ d'être demeuré oisif. Grotius &
„ Puffendorf m'ont coûté une pei
„ ne qu'on ne sçauroit bien com-
„ prendre, qu'en essayant quelque
„ chose de semblable ; & on ver
„ roit plus de productions utile
„ qu'il n'en paroît, si ceux qui on
„ les talens & les secours qui me
„ manquent, vouloient s'engager à

„ d'aussi grands travaux que j'en ai
„ essuyés, sans en tirer gueres d'au-
„ tre récompense, qui puisse être
„ appellée telle, que la satisfaction
„ de faire ce que j'ai pû pour ren-
„ dre service au Public; & le plai-
„ sir de m'appercevoir que les gens
„ de bon goût n'ont pas désap-
„ prouvé mes efforts. Je suis bien
„ aise qu'un de vos amis pense à
„ donner une Traduction du Gro-
„ tius sur la Puissance ecclésiasti-
„ que. A l'égard de ce que vous me
„ demandez sur Grotius & ses Ou-
„ vrages, outre ce que j'ai dit dans
„ ma Préface sur le Droit de la
„ Guerre & de la Paix, & ce que
„ l'on trouve dans le Dictionnaire
„ de Bayle, & dans le Tome XIX.
„ des Mémoires du Pere Niceron,
„ je ne puis vous indiquer qu'un
„ Livre, imprimé en 1727. à Hall
„ en Saxe, sous le faux titre de
„ Delft en deux vol. in-8°. sous ce
„ titre: *Hugonis Grotii Belgarum*
„ *Phœnicis Manes, ab iniquis obtrecta-*
„ *tionibus vindicati: accedit scripto-*

„ *rum ejus tum editorum, tum inedito-*
„ *rum conſpectus &c.* „ Quoique ſe
„ Livre ſoit fort à l'Allemande, &
„ que l'Auteur ne ſoit pas toujours
„ exact, il peut être fort utile. . . .

M. de Barbeyrac indique des ſources générales & particulieres à qui voudroit étudier davantage le génie vaſte du Sçavant, qui, indépendamment de ſes amples connoiſſances, a joué un rolle dans ſa Patrie. Ce précis ſervira d'introduction à la Traduction que l'on offre aujourd'hui. Elle a été entrepriſe il y a plus de vingt ans; on ne l'a chargée ni de notes ni de commentaires, comme la plûpart des Verſions de Grotius. La fidélité du texte n'eſt pas douteuſe, puiſque pluſieurs éditions Latines ſont copiées les unes ſur les autres, & que des remarques, de quelqu'eſpéce qu'elles fuſſent, ſeroient ſuperflues. L'accueil du Public fixera le ſuccès qu'a lieu de ſe promettre la plume, qui a conſommé la tâche de M. de Barbeyrac.

# TABLE

## DES CHAPITRES.

TRAITE'

# TRAITÉ DE GROTIUS,

*Du pouvoir du Magiſtrat politique ſur les choſes ſacrées.*

## CHAPITRE PREMIER.

*Le pouvoir du Magiſtrat politique s'étend ſur les choſes ſacrées.*

J'APPELLE Magiſtrat politique, la perſonne, ou l'Aſſemblée qui gouverne tout un Peuple, & qui n'a que Dieu au-deſſus d'elle. Je ne conſidere donc point ici le pouvoir en lui-

I. Etat de la queſtion.

même, lorſque je me ſers du terme Magiſtrat politique, quoiqu'on ait coutume de l'y appliquer ; mais je le donne à celui qui eſt revêtu du pouvoir, ſelon l'expreſſion des Latins & des Grecs. Ainſi parle l'Apôtre de ces Puiſſances éminentes, qu'il qualifie de Princes & de Miniſtres de Dieu : il y déſigne clairement les perſonnes & non leurs fonctions. Ainſi l'Apôtre S. Pierre reconnoît cette ſupériorité dans les Rois, pour faire ſentir combien ils différent des Puiſſances inférieures. Le vulgaire nomme auſſi Magiſtrat politique, cette Puiſſance contre la ſignification ordinaire du mot Latin ; » car chez les Romains le nom » de Magiſtrat étoit prodigué aux » Tribunaux inférieurs.

J'ai dit la Perſonne ou l'Aſſemblée, parce que j'y comprens non-ſeulement les Rois, que la plûpart des Auteurs croyent abſolus, mais encore les Grands dans une République ariſtocratique. Que ce ſoit le Sénat, les Etats, ou tout autre nom qui a la Puiſſance ſuprême, le Magiſtrat politique doit être un, non de nature, mais de conſeil. Je prens ici le pouvoir dans une ſignification plus étendue ; ce n'eſt pas en ce qu'il eſt oppoſé à la Juriſdiction, mais en ce qu'il la renferme, & qu'il eſt le droit de commander, de permettre & de défendre.

J'ajoute que le Magiſtrat politique n'eſt ſoumis qu'à Dieu ſeul. Ce mot de Puiſſance ſouveraine prouve qu'il n'a aucun ſupérieur parmi les hommes. Optat de Mileve ſoutient contre Parmenianus, l. 3. que Dieu qui a élevé l'Empereur, eſt ſeul au-deſſus de lui ; & Tertullien
» s'adreſſant à Scapula, Nous ho-
» norons l'Empereur ainſi & au-
» tant qu'il nous eſt permis & qu'il
» lui eſt avantageux : Nous l'hono-
» rons comme le premier homme
» après Dieu, & au-deſſous de
» Dieu ſeul ; sûrement il nous ap-
» prouvera, lui qui eſt le maître
» de tous, & qui n'a que Dieu
» ſeul pour ſupérieur. Ce pouvoir
» immédiatement au-deſſous de

„ Dieu, est chez les Grecs l'autorité ; la domination absolue chez „ Aristote; chez Philon le plus grand „ pouvoir ; & la force chez d'autres Auteurs. Quelques Latins „ l'ont nommé Majesté ; mais ce terme caractérise plûtôt la dignité dont le Magistrat politique est décoré, qu'il ne marque sa puissance.

II. On tire de l'universalité de la matiere, le pouvoir du Magistrat politique & on l'appuye sur l'autorité des Saintes Lettres.

Le pouvoir du Magistrat politique ainsi défini, enveloppe & le temporel & la Religion. La preuve en est simple, d'abord la matiere qui exerce la Puissance souveraine est une. Le Magistrat politique, dit S. Paul, est le Ministre de Dieu, le vengeur de celui qui a été lésé. Ce nom de lésion renferme tout crime qui se commet contre les choses sacrées ; puisque toute façon de parler indéfinie a la même force qu'auroit une expression générale. „ Selon „ Salomon, le Roi assis sur le „ Trône de Justice, dissipe par son „ regard toute espece de mal. Le peuple Juif promet à Josué l'obéissance qu'il avoit jurée à Moyse.

Prov. 20.

Jos. 1. 7.

„ Aristote observe que les loix sta- „ tuent sur tout. Ethi. 5. 13

Une similitude confirmera cette proposition. L'autorité d'un pere de famille a des bornes plus étroites que celles du Magistrat politique ; cependant il est dit : „ Enfans obéissez en tout à vos peres. Le Sacré n'en n'est point excepté. Les Saints Peres raisonnent de même, lorsque du passage de S. Paul qui veut „ que tout homme soit soumis au „ Souverain, ils concluent que le „ Ministre du Seigneur y est assujetti ; quand ce seroit un Apôtre, „ un Evangeliste, ou un Prophête, s'écrie S. Chrysostome. Saint Bernard dans une lettre à un grand Archevêque, „ s'il embrasse toute „ puissance & même la vôtre, qui „ vous séparera de l'universalité ?

Col. 3. 20

Dans l'Epi. aux Rom.

III. Sur l'autorité de la raison naturelle.

En effet, sous quel prétexte soustrairoit-on quelque chose du pouvoir du Magistrat politique ? Ce qu'on en détacheroit, ou n'obéïroit à aucune autorité humaine, ou obéïroit à une autorité autre que la souveraine ; outre qu'il seroit difficile de démontrer que cette portion seroit affranchie, on introduiroit une anarchie, que n'admet point un Dieu, qui a rangé dans un si bel ordre les choses naturelles & morales. Gratifier une autre Puissance de ce qui appartient au Magistrat politique, ce seroit asservir un seul Peuple à deux Puissances distinctes : maxime contraire à l'essence du Souverain, & qui y répugne toutes les fois que ce mot se prend non-seulement dans le sens négatif, mais dans le sens affirmatif. Telle est, dit Tertullien, la condition du Souverain que rien ne l'égale, loin de le surpasser. Les Saints Peres se sont heureusement servi de cet argument, „ que la Puissance „ souveraine ne peut être qu'une, pour détruire la multitude des faux Dieux.

La force d'un Etat s'oppose aussi à la multiplicité des Souverains ; de même que dans l'homme il est une volonté qui fait mouvoir les membres, & préside à leurs opérations, de même une seule autorité inspire le mouvement au Corps civil ; l'art prend la nature pour modèle ; la République est une, à cause du Magistrat politique qui la gouverne. La vérité de cette proposition se tire des effets, par lesquels on juge ordinairement des puissances & des facultés. La suite „ naturelle du pouvoir est l'obliga- „ tion & la coaction. Or s'il y a plusieurs Souverains, il peut y avoir des ordres contraires, ou qui renferment quelque contrariété ; mais toute obligation ou coaction contraire sur la même matiere répugne & produit ce que les Rheteurs appellent „ combat de nécessité. L'une cesse d'obliger ; c'est pour cela que Dieu a voulu que le pouvoir du pere de famille, le plus conforme à la nature & le plus ancien, disparut à la vûe du Magistrat politique & lui obéït. Il apprenoit sans doute aux hommes que ce qui de- „ voit être Souverain ne pouvoit „ être plus d'un.

Quelqu'un peut-être répondra que les actions sont distinctes, les unes contentieuſes, les autres militaires, les autres Eccléſiaſtiques, & que ſuivant leurs différens objets, la puiſſance ſouveraine eſt diviſible. De-là on inférera qu'un homme commandé par trois maîtres pour aller au même moment au Palais, à la Guerre, à l'Egliſe, ſeroit contraint d'exécuter les ordres de tous, obéïſſance impoſſible, d'où Tacite a judicieuſement dit : „ tous „ ordonnent, perſonne n'exécute.

Si les Souverains ne ſont plus égaux, ils exerceront une puiſſance par dégrés ; l'inférieur cédera au Supérieur, & il ſera toujours vrai que la Magiſtrature politique ne ſera point partagée à pluſieurs par portions égales. „ Perſonne, dit la „ Sageſſe divine, ne peut ſervir „ deux maîtres. Un Royaume di- „ viſé ſera diſſipé, la domination „ de pluſieurs n'eſt pas bonne, & „ tout pouvoir ne peut ſouffrir „ d'égal.

Ces malheurs ne ſont point à craindre pour les Etats qui n'ont qu'un maître ; comme pluſieurs ſurjets ont chacun leur département, ou peut-être travaillent au même ; le Souverain les subordonne de façon que l'harmonie n'en est point altérée. Des Souverains qui gouverneroient ensemble ne goûteroient point cet arrangement, puisque celui qui élit est au-dessus de l'élû, & enfin cela iroit à l'infini.

Au reste cette opinion s'évanouit dès que l'on convient que Dieu est „ le Législateur universel. La législation est alors nécessaire selon chaque chose ; c'est-à-dire une déclaration spéciale suivant les circonstances ; comment sans cela sauver une sédition ? Or il est constant, „ que Dieu ne fait point cette dé„ claration selon chaque chose. D'autres ajoutent que les Princes ne peuvent point promulguer des loix, qu'ils n'ayent avant obtenu le consentement des Etats. Ils ne font point attention aux Gouvernemens où cela se pratique, Gouvernemens où la Magistrature politique n'est point entre les mains des Rois, & où elle est unie aux

Etats, ou à ce Corps que forme le Roi & son Peuple.

Consultez Bodin, Suarès, Vittoria & tant de fameux politiques. Ne seroit-il pas ridicule de voir un homme Magistrat politique, & n'oser commander quelque chose, parce qu'un particulier le défendroit ou s'y opposeroit. C'est pourquoi l'universalité qui occupe le Souverain s'appelle l'art de regner. „ Platon la nomme tantôt royale, tantôt civile, tantôt l'art de commander de son droit, c'est-à-dire la maîtresse de tous les arts. „ Aristote soutient qu'elle est la „ la premiere & la plus grande. » Philon dans la vie de Joseph, l'art » des arts, la science des sciences, » d'autant qu'il n'est nul art, nulle » science qu'elle ne commande & » qu'elle n'employe.

IV. Par l'universalité de la fin qui se tire des Saintes Lettres, & de l'aveu des Philosophes.

La fin de cette science répond parfaitement à l'universalité de sa matiere. Saint Paul déclare que le Magistrat politique „ est le Ministre „ de Dieu pour accomplir le bien. „ Il explique ailleurs que les Rois

„ ont été établis, afin que les hom-
„ mes coulent des jours doux &
„ tranquilles, non-seulement dans
„ l'honneur, mais encore dans
„ toute la piété. Telle est la vraie
„ félicité d'un Peuple, qu'il aime
„ son Dieu, qu'il en soit aimé,
„ qu'il le reconnoisse pour son
„ Roi, que Dieu l'avoue pour son
„ Peuple. Heureux, s'écrie Saint
„ Augustin, les Princes qui em-
„ ployent leur puissance à étendre
„ le culte de Dieu.

De la Cité de Dieu, 5. ch. 14.

Les Empereurs Théodose & Honorius l'avoient prévenu dans une lettre à Marcellin : " tous nos
„ travaux guerriers, toutes nos
„ constitutions ne tendent qu'à af-
„ fermir dans nos sujets le culte du
„ vrai Dieu.

Théodose écrit à S. Cyrille, que le devoir de César est que les Peuples vivent non seulement dans la paix, mais encore dans la piété. Isidore de Peluse donne le même but au Sacerdoce, & à la Magistrature politique, je veux dire le salut des sujets. Ammian y souscrit, „ le pou-

Liv. 5.

„ voir ſouverain n'eſt autre choſe, „ comme les Sages le définiſſent, que „ le ſoin du ſalut du prochain. L'Auteur enfin de la conduite des Princes, ouvrage attribué à S. Thomas, prétend que la principale fin qu'un Prince doit ſe propoſer, pour lui & pour ſes ſujets, eſt la félicité éternelle, qui conſiſte à voir Dieu; & comme c'eſt le bien le plus parfait, tout maître, tout Roi, ne doit rien épargner pour le procurer à ſes ſujets.

V. L'aveu des Philoſophes Païens.

Quoique les divins Oracles dévelopent ces maximes, elles n'ont point été ignorées des hommes guidés par la lumiere naturelle. Chez Ariſtote, une République a des fondemens ſûrs, dont les principes font bien agir & vivre heureux. La paix extérieure de la ſociété n'eſt donc pas l'unique point de vue de l'adminiſtration publique, il faut veiller ſur le bien de chaque particulier, qu'Ariſtote diſtingue en actif & en contemplatif. „ Le genre de vie le „ meilleur, continue ce Philoſophe „ dans un endroit remarquable à la

Polit. 7. chap. 12.

„ fin des Eudemies, est celui qui at-
„ tache l'homme à la considération
„ de Dieu, & le plus dangereux,
„ celui qui le détourne de son culte.
Ainsi toutes les voyes qui impriment la vertu dans les hommes, étant les choses sacrées, & le Magistrat politique étant obligé d'embrasser ces voyes, il s'ensuit que son pouvoir doit envelopper les choses sacrées; la nécessité de la fin, donne un droit incontestable sur les moyens qui y conduisent.

VI. Le droit du Souverain est puisé dans l'autorité des Saintes Ecritures.

L'autorité de la Loi divine n'affoiblira point ces preuves tirées de la nature de la chose; elle prescrit aux Rois l'observation de la Loi, le culte du Seigneur, l'adoration de Jesus-Christ. Ce Commandement ne les regarde pas soulement en tant qu'ils sont hommes, (il les obligeroit autant que les particuliers) mais en tant que Souverains, il leur impose un devoir propre du Souverain, c'est-à-dire, d'exercer leur pouvoir sur la Religion. S. Augustin ne le dissimule pas; ses propres expressions auront plus de poids.

Cont. Crescon. liv. 3. ch. 51.

„ Les Rois instruits des Commandemens de Dieu, le servent „ comme Rois „ quand leurs Edits „ ordonnent le bien & détournent „ du mal qui altere la société humai- „ ne & la Religion : il écrit ailleurs, „ comment les Rois servent-ils Dieu „ dans la crainte ? en réprimant & „ punissant par une sévérité reli- „ gieuse, ce qui se pratique contre „ l'ordre de Dieu. Leurs devoirs „ sont autres comme hommes, au- „ tres comme Rois. Hommes, ils „ vouent une obéissance aveugle à „ sa Loi. Rois, ils tiennent la main „ à l'étroite observation des Loix ; „ ils se modelent alors sur le Roi „ Ezéchias, qui renversa les bois sa- „ crés & les temples des idoles ; qui „ abatit tout ce qui avoit été élevé „ au mépris des ordres de Dieu ; „ sur le Roi Josias, qui suivit les mê- „ mes traces ; sur le Roi de Ninive, „ qui invita cette Ville à appaiser le „ Seigneur par un jeûne universel ; „ sur Darius, qui sacrifia ses idoles „ à Daniel, & fit jetter ses ennemis „ dans la fosse aux lions ; sur Nabu-

Lettre à Bonif.

„ chodonosor, qui défendit à ses sujets, sous des peines terribles, de blasphêmer Dieu. Voilà le culte que les Rois rendent au Seigneur, comme Rois, & qu'ils ne pourroient lui rendre, s'ils n'étoient pas Rois. Voilà cette protection que Dieu a annoncée à son Eglise par le Prophéte. S. Augustin a bien remarqué que ces Rois sont coupables, qui n'ont point dissipé, ni étouffé les abus qui couvroient les préceptes de Dieu, & que ceux au contraire qui y ont travaillé sans relâche, recevront mille bénédictions. „ Que les Princes du siécle sçachent, ajoute S. Isidore de Séville, qu'ils rendront compte à Dieu de l'Eglise que J. C. leur a confiée, soit qu'ils conservent dans toute sa vigueur la paix & la discipline de l'Eglise, soit qu'ils en souffrent l'altération. Dieu qui la laisse à leur puissance, leur en demandera un compte exact ; & l'Evêque Léon surnommé Auguste, n'a pas eu tort de dire : „ Princes, pensez sans cesse que vous avez la puissance, „

Sent. 3. cha. 51.

Epist. 75.

„ plus pour veiller ſur l'Egliſe, que
„pour le gouvernement de vos Etats.

VII. Par le conſentement des anciens Chrétiens.

La tradition de l'Egliſe & les conſtitutions des Empereurs les plus zelés viennent après la Loi de Dieu. Chaque partie de ce Traité fera connoître le pouvoir qu'ils ont exercé ſur la Religion. L'Hiſtorien Socrate comprend tout en peu de mots.

Liv. 5. Præf.

» Auſſitôt que les Empereurs eurent
» embraſſé la Religion Chretienne,
» les affaires de l'Egliſe dépendirent
» d'eux. Joignez-y le paſſage d'Optat de Mileve. La république n'eſt pas dans l'Egliſe, mais l'Egliſe dans la république, c'eſt-à-dire, dans l'Empire Romain.

Liv. 3.

Une ancienne Inſcription qualifie Conſtantin d'Auteur de la Religion & de la Foi. L'Empereur Baſile comparant l'Egliſe à un Vaiſſeau, dit, » que Dieu lui en a remis le
» Gouvernail. On rapporte un écrit du Pape Eleuthere, qui en parlant des affaires de la Religion, » traite
» le Roi d'Angleterre de Vicaire de
» Dieu dans ſes Etats. Un Concile de Mayence nomma Charlema-

gne l'Administrateur de la Religion.

VIII. Le consentement des Réformés.

Les Confessions de Foi des Eglises réformées de ce siécle & du précédent, ne s'écartent point de ce sentiment. Selon la Confession Hollandoise, » le devoir du Magistrat est » de maintenir & la Police civile, » & la conservation du Ministre » sacré, de veiller à la propagation » de la Foi, & sur-tout à faire tellement dispenser par-tout l'Evangi-» le, qu'il soit libre d'honorer & » d'adorer Dieu suivant sa parole.

La Confession des Suisses, posterieure à celle-ci, porte, » que le » Magistrat conserve précieusement » la parole de Dieu, qu'il combatte » tout dogme contraire, & qu'il » conduise le Peuple, confié à ses » soins, par des Loix qui ne res-» pirent que la parole de Dieu.

La Confession de Basle, veut » que le Magistrat soit attentif sur-» tout à ce que Dieu soit sanctifié, » & son Royaume reculé; que sou-» mis à sa volonté sainte, il s'effor-» ce d'arracher la racine du péché. » Si ce devoir étoit imposé aux Prin-

» ces Payens, combien doit-il être
» cher à un Prince Chrétien qui est
» Vicaire de Dieu ? L'Eglise Angli-
» cane frappoit d'excommunication
» ceux qui osoient soutenir, que les
» Rois d'Angleterre n'avoient pas la
» même autorité dans le spirituel
» que les Rois chez les Hébreux.

Brentius sur l'an 1555. examine, avec plus d'étendue, ce droit & ce devoir des Princes dans les Prolegomenes sur l'Apologie du Duc de Wirtemberg. Hamelmannus le développe dans un livre fort utile, qu'il mit au jour l'an 1561. Il seroit ennuyeux de transcrire ici ce qu'en disent Musculus, Bucer, Jewel, Wittaker, le Roi d'Angleterre, l'Evêque d'Elie, Burhil, Casaubon, Pareus. Les Politiques sont d'accord avec les Théologiens. Le mérite supérieur de Melchior Goldaste lui a assigné un rang distingué parmi les Politiques. Cet Auteur démontre dans plusieurs gros volumes le droit du Magistrat politique sur les choses sacrées. Tous ceux enfin qui ont donné quelque écrit digne d'être lû, touchant le Gouvernement, attesrent que ce droit ſur les choſes sacrées, eſt non ſeulement une portion du pouvoir ſouverain, mais qu'elle en eſt la plus précieuſe, & la plus conſidérable.

IX. Le conſentement des Nations.

Qu'on ne s'imagine pas que cette opinion ſoit particuliere aux anciens Chrétiens, ou aux Réformés; les autres nations l'ont tellement adoptée, qu'elle eſt au nombre des loix que la raiſon a dictées au genre humain, avant que le culte eut changé. Les premiers ſiecles l'ont tranſmis aux ſeconds, & d'eux elle eſt parvenue, par une longue ſucceſſion de tems, à leurs neveux.

La maxime fondamentale de la République chez Ariſtote, eſt l'inſpection univerſelle ſur les choſes divines. Plutarque lui donne la premiere place dans la conſtitution des loix. Un Philoſophe de la ſecte de Pytagore veut que le meilleur ſoit honoré par le meilleur, & le plus éminent par le Souverain. Les anciens Legiſlateurs Charondas & Zeleucus l'ont confirmé par leur exemple. Les douze Tables, dreſſées ſur les Loix Grec- Polit. 7. 8.

ques, & qui ſont la baſe du Droit Romain, porterent pluſieurs réglemens ſur la Religion : ce qui fit dire avec raiſon au Poëte Auſone, „ que les douze Tables contiennent „ trois Droits différens, le Sacré, le „ Civil, & le Public.

D'où il eſt évident, que quand l'Empereur Juſtinien n'a parlé que de deux Droits, le Civil & le Public, il a renfermé le Droit Sacré ſous le nom de Droit Public, qu'il diſtingue ailleurs en Droit Civil, Droit Public, & Droit Divin. La premiere partie de ſon Code eſt toute des Loix ſacrées & publiques : les Loix ſacrées ferment les titres du Code de Théodoſe, d'où naît encore la définition que donne Ulpien de la Juriſprudence, non de celle du Bareau, qui eſt placée entre les Arts inférieurs, mais de l'interprete des Loix qui domine la Juriſprudence du Bareau & les autres Arts ; il l'a définie la connoiſſance des choſes divines & humaines. „ D'accord avec Criſippe, qui „ a écrit, que la Loi étoit la Reine „ des choſes divines & humaines.

„ Ce paſſage de Juſtinien y a beau-
„ coup de rapport. Rien n'eſt plus
„ précieux que l'autorité des Loix,
„ elle range dans un bel ordre les
„ choſes divines & humaines, & el-
„ le proſcrit toute iniquité.

Je n'ai garde de paſſer ſous ſilence l'aveu de Suarès. „ L'expérience
„ continuelle des hommes prouve,
„ que quoique l'on ait partagé à di-
„ férens Magiſtrats la connoiſſance
„ des choſes civiles & ſacrées, par-
„ ce que la variété des actions de-
„ mandoit cette diviſion, cepen-
„ dant la puiſſance ſouveraine de
„ ces deux objets, la légiſlation ſur-
„ tout eſt réſervée au Magiſtrat po-
„ litique. On lit dans l'hiſtoire que
„ le Peuple Romain n'a point ceſſé
„ de confier ce pouvoir aux Rois &
„ aux Empereurs, & je préſume
„ que cet uſage eſt en vigueur chez
„ les autres nations. Il ajoute de S.
„ Thomas d'Aquin, que le Magiſ- Liv. II. qu.
„ trat politique, ſous la Loi natu- 29. a. 3.
„ relle, avoit le ſoin du culte & de
„ tout ce qui concernoit la Religion;
& il inſinue d'après Cajetan, qu'il

en étoit ainsi, & chez les peuples plongés dans les ténébres du paganisme, & chez ceux qui, guidés par la seule lumiere naturelle, adoroient le vrai Dieu.

X. Même en vûe du salut éternel.

„ La coutume universelle, pour-
„ suit Suarès, déclare bien le vœu
„ de la nature ; il semble, à la vé-
„ rité, que S. Thomas & Cajetan,
„ sont persuadés que les Législa-
„ teurs ne rapportoient qu'à la paix
„ publique tout ce soin qu'ils pre-
„ noient de la Religion ; mais outre
„ qu'il est difficile de fonder cette
„ opinion, elle est à peine vrai-
„ semblable ; car les saints Peres ne
„ ne nous permettent point de dou-
„ ter qu'un des principaux points
„ de la Religion des Gentils étoit
„ que la Sagesse divine distribuoit
„ aux hommes, après leur mort,
„ des peines & des récompenses. Le témoignage du comique Diphile est si clair, qu'il ne seroit pas possible d'y rien ajouter de plus précis. Nombre d'Auteurs dignes de foi ont attesté ces principes chez les Egyptiens, les Indiens, les Germains, les Gau-

lois, les Thraces, les anciens Italiens : pourquoi penser qu'aucun Législateur ne s'est proposé cette fin ?
» Convaincus que l'on est avec S.
» Augustin, que plusieurs, hors la
» famille d'Abraham, ont cru & ont
» esperé en la venuë de J. C. quoi-
» que l'Ecriture Sainte ne le marque
» que de Job, & d'un petit nombre
» de Fideles.

XI. Pour la félicité temporelle.

Outre cette fin premiere & principale, qui appelle nécessairement le Magistrat politique à la connoissance de la Religion, il en est une autre : c'est que la Religion contribue beaucoup à la tranquillité & au bonheur public, & ce par deux motifs, dont le premier vient de la divine Providence.

XII. Qui suit la vraie Religion par la force de la divine Providence.

En effet, la solide pieté a l'espérance de la vie future & de la vie présente. « Cherchez d'abord le
» Royaume des Cieux, & le reste
« vous sera accordé. L'ancienne Loi
» promettoit aux Princes religieux
» un regne heureux, l'abondance,
» la fécondité, la victoire, & tou-
» tes les autres prospérités, tandis

» que les impies sont maudits de » Dieu. Ces promesses n'ont point été cachées aux nations dans ces siécles malheureux, où ennemies de Dieu, elles étoient livrées à l'aveuglement du Paganisme : témoin ce trait d'Homere : « Votre gloire est » semblable à celle d'un Roi irréprochable, qui, honorant les Dieux, » dispense la justice à ses sujets ; la » terre devenue riche, se pare de » tous ses biens ; les arbres rompent » sous les fruits; les troupeaux nombreux multiplient dans les vastes » campagnes ; les mers sont couvertes de poissons ; enfin le bonheur » des peuples est le fruit de la sagesse du Prince & de la douceur » de son Gouvernement.

» Tout prospere à ceux qui servent les Dieux, avoue Tite-Live, » & tourne mal à ceux qui les méprisent. Vous régnez, dit Horace, parce que vous vous reconnoissez inférieurs aux Dieux. Ces » Dieux, observe le même Poëte, » négligés en Italie, se sont vengés » d'elle. Valere Maxime n'est point surpris

„ ſurpris que la bonté des Dieux
„ ait travaillé ſans ceſſe à l'accroiſ-
„ ſement & à la conſervation de
„ l'Empire Romain, parce qu'on y
„ célébroit avec ſcrupule les moin-
„ dres cérémonies de la Religion.

Eſt-il néceſſaire de citer des Auteurs Chrétiens ? il eſt ſur ce point des Conſtitutions de Conſtantin, de Theodoſe, de Juſtinien. Un ſeul endroit d'une Lettre de l'Empereur Leon à Marcian ſuffit. „ J'ai, dit
„ ce Prince, beaucoup à vous fé-
„ liciter de votre attention ſingu-
„ liere à maintenir la paix de l'E-
„ gliſe ; je juge par cette conduite,
„ que vous avez autant à cœur
„ la tranquillité du Gouverne-
„ ment que celle de la Religion.
„ Pluſieurs paſſages de Platon ont
„ le même ſens.

XIII. De ſa propre nature.

L'autre raiſon ſe tire de la nature & de la propre force de la Religion, qui rend les hommes doux, ſoumis, fideles à leur patrie, juſtes & ſcrupuleux. Qu'une République eſt heureuſe, animée de tels Citoyens ! La Religion chez Pla

„ ton est le boulevart de la Puissan-
„ ce, la chaîne des Loix, & de
„ de l'exacte discipline. Chez Cice-
„ ron, c'est le fondement de la so-
„ ciété humaine. Chez Plutarque,
„ le lien de toute Assemblée, la
„ base des Loix; d'où il avance,
qu'on édifieroit plus aisément une
Ville sans terrain, qu'on ne for-
meroit une République sans une
Religion, ou qu'on ne la soutien-
droit si elle étoit formée sans elle.
„ Plus mes Sujets, dit Cyrus,
„ dans Xenophon, respecteront les
„ Dieux, moins ils attenteront
„ à ma personne, & moins ils se
„ déchireront entr'eux. Aristote in-
„ sinue qu'un Roi que ses Sujets
„ voyent l'ami des Dieux, loin
„ d'avoir à redouter de son peuple,
„ il en acquiert une vénération plus
„ profonde.

Si la fausse Religion contribue beaucoup à la paix extérieure, parce que la supestition domine avec plus d'empire, plus la Religion est vraie, plus les effets en sont certains. Philon a heureusement imaginé que le culte d'un seul Dieu, est comme un philtre très-prompt, & qu'il forme le nœud indissoluble de la Charité. Plusieurs Peres, & sur-tout Lactance l'adapte à la Religion Chrétienne. Ses ennemis les plus déclarés conviennent, Pline entr'autres, „ qu'elle lie ses Sectateurs par „ serment à ne commettre ni vols „ ni brigandages, à tenir leur pa- „ role, à ne point dissimuler un „ dépôt confié. Ammian Marcelin „ ajoute qu'elle n'enseigne rien „ que de juste & de doux, & sui- „ vant Zozime, elle triomphe de „ tout péché infame.

Ce feroit un erreur de croire que la Religion sert à la République, seulement en ce qu'elle prêche une vie reglée, & la confirme par des promesses & des menaces; ses Dogmes & ses Rites ont encore une liaison étroite avec les mœurs & la félicité publique. Xenophon est peut-être trop subtil au sentiment de Galien, quand il soutient qu'il est indifférent pour les mœurs que Dieu soit corporel ou non. La vé-

rité apprend que Dieu étant Esprit,
„ il faut l'adorer en esprit. Séneque
„ avoue que le culte le plus agréa-
„ ble aux Dieux est un esprit droit;
„ les Philosophes enseignent que
„ Dieu étant partout il ne faut rien
„ commettre de honteux; & dès
que Dieu connoit l'avenir, rien ne
peut arriver au Juste qui ne lui soit
salutaire. Tibére n'avoit point de
religion, au rapport de Suetone, il
attribuoit tout au destin.

Platon, approuvé des Saints Peres, dit avec raison, » qu'une Répu-
„ blique bien reglée ne devoit point
„ souffrir qu'on débitât que Dieu est
„ auteur du mal, que cette opinion
„ est impie & dangereuse pour un
„ Etat. Silius Italicus qui écrit que
„ la source de crimes des mortels
„ ne vient que d'ignorer la nature
„ des Dieux, raisonnoit juste en
» l'expliquant de Dieu, Il est dange-
„ gereux, continue Platon dans son
„ second livre de la République,
„ de tolérer ceux qui inventent
„ des cultes nouveaux. C'est une
„ peste que ces gens qui espérent,

„ par de petites expiations ; le par-
„ don de leurs péchés ; & d'autres
„ auteurs disent la même chose
„ touchant les Cérémonies Eleu-
„ sines, & les Baccanales.

Des raisons moins fortes engagent encore le Magistrat politique à ne point se désaisir du pouvoir souverain sur la Religion, sans un danger évident de l'Etat : combien de Prêtres échauffés exciteroient des troubles, s'ils n'étoient retenus. Aussi Quinte-Curce disoit qu'une multitude prévenue par un phantôme de Religion, écoutoit plus la voix des Prêtres que celle de ses chefs. Les Rois, les Empereurs d'Asie, d'Afrique & d'Europe en ont fait une triste expérience. Ouvrez les Annales des Nations, les exemples s'y multiplient.

Un second motif est que le changement de Religion ou de Liturgie, que le consentement ou une nécessité pressante n'aura point provoqué, remue tout un Etat, & le met souvent à deux doigts de sa perte : ceux qui veulent pénétrer les choses divines entrainent volontiers leurs Sectateurs à suivre les Loix étrangeres. La tradition de tous les tems éclaire cette vérité, & si des Edits sevéres ne répriment la curiosité des Peuples, la forme d'une République souffre de cruels changemens.

XIV. L'aveu des Catholiques Romains.

Ces deux dernieres observations ont tant de poids, que les Auteurs qui interdisent au Magistrat politique la connoissance de la Religion, en ce qui concerne le salut des ames, la lui soumettent quant à la discipline ecclésiastique. Entre les plus célébres de la Communion Romaine sont Jean de Paris, François Vittoria & dernierement Roger Widdrington; Jean de Paris s'exprime de la sorte: ,, Il est permis au Prince de repousser ,, l'abus du glaive spirituel, même ,, par le glaive temporel, sur-tout ,, lorsque le maniement du glaive ,, spirituel entraine la ruine de l'E- ,, tat dont le soin est confié au Sou- ,, verain, autrement envain porte- ,, roit-il le glaive. François Vittoria dit: ,, Le Gouvernement civil ,, est parfait, & se suffit. Donc de sa

„ propre autorité, il peut se dé-
„ fendre contre toute insulte; &
„ ensuite les Princes maintiennent
„ leurs Etats, ou en se tenant sur
„ la défensive, ou en agissant avec
„ autorité.

Widdrington, dans son Apologie, soutient que s'il arrive que la Puissance spirituelle use du glaive spirituel pour attaquer la Puissance temporelle, elle dépend alors accidentellement du Magistrat politique, qui a le pouvoir en main, & qui par conséquent a l'autorité sur toutes les actions externes qui troublent la paix temporelle. Le même Auteur dit encore: „ L'injuste administration des
„ foudres spirituelles, par exemple,
„ une excommunication lancée im-
„ prudemment contre un Prince, ou
„ un interdit jetté sur son Etat mal-à-
„ propos par un Evêque qui est Sujet
„ de ce Prince, se porte devant le
„ Tribunal du Souverain; c'est un
„ crime d'Etat qui en altere la paix,
„ & qui fomente les séditions &
„ les désordres. Dans sa disserta-

tion imprimée postérieurement, il déclare que „ le Gouvernement „ est parfait & se suffit, donc de „ sa propre autorité il peut re- „ pousser tout outrage, & l'abus „ du glaive spirituel, même par „ le glaive temporel, pour peu que „ l'injure intéresse le repos de la „ République dont le soin regar- „ de le Souverain.

„ Il assure dans sa réponse à Sua- „ rès, que les Rois ont le pouvoir „ de bannir & de punir les crimes „ spirituels comme crimes tempo- „ rels, & pernicieux à la tran- „ quillité de l'Etat, » Cet Auteur semble approcher plus de la vérité dans un autre endroit de cet ou- vrage, en disant: „ Ce seroit le „ moment d'examiner si l'autorité „ coactive des Princes Chrétiens „ doit connoître, & attacher des „ peines temporelles aux crimes „ spirituels, non seulement en ce „ que leurs funestes effets seroient „ extérieurs & altéreroient la tran- „ quillité civile, mais en ce qu'ils „ sont spirituels, & qu'ils combat-

„ battent l'Eglise que Dieu a mise „ sous la protection des Princes.

## CHAPITRE II.

*Le pouvoir sur les choses sacrées, & la fonction sacrée sont distincts.*

QUOIQUE tout homme, un peu éclairé, ne puisse ignorer, combien différent le pouvoir & la fonction de celui qui y est soumis, je suis bien aise cependant d'en prévenir le lecteur, parce qu'il est des esprits qui se plaisent à répandre des nuages obscurs sur les choses les plus claires.

I. Toute fonction est soumise au pouvoir.

A en croire Aristote, ce n'est pas à un Architecte comme Architecte de mettre la main à l'œuvre ; son office est de distribuer l'ouvrage à chaque ouvrier, pour exécuter son plan. De même, le Magistrat politique n'exécute point les ordres qu'il donne, mais il commande, & l'on doit exécuter ce qu'il ordonne.

II. Quelqu'une comme émanante.

Les fonctions soumises au pouvoir souverain sont de deux sortes, les unes le sont d'essence & de subordination, comme l'effet dépend de sa cause; les autres fonctions lui sont seulement subordonnées. De la premiere espéce, dans les choses naturelles, sont les rayons qui partent du Soleil, le fleuve qui coule de sa source. La terre par rapport au Ciel est de la seconde espéce, en suivant la même comparaison; l'Architecte a sous lui le Piqueur, tandis qu'il n'a que subordinement le Charpentier, le Serrurier & le Masson.

Ainsi le Magistrat politique voit au-dessous de lui deux genres de fonctions; les unes ont une sorte d'autorité & de jurisdiction, la Préture, la Présidence & les Offices de Magistrature. Les autres du second genre sont, par exemple, celles de Médecin, de Philosophe, de Laboureur, de Commerçant; ceux-là donc combattent un phantôme qui soutiennent avec vivacité que les Pasteurs de l'Eglise, en tant que

» Pasteurs, ne sont pas les Vicaires » du Magistrat politique. Qui doute de cette vérité ? Ne seroit-on pas insensé de dire que les Médecins sont les Vicaires du Souverain ? La suite de ce Traité développera, que ces mêmes Pasteurs en sont les Ministres & les Délégués ; lorsqu'outre les fonctions attachées à leur ministere, ils ont une portion de l'autorité & de la jurisdiction.

Aussi le sçavant Doyen de Lichfield, pour faire sentir que le Clergé n'est pas supérieur au Prince, parce qu'on recommande au Prince de le consulter, employe cette comparaison. Les Rois ont coutume de prendre l'avis de leur Conseil, cependant il n'est pas au-dessus d'eux : d'autres se sont servis de pareilles similitudes ; mais on a eu tort d'exiger que toutes les parties s'y rapportent exactement ; il suffit qu'une similitude réponde à l'essentiel de la proposition, sans cela les paraboles de l'Evangile ne seroient pas hors d'atteinte. La dignité des Pasteurs est égale à celle des Magistrats sans en émaner ; les Magistrats sont Sujets & Vicaires du Magistrat politique ; les Pasteurs comme Pasteurs, sont ses Sujets, non ses Vicaires.

III. Le Droit naturel ne s'oppose pas seulement, mais il persuade que le pouvoir souverain & la fonction sacrée peuvent résider dans la même personne.

Après avoir placé les bornes du pouvoir & de la fonction sacrée, on demande si le même homme peut les réunir, n'étant pas toujours vrai que les choses qui différent ne peuvent subsister dans la même personne. Qu'un homme soit, par exemple, en même tems Musicien & Médecin, il ne guérira point en chantant ; ni en guérissant il ne chantera point. Pour mieux saisir la difficulté, je distingue le droit naturel & le droit divin positif. Le Droit naturel sçait parfaitement allier le Sacerdoce avec le Pouvoir souverain. Leur essence n'est pas incompatible au point qu'on ne puisse en revêtir la même personne, & d'autant plus volontiers, qu'en écartant pour un moment la Loi positive & les obstacles qui naissent de la forme du

Gouvernement, il est en quelque sorte naturel que le Souverain obtienne le Sacerdoce : cette maxime n'est pas à la vérité de la Loi naturelle immuable, mais elle est conforme à la nature & à la saine raison.

Comme les Rois, dont les Etats sont resserrés, peuvent distribuer leurs momens entre les affaires publiques & l'étude d'un art ou d'une science, ( l'histoire fournit des Rois Médecins, Philosophes, Astrologues, Poëtes, & la plûpart grands Capitaines, ) la fonction Sacerdotale étant la plus précieuse & la plus utile à leurs peuples, il semble qu'elle leur conviendroit plus singulierement.

IV. Cela s'est pratiqué avant la Loi de Moïse, & après hors du Peuple Hebreu.

Le consentement unanime des Nations appuye cette opinion. Dès les premiers siécles du monde, où les hommes étoient plus accoutumés à l'Empire paternel qu'au Gouvernement politique, les peres de famille avoient en eux une image de la Royauté, & remplissoient toutes les fonctions du Sacerdoce.

On voit Noë sacrifier à Dieu à la sortie de l'Arche. Dieu dit d'Abraham qu'il tracera à ses enfans & à son peuple le plan d'une vie réguliere. On rapporte à ce droit les sacrifices de Job & des autres Patriarches. A la mort des peres, l'autorité & le sacerdoce passoient aux aînés, & la postérité de Jacob, qui n'avoit point d'Etat formé, observa cet usage, jusqu'à ce que les Lévites & les Prêtres, c'est-à-dire, les Ministres des Prêtres, leur eussent été substitués. La Loi Divine l'explique nettement.

Pendant qu'il y eut quelque forme d'Etat dans le Pays de Canaam, Melchisedec réunit sur sa tête l'Empire & le Sacerdoce; Moïse les exerça jusqu'à la consécration d'Aaron; l'Ecriture Sainte le nomme » Roi & Pontife.

Les autres Nations n'ont point eu anciennement d'autres usages; elles les tenoient de la Loi naturelle & de leurs peres. Aussi, » le » culte & les sacrifices étoient uni» formes. Chez les anciens Peuples,

» dit Ciceron, les Souverains étoient
» les Augures, & ils étoient persua-
» dés que le sçavoir & la divina-
» tion étoient l'appanage de la
» Royauté. Dans Virgile le Roi Anius est Roi & Pontife d'Apollon. Dans l'Iliade & dans l'Eneïde les Héros, c'est-à-dire, les Princes sacrifient aux Dieux. Diodore assure que les Rois Ethiopiens étoient Grands Pontifes; Plutarque le confirme des Egyptiens; Hérodote des Lacédémoniens; Platon des Atheniens & des autres Villes de Grece; Tite-Live & Denis d'Halicarnasse des Romains; ensorte que, depuis l'exil des Tarquins, il y eut à Rome un Roi des Sacrifices. Plutarque ajoute: » Le Prince, muni de
» l'autorité absolue, fait les fonc-
» tions sacerdotales aux Fêtes so-
» lemnelles.

Mais les Peres de famille & les Rois, tant que dura le culte du vrai Dieu, (qui vraisemblablement subsista quelques siécles depuis le Déluge) recevoient-ils le Sacerdoce par un signe particulier? ou l'exerçoientils comme peres ou comme Rois? Les Sçavans pensent que Dieu a parlé en faveur de quelques-uns; rien au reste ne porte à croire qu'il les ait tous appellés; car ( écartant pour un moment la Loi positive ) nulle cérémonie n'étoit requise pour ordonner un Prêtre; les hommes, au contraire, étoient obligés d'être Ministres du Seigneur, ou de déférer à quelques-uns d'eux les fonctions du Sacerdoce dans ces tems, où le culte du vrai Dieu, généralement pratiqué, les invitoit à l'adorer & à lui rendre graces comme l'Apôtre le témoigne. C'est au Pere de famille d'assigner à chacun ses fonctions dont une est le Sacerdoce, que la Loi naturelle n'a point excepté. Or, il est libre de garder un emploi que l'on peut confier à un autre, pourvû qu'on soit en état de le remplir, & que la nature n'y repugne pas.

Le Roi avoit la même prérogative que le Pere de famille, puisque dans ces premiers siécles la multitude avoit le droit de choisir ſon Pontife ; droit qui paſſa à la Puiſſance ſouveraine. ( La Loi poſitive miſe à part ) ce choix avoit deux effets : on ordonnoit à l'élû d'exercer les fonctions ſacerdotales, on les interdiſoit au Peuple. Ces actes étoient des actes ſouverains, qui n'émanent point de celui qui n'a point en main la Puiſſance abſolue. Ce principe ne combat point la défenſe faite aux Hébreux par S. Paul, » que perſonne » n'uſurpe le Pontificat que celui » que Dieu y aura appellé comme Aaron. » Le divin Prophéte entendoit le Pontife Légal, & ne déſignoit point celui qui étoit, ou pouvoit être avant ou hors la Loi de Moïſe ; il faiſoit remarquer que tout ce qui étoit de plus éminent dans le Pontife Légal étoit en J. C. dans un plus haut degré, & qu'on ſouhaitoit au Pontife Légal des vertus que J. C. ſeul poſſédoit ; & l'on doit entendre des ſacrifices de la Loi, tout ce que dit l'Apôtre touchant les ſacrifices dans ſon Epitre aux Hebreux.

V. La Loi de Moïse sépare le pouvoir souverain & la fonction sacrée.

La Loi divine positive abrogea chez le Peuple de Dieu l'union du Sacerdoce avec l'Empire, laquelle avoit duré près de 2500. ans. La guerre, le luxe & les passions honteuses des Rois la rompit chez les autres Nations. La Loi de Dieu transporta le Sacerdoce à Aaron, & à ses seuls descendans. Cette Loi fit un crime de ce qui étoit louable auparavant; il ne fut plus permis à aucun étranger d'usurper le Sacerdoce contre la défense expresse de Dieu. Le Roi Ozias y ayant contrevenu, en fut repris par les Prêtres avec raison: Ce n'est point à vous, dirent-ils, Ozias, d'offrir l'encens à l'Eternel, c'est aux Prêtres fils d'Aaron, qui sont destinés à cet office. Aussi la lépre fut la digne récompense de la témérité de ce Prince.

Au reste, il seroit difficile de pénétrer le motif qui porta Dieu à diviser le Sacerdoce & l'Empire dans Israël, si l'Ecriture Sainte n'eût en quelque sorte donné lieu à ces conjectures. Les Hébreux étoient fort enclins à la superstition, témoins leurs chutes fréquentes, & leurs sacrifices aux faux Dieux. Dieu pour étouffer l'idolatrie, & mettre un frein à leur légéreté, appésantit leur joug par des céremonies gênantes, qu'ils regarderent comme la seule route du salut : envain les Saints ont-ils combattu cette illusion en leur faisant entendre que la miséricorde, c'est-à-dire la pureté du cœur, étoit plus agréable à Dieu que les sacrifices qu'ils lui offroient. Si le Roi eût seul rempli les principales fonctions du Sacerdoce, selon l'ancienne coutume, attentifs à la majesté d'un tel Prêtre, ils auroient hésité davantage ; mais voyant le Grand-Prêtre, quoique dans un grand appareil, placé au-dessous du Roi, & privé de la pourpre, ce spectacle les avertissoit qu'ils devoient espérer, & mettre toute leur confiance en un autre Grand-Prêtre, qui seroit un jour Roi, comme autrefois Melchisedec. En effet, il est aisé de juger du respect profond que les Juifs portoient aux Prêtres; par ce qui arriva, après la captivité de Babylone : ils unirent aussitôt l'Empire au Sacerdoce (ce que les Grecs appellent le Gouvernement de la Nation) & qui devint bientôt une nouvelle forme de Gouvernement, qui même dégenera en tyrannie.

Cependant, depuis l'institution des Prêtres & des Levites, on apperçoit encore des traces de l'usage ancien. Dieu laissa aux Peres de famille la cérémonie de la Pâque; fonction du Sacerdoce de l'aveu des Juifs : la Circoncision ne demandoit point le ministere du Prêtre; tout homme qui sçavoit en faire l'opération étoit capable de la donner. Enfin, le don de Prophetie, qui semble être naturellement attaché au Sacerdoce, n'étoit pas moins le partage des Rois que des Prêtres, & plus souvent celui des Laïcs que des Prêtres. Dieu se manifestant de toutes parts, pour faire appercevoir au Peuple l'imperfection du Sacerdoce Lévitique, cette Loi le conduisoit comme par la main à J. C. qui devoit être le Souverain Prophéte, le Souverain Pontife & le Souverain Roi, & faire part à tous les Fidéles de ce triple honneur.

L'Apôtre S. Pierre explique de la sorte la prophétie de Joël: » Dans » ces derniers tems je répandrai » mon Esprit sur toute la terre; » vos fils, vos filles prophétiseront, vos jeunes gens auront » des visions, vos vieillards des songes; j'enverrai mon Esprit sur mes » serviteurs & sur mes servantes, » & ils prophétiseront. Le discours » de J. C. dans S. Jean est conforme » à celui d'Isaie: Tous seront instruits » par Dieu. Un autre passage remarquable de Jeremie, est cité dans l'Épitre aux Hébreux: » Je leur don» nerai ma Loi, je la graverai dans » leur cœur; ils n'enseigneront point » leur prochain ni leurs freres, en » disant connoissez Dieu, car tous » me connoîtront, depuis le plus » petit jusqu'au plus grand. » Dans un autre fameux endroit de Saint

Pierre ſur la Magiſtrature politique & le Sacerdoce, les Fidéles ſont appellés le Sacerdoce Royal, de même que S. Jean, dans l'Apocalypſe, dit ; » il nous a fait Rois & » Prêtres du Seigneur.

Le don de prophétie qu'a J. C. & la communication qu'il en fait à tous les Fidéles, n'empêche point que quelques-uns de ſes Miniſtres n'ayent mérité dans le Nouveau Teſtament le nom de Prophete : ſon Royaume conſiſte en partie dans ſa providence à gouverner l'Egliſe, & à en éloigner ſes ennemis, & en partie dans ſon application à inſpirer aux hommes un vif empreſſement de s'élever à lui ; mais il ne dépouille point les Princes de leur nom, ni de leur pouvoir extérieur, puiſque ſa providence ne veut ſe ſoumettre que les actions ſpirituelles, ſuivant le mot de Sedulius : » Celui-là n'ôte point les » Royaumes de la terre, qui donne » ceux du Ciel. Il eſt vrai que, par un uſage pratiqué dès le berceau de l'Egliſe, les Prédicateurs du

Nouveau-Testament ont adopté le nom de Prêtres, quoiqu'il soit certain que J. C. & ses Apôtres se soient toujours abstenus de cette façon de parler; c'est pourquoi il ne faut pas confondre inconsidérement les Prêtres de la Loi & les Ministres de l'Evangile; leurs fonctions & la maniere de les désigner sont bien différentes.

VI. Par la Loi chrétienne.

On demande donc, si sous la Religion Chrétienne, une même personne peut allier la Magistrature politique & la fonction pastorale? (que nous appellons Sacerdoce.) Les Défenseurs de l'autorité du Pape soutiennent l'affirmative; mais Synesius répond, que » vouloir unir » le Gouvernement au Sacerdoce, » c'est vouloir unir deux Puissances » qui ne peuvent subsister ensem-» ble. » Hosius de Cordouë, dans S. Athanase, faisant allusion à l'histoire d'Ozias, s'exprime ainsi: » Nous n'avons aucun pouvoir sur » terre, & vous Empereur, vous » n'avez ni les fonctions sacrées, ni » le droit de brûler l'encens. » Le

Pape Gelaze s'énonçoit autrefois dans ces termes, dont Nicolas s'eſt ſervi. » On vit, dit-il, avant la » venue de J. C. des Princes être » Rois & Prêtres, mais figurative- » ment, tels que l'Ecriture-Sainte » nous peint Melchiſedec, & enſuite, » depuis J. C. l'Empereur n'a point » revêtu le ſouverain Sacerdoce, » & l'Evêque n'a point exercé le » pouvoir ſouverain, quoique » Dieu ait tellement compenſé la » Magiſtrature & le Sacerdoce qu'ils » ſubſiſtent enſemble ſur la terre. » Cependant J. C. attentif à la fra- » gilité humaine & au ſalut de » ſon peuple, a marqué les bornes » des deux Puiſſances, en preſcri- » vant à chacune ſes devoirs & ſa » dignité. Ce partage les humilie & » fait diſparoître toute idée d'indé- » pendance, en ſoumettant les Em- » pereurs Chrétiens aux Evêques, » pour la vie éternelle, & les Evê- » ques aux Princes pour la vie tem- » porelle.

Demetrius Chomatenus détaillant tous les droits du Magiſtrat Politique

politique sur l'Eglise, en excepte seulement le sacrifice. Cette matiere à la vérité fournit grand nombre de preuves, qui ne sont pas de la même force ; les unes caracterisent mieux la différence des devoirs toujours distincts, & l'incapacité des Pasteurs (en tant que Pasteurs) au gouvernement, qu'elles n'établissent l'impossibilité d'unir ces deux fonctions. La défense que fait l'Apôtre à celui qui suit J. C. ou plûtôt à celui qui est son Ministre, » de se mêler des » affaires du siécle, » est plus précise ; & les anciens Canons, appellés Canons Apostoliques, l'étendent aux moindres charges civiles. *Voyez* les Canons 6. 81. 83.

Qu'on ne présume pas qu'on ait vécu de la sorte sous les seuls Empereurs payens : cette discipline est rappellée dans le Concile de Carthage, sous Honorius & Théodose, Canon 16. & dans celui de Calcedoine, Canon 3. & 7. Sans doute que le devoir d'un Pasteur est d'un poids si lourd & si pesant, qu'il occupe un homme tout entier. Cependant on n'est pas obligé à la lettre du précepte de renoncer à toute affaire séculiere. Les Loix, par exemple, en exceptent la tutelle légitime ; il suffit d'interdire à un Pasteur une charge perpetuelle & difficile : ce motif força les Apôtres à confier à d'autres Ministres la nourriture des Veuves ; soin néanmoins qui paroissoit si conforme à l'Apostolat. Or le Gouvernement d'un Etat exige des soins continuels & pressans. D'ailleurs, la Magistrature politique a besoin de vertus autres que celles qui, selon l'Evangile, doivent briller dans un Ministre du Seigneur; ensorte qu'un seul homme, loin de porter avec honneur le poids de ces deux places, seroit coupable d'imprudence, s'il tentoit l'entreprise. Donc la Magistrature politique est distinncte de la fonction sacrée ; & il est des principes sûrs, pourquoi le même homme ne les sçauroit réunir.

VII. On a prodigué à un

Si la Magistrature politique & le Sacerdoce sont choses distinctes, elles se réunissent cependant pour mettre l'ordre dans la Religion, qui est l'unique but des Pasteurs, & la principale occupation du Souverain. Or, j'entends par le Sacerdoce le Ministre de la parole; autrement les Rois sont aussi les Pasteurs, ils sont les Pasteurs du Troupeau de Dieu, & même les Pasteurs des Pasteurs, comme autrefois un Evêque appella le Roi Edgard. Si, selon Isidore de Peluse, » le Sacerdoce & » le Pouvoir royal ont une même » fin, le salut des Sujets, » il n'est pas surprenant que l'on décore quelquefois la Magistrature politique du nom propre à l'autre fonction, à cause de la matiere & de l'objet qui leur est commun.

Souverain les noms seuls & les privileges des Prêtres, à cause de la Communauté de la matiere qu'ils envisagent.

» Constantin s'est plus d'une fois » nommé Evêque : les Grecs l'ont » tantôt regardé comme égal aux » Apôtres, tantôt ils l'ont qualifié » d'Apôtre, quoique Souverain. » Les Empereurs Valentinien & Martien dans l'Edit qui approuve les Actes du Concile de Calcedoine, sont appellés illustres Pontifes. Au-

*Na.* Blondel ne trouve point ce

trait dans l'Edit cité par Grotius.

» sone donne à Martien le titre de » Pontife dans la Religion : dans le même Concile on fit des acclama- » tions à l'Empereur Pontife. Le Pape loue cet Empereur de son affection sacerdotale, & ailleurs de son esprit apostolique & sacerdotal. Théodoret honore du nom d'apostoliques les soins de Théodose. Simplicius Evêque de Rome reconnoît dans Zenon, » l'esprit sacerdotal & souverain. » Anastase & Justin Empereurs se sont servis du nom de Pontifes. Leon III. dans une Lettre au Pape Gregoire, dit de lui-même » qu'il est Roi & Pontife. Gregoire de son côté écrivant à Constantin, Théodose, Valentinien, & les autres qui veilloient sur l'Eglise, avouent qu'ils étoient Pontifes & Empereurs. Les Rois de France ont été honorés de ces titres. Le Pape Léon les nomme Pontifes : » Nous » vous jurons maintenant &, pour » l'avenir que nous observerons ir- » réfragablement vos Capitulaires, » vos Ordonnances & celles de vos » prédecesseurs Pontifes, autant qu'il

Cette Lettre de l'Empereur est perdue, mais Gregoire II rappelle ces termes dans sa seconde Epitre. an. 730.

» ſera en nous. » Jean VIII. appelle Louis le Débonnaire, Pere de Lo- » thaire, le Coopérateur de ſes fonc- » tions : on a non ſeulement prodigué ces noms à ces Princes, mais encore ils en ont eu les Symboles. Auſſi le ſixiéme Concile Oecumenique, défendant aux Laics d'approcher de la ſainte Table, en excepte l'Empereur. Balzamon, Evêque d'Antioche, note ſur ce Canon que les Empereurs avoient coutume d'appoſer le Sceau, prérogative des Evêques, & d'inſtruire le Peuple des choſes ſacrées, autre prérogative des Archevêques, que Chomatenus attribue aux Empereurs.

Puiſque tous ces exemples donnent aux Empereurs les noms » d'E- » vêques, de Pontifes & de Prêtres, pourquoi reprocher ſi durement aux Evêques Anglois d'attribuer à leur Roi une puiſſance en quelque ſorte ſpirituelle ? Ne ſçait-on pas que le titre ſe tire moins de la façon d'agir que de la matiere d'agir ; telles ſont les loix de la guerre, de la navigation, de l'agriculture : par conſequent, le pouvoir du Roi est spirituel, quand il statue sur la Religion qui est une chose spirituelle.

## CHAPITRE III.

*A quel point se rapprochent les choses sacrées & prophanes, par rapport au Pouvoir absolu.*

I. Les actions internes ne sont soumises au pouvoir humain, que quand elles accompagnent les externes.

LE Chapitre précédent a fait connoître, autant que le permet l'objet de ce Traité, que le pouvoir humain ne s'étend pas moins sur les choses sacrées que sur les prophanes. Celui-ci sera consacré à établir en quoi elles s'éloignent, en quoi elles se rapprochent; puisque plusieurs Auteurs se sont contentés de marquer combien elles différent, sans expliquer en quoi elles différent. Avant de présenter ce contraste au Lecteur, fermant un moment les yeux sur la distinction du Sacré & du Prophane, j'examinerai 1º. quelles actions sont la matiere du Pouvoir, ( car la Magistrature politique ne connoît qu'elles ) j'appliquerai ensuite chaque degré de pouvoir à chaque espece d'action.

La premiere division des actions est que les unes sont intérieures & les autres sont extérieures. Les actions extérieures sont la matiere premiere de la Puissance temporelle. Les intérieures sont la matiere seconde ; elles ne lui sont pas immédiatement subordonnées, seulement à cause des extérieures: dès-là toute action purement intérieure n'occuppe point le Souverain, & n'obéit point à ses loix.

» Erreur, dit Sénéque, de penser que la servitude apesantisse son » joug sur l'homme entier, la plus » noble partie en est affranchie. Le corps est au Maître, l'ame ne perd rien de sa liberté ; on connoît assez cet Axiome de Droit, » *Cogitationis* » *pœnam nemo patitur*, l'intention » n'est point punie. Le pouvoir en effet demande une matiere dont la nature soit de la compétance du

Souverain. Dieu ſeul eſt le Scrutateur des cœurs, & ſeul il domine l'ame ; l'eſſence des actions internes eſt d'être voilée aux hommes : je dis leur eſſence, parce qu'une action extérieure, commiſe ſecrettement, n'échappe point à l'autorité ſouveraine, attendu que ſon eſſence eſt ſoumiſe au Magiſtrat politique, & qu'il eſt ici queſtion de la nature des actions, & non de leurs circonſtances.

Les actions internes dépendent en deux façons du pouvoir abſolu, ou par l'intention du Prince, ou par contre-coup : les actions intérieures de la premiere eſpéce ont une liaiſon étroite avec une action extérieure, & ſemblent la préparer : Ainſi a-t-on coutume de juger l'intention d'un homme par les crimes commencés ou achevés. Les actions intérieures de la ſeconde eſpece deviennent illicites ſur une défenſe du Prince : ainſi il eſt illicite de méditer une telle action ; non que la Loi poſitive ſubjugue la penſée, mais parce que perſonne ne doit vouloir ce qu'il est honteux d'exécuter.

II. Les actions définies & indéfinies avant le pouvoir humain.

Des actions, les unes sont définies moralement, les autres sont indéfinies avant que le Magistrat politique les ait considérées. J'appelle actions moralement définies celles qui sont indispensables ou qui sont illicites. Celles-là moralement nécessaires, celles-ci moralement impossibles; termes que le droit applique aux actions honteuses. Les actions définies, ou le sont de leur nature, par exemple, le culte de Dieu, l'horreur du mensonge; ou elles le sont par l'autorité du Supérieur, par exemple, quand le Prince ordonne ou défend quelque chose à ses Magistrats, les Magistrats aux Décurions, les Décurions au Peres de famille.

III. Les actions définies de droit divin naturel, & définies de droit divin positif avec des exemples.

Comme nulle puissance n'est au-dessus du Magistrat politique, sans cela seroit-il absolu? ces actions ne sont définies qu'en tant que de leur nature elles sont défendues ou prescrites, ou devenues telles par la Loi divine. Les premieres appartiennent au droit naturel ; & pour prévenir toute équivoque, les actions naturelles partent non-seulement des principes dont l'essence est certaine, mais encore des principes immuables de la nature, en opposant la loi naturelle au droit civil, & non au droit divin : ainsi quoiqu'il soit de foi que le Pere, le Fils, & le Saint Esprit sont un seul vrai Dieu, le precepte de l'adorer est du droit naturel.

Les actions du second genre se rapportent au droit divin positif ; les unes obligent les hommes, les autres tout un Peuple, celles-ci l'Univers, celles-là quelques particuliers ; témoins Abraham, Isaac, Jacob, Moyse & d'autres Serviteurs de Dieu. Témoins les Israëlites, qui seuls entre toutes les nations, reçurent immédiatement de Dieu sa Loi & ses Commandemens, soit pour son culte, soit pour le gouvernement politique. Témoins ces loix communes au genre humain pour un tems, comme la Loi du Sabat, observée dès la création du monde, au rapport de plusieurs Auteurs, la loi pratiquée depuis le déluge de ne point user de sang, ni de viandes étouffées. Témoins enfin ces loix immuables & absolues que J. C. a instituées, telles que le Sacrement de Baptême, celui de la Sainte Table, &c.

IV. Les actions définies sont la matiere de la Loi, soit à cause de l'accessoire, soit à cause de la nouvelle obligation.

On imaginera peut-être que ces actions-là seules répondent au Souverain, que le droit divin n'a point défini, & qu'il a laissé totalement libres. Aristote décrit le droit fixé par les loix, ce qu'il est indifférent de pratiquer de telle ou telle façon avant la loi; depuis la promulgation, ce qu'on est obligé d'exécuter; sa définition est juste, en considerant l'acte du pouvoir qui change l'action de nature; car les choses ordonnées ou défendues étant déterminées & immuables, il s'ensuit que les actions indéfinies sont la matiere unique des changemens arbitraires: il seroit difficile de ne pas assujettir à ce pouvoir les actions licites ou défendues, qui sont susceptibles d'une variation apparente,

& qui la pouvant recevoir du Magiſtrat politique, lui ſont par-là ſoumiſes, pourvu qu'elles ne ſoient point purement intérieures.

Quand la loi naturelle ou la loi divine n'ont point aſſigné aux actions preſcrites le tems & le lieu, qu'elles n'en ont point arrangé la forme, ou qu'elles n'ont point choiſi les perſonnes, ces ſoins ſont dévolus au pouvoir ſouverain, comme auſſi de lever tout obſtacle, d'encourager par des récompenſes, de réprimer les actions illicites par des peines temporelles, ou de n'en point infliger, ce que l'on nomme indulgence ou permiſſion du fait, & ſouvent elle eſt ſans crime; mais qui voudroit approfondir, découvriroit que le Magiſtrat politique, pour ces ſortes d'actions, impoſe intérieurement une nouvelle obligation, à la vérité d'un dégré inférieure à la premiere. Lorſque la Loi du Décalogue dit aux Juifs, vous ne tuerez point, vous ne volerez point, elle déclare non-ſeulement ce qui eſt de droit naturel, mais elle en fait un nouveau commandement, en ſorte que le Juif coupable commettoit & une action vicieuſe & une action défendue. » C'eſt mépriſer Dieu, s'écrie Saint » Paul, que de violer la loi. La loi » défend, ajoute Saint Auguſtin, » d'accumuler tous les crimes : ou- » tre que le péché eſt un mal, il eſt » encore défendu ; & proportion » gardée, la faute eſt auſſi grande » de violer la loi du Prince que de » négliger la loi du Décalogue : les » Sujets qui réſiſtent, reprend l'A- » pôtre, reſiſtent à l'inſpiration di- » vine & travaillent à leur condam- » nation.

V. Les actes affranchis du Souverain, ſont ceux qui répugnent au droit divin.

Après avoir parcouru la matiere de la Puiſſance temporelle, & diſcuté l'autorité qu'elle a ſur toutes les actions, il eſt tems de venir aux actes qui de droit ſont affranchis du pouvoir ſouverain ; ils ſe bornent à ceux qui ſont contraires au droit naturel & au droit divin : il ſeroit impoſſible de les mieux caracteriſer ; ils ſont de deux ſortes, ſoit qu'ils émanent du droit divin, ſoit qu'ils coulent du droit naturel, ils enjoignent ou ils défendent : donc le Souverain n'a pas la liberté d'ordonner ce qui est défendu, ni de défendre ce qui est ordonné ; de même que dans les involutions naturelles les causes secondes ne retardent point le mouvement des causes premieres; de même dans les choses morales, les causes inférieures, absolument subordonnées aux supérieures, ne mettent aucun obstacle à leur efficacité. Des ordres évidemment contraires à la loi divine n'arment point la coërcition qui est l'effet propre du pouvoir. S. Augustin rend très-bien cette idée : » Si le Curateur, dit-il, comman- » de quelque chose, ne faut-il pas » le faire? non pas même quand le » Proconsul l'ordonneroit, ce n'est » point par mépris, mais parce » qu'on préfere d'obéir au plus puis- » sant ; que le Proconsul prescrive, » quelque chose, & que l'Empe- » reur donne des ordres contraires, » hésitera-t-on de les suivre, & de » faire peu d'attention à l'autre?

» Donc que l'Empereur veuille ceci
» & Dieu cela, quel parti prendre ?
» Dieu est plus puissant, Empereur
» pardonnez-nous.

VI. Les loix contraires au droit divin, quoiqu'elles n'obligent point pour agir, elles obligent à ne point résister; & d'où vient cette obligation ?

Il est bon de distinguer l'acte qui provoque la soumission du Sujet & la violence dont on accompagne cet acte, & qui lui impose la nécessité de la souffrir. S'il est vrai que l'acte n'ait point son exécution, la force a toujours son effet, non-seulement physique, mais moral; non-seulement de la part de l'Agent, mais du Patient, à qui il n'est pas permis de repousser cette violence; car toute défense permise entre égaux, ne l'est plus contre son Supérieur. Le Juris-Consulte Macer rapporte que: » Les anciens notoient d'infamie un » Soldat qui ne souffroit pas la cor- » rection de son Centurion; ils le » cassoient s'il saisissoit le bâton de » commandement; & ils le condam- » noient à mort s'il le rompoit ou » s'il frappoit son Officier. Tout ordre du Souverain oblige dans le moment à tout ce qui n'est pas injuste; & il n'est pas injuste de souffrir avec patience. Quoique cette maxime semble venir du droit humain, ou prendre sa source dans la loi naturelle, qui défend à un Membre de s'élever contre le tout, même pour sa conservation; elle est cependant plus clairement écrite dans la loi divine. JESUS-CHRIST, en disant que: » Celui qui prend le » glaive périra par le glaive, désaprouve cette résistance à une force injuste, revêtue de l'autorité publique. » Qui résiste, répete S. Paul, » resiste à l'ordre de Dieu: on dé- » sobéit de deux facons, ou en n'exé- » cutant point la loi, ou en repous- » sant la force par la force. Si l'au- » torité, poursuit Saint Augustin, » amie de la justice, corrige quel- » qu'un, elle tire sa gloire de la » correction, & si l'autorité, enne- » mie de la justice, maltraite quel- » qu'un, elle tire sa gloire d'avoir » éprouvé sa constance. S. Pierre prêche aux Esclaves la soumission aveugle aux Maîtres bons ou méchans: S. Augustin applique ce précepte aux Sujets: » Telle » doit être l'obéissance des Sujets » envers leur Prince, des Esclaves

» envers leurs Maîtres; que leur » patience continuelle conserve » leurs biens, & leur mérite le » Salut éternel.

L'ancienne loi ne s'en écarte point; elle nomme le droit du Prince le pouvoir de traiter ses Sujets en Esclaves, de s'emparer du bien des uns pour en gratifier d'autres : ce n'est pas que la conduite d'un tel Prince soit juste & droite; car la loi divine lui trace une route opposée, en lui défendant d'appésantir le joug de ses Sujets, & de ne se point approprier les meubles, les chevaux, &c. mais c'est pour graver dans le cœur de ses Sujets cette leçon, qu'il n'est pas permis de se révolter. Chez les Romains, on reconnoissoit que le Préteur rendoit la justice au moment même qu'il prononçoit une Sentence injuste; & il est dit aussi, à l'occasion d'un Roi injuste, désigné de Dieu : » Qui » sera innocent d'avoir osé lever » la main sur l'Oint du Seigneur?

VII. On n'exclut point de cette obligation les Puissan-

Préferera-t-on le sentiment de ces Auteurs insensés, qui sans respecter l'Ecriture-Sainte, la raison &

ces ſubordonnées. l'équité, prennent les armes en faveur de certaines Puiſſances inférieures pour déprimer le Magiſtrat politique. S. Pierre enſeignant d'abord la fidélité dûe au Roi, enſuite l'obéiſſance dûe aux Miniſtres, c'eſt-à-dire, aux Puiſſances inférieures comme ſes Envoyés & ſes Délegués, eſt un témoin non ſuſpect, que toute l'autorité des Puiſſances inférieures eſt entre les mains du Souverain. S. Auguſtin dit de Ponce Pilate, que Dieu lui confia une puiſſance ſoumiſe à celle de Céſar. David Prince & Chef du Peuple de Dieu, ne ſe crut pas en droit d'attenter à la vie d'un Roi qui tiranniſoit les Juifs; ſa conſcience même lui reprochoit le morceau qu'il avoit coupé de ſa robe.

La raiſon dicte auſſi cette vérité. Ces Magiſtrats inférieurs le ſont autant qu'il plaît au Souverain de les ſoutenir; loin de partager le pouvoir ſuprême, toute autorité, toute juriſdiction émanent & coulent du Magiſtrat politique. Marc-Aurele, cet Empereur Philoſophe, ne diſſimule point que les Magiſtrats

» décident du ſort des particuliers, » que les Princes ont l'œil ſur les » Magiſtrats, & que Dieu juge les » Princes, entendant ſous le nom » de Princes les Empereurs qui l'a» voient été. La primitive Egliſe propoſoit ces ſaines maximes, nul Géneral, nul Chef de Légions n'a lavé ſes mains dans le ſang des Empereurs payens, ſouvent cruels & inhumains; & il eſt triſte que ce ſiécle ait produit des Sçavans, qui, à la faveur de leurs pernicieuſes erreurs, ont porté partout le feu de la diſcorde.

VIII. Solution aux exemples qu'on apporte contre.

Les malheurs dont les guerres civiles ont dernierement affligé quelques Etats, ne ſont pas des exemples qui balançent l'Avis unanime. Quand on a pris les armes contre les Princes à qui les Peuples avoient déferé toute l'autorité, & qui gouvernoient par un droit propre & non emprunté; de quelque prétexte qu'ayent été colorées ces révoltes & quelque ſuccès qu'elles ayent eu, il ſeroit difficile d'en approuver le motif. Mais lorſqu'on a attaqué des Princes liés par des traités, par des loix fondamentales, des Decrets d'un Senat ou d'Etats assemblés, cette entreprise alors a des causes légitimes; elle est autorisée des Grands, & on repousse un Prince qui n'a pas l'autorité absolue. Plusieurs Rois héréditaires le sont plus de nom que de pouvoir; témoins les Rois de Lacédemone dont parle Emilius Probus.

Il est aisé de fasciner les yeux des ignorans, qui n'ont pas assez de discernement pour distinguer la constitution intérieure d'un Etat, de cette administration ordinaire, qui roule souvent sur un seul dans un Etat Aristocratique. Ce que j'ai dit des Rois, je l'applique à ces Princes, qui Princes de fait & de nom, ne sont pas Rois, ne sont pas Souverains, qui sont seulement les premiers de la République. Leur pouvoir ne ressemble en rien au pouvoir absolu. Il est encore des Provinces & des Villes, qui sous la protection & l'hommage de leurs voiſins, retiennent l'autorité ſuprême, quoiqu'elles ne l'ayent pas en apparence. La protection n'eſt point une ſervitude. Un Peuple ne ceſſe pas d'être libre pour ſe mettre ſous l'aile d'un voiſin puiſſant; & la foi & hommage qu'il rend dans un traité d'égal à égal ne le dépouille point du pouvoir ſouverain. J'ai ſaiſi cette réflexion avec plaiſir, craignant que dans la ſuite (comme il eſt déja ſouvent arrivé) quelque eſprit de travers ne prête un faux jour aux motifs les plus innocens: j'aurois même été tenté de traiter à fond cette matiere importante & ſuſceptible des erreurs les plus abſurdes, ſi Beccarias, Saravias, & depuis peu le ſçavant Arniſée ne l'avoient épuiſé, pour ne point rappeller ici Barclay, Bodin & autres politiques.

IX. Paralelle des choſes ſacrées & profanes, d'abord par rapport à la différence des actions

Ces Préliminaires préparent la démonſtration du pouvoir que le Magiſtrat politique exerce ſur le Sacré & le Prophane. Il eſt des principes que l'eſprit ne ſe ſubjugue pas comme la langue. » Qui m'obligera

intérieures & extérieures.

» dit Lactance, à croire ce que je » ne veux pas croire, ou à ne pas » croire ce que je veux croire? » Selon Cassiodore, la Religion ne peut être commandée; & suivant Saint Bernard, la Foi doit être persuadée & non ordonnée. C'est pourquoi les Empereurs Gratien, Valentinien & Théodose disent, en parlant d'un hérétique, que ses sentimens ne nuisent qu'à lui seul, mais qu'il ne les débite pas pour perdre les autres: telle étoit, je crois, l'idée de Constantin, qui se disoit Evêque extérieur, parce que les actions internes ne sont pas l'objet du Magistrat politique: elles sont immédiatement soumises à l'Empire de Dieu, qui par le ministere des Evêques, & non par la coercition n'employe à leur conversion que la parole & le culte; ensorte que Dieu reserve à sa toute Puissance la plus belle portion de l'efficacité.

Les actions intérieures unies aux extérieures dépendent entierement du Souverain. On punissoit par des peines écrites dans la Loi Cornelia, le Citoyen qui avoit un dard dans le dessein de tuer un homme. L'Empereur Adrien dit en géneral, qu'en » matiere de crime il faut moins » envisager l'exécution que l'inten- » tion. » Dans le Code de Justinien est un titre de la Foi Catholique, dont la premiere loi est conçue en ces termes : » Nous voulons que tous les Peuples de notre Empire professent notre Religion ; cette inspection singuliere a acquis aux Princes les titres de Recteurs, d'Auteurs, de Défenseurs de la Foi. Autrefois le Roi de Ninive ordonna une Pénitence avec un Jeûne.

X. Par rapport aux actions définies de Dieu, & ce qui n'est point permis à cause d'elles.

Il n'est pas moins vrai pour les choses prophanes, que pour les choses sacrées que le Magistrat politique n'est pas en droit d'ordonner les choses défendues de Dieu, & d'empêcher celles qu'il prescrit. Ici s'applique le passage de l'Apôtre : » Il » vaut mieux obéir à Dieu qu'aux » hommes ; » sentiment que S. Polycarpe, Disciple des Apôtres, a rendu de la sorte : » Nous vouons aux

» Puissances instituées de Dieu une » fidélité légitime & innocente. Le Roi Achab sollicite Naboth de lui céder sa vigne, Naboth résiste, la Loi ne permettoit pas aux Hébreux d'aliéner les fonds des familles.

Antonin Caracalla s'adresse au Jurisconsulte Papinien pour faire l'apologie de son parricide ; il en a horreur, & préfere la mort, sachant que la Loi naturelle & le droit des gens abhorroient également le mensonge & fermoient tout azile à un crime si affreux. Le Sanhédrin des Juifs défend aux Apôtres de parler ou d'enseigner au nom de J. C. ils répliquent qu'ils préférent Dieu aux hommes. Dieu, par la bouche de son Fils, leur avoit commandé de prêcher en son nom la pénitence & la rémission des péchés, d'abord à Jerusalem ; car ils étoient sur-tout envoyés vers cette Ville.

XI. Ce qui est permis à cause d'elles.

La Loi humaine ne pouvoit rendre illicites les ordres qu'ils avoient reçus de Dieu. On a coûtume d'entendre ainsi les Auteurs qui pensent que

que l'Evangile, le Ministere, les Sacremens ne répondent point au Souverain, c'est-à-dire, pour infirmer les Loix divines. 1°. Il ne peut empêcher avec succès la parole de Dieu, les Sacremens, tous Dogmes de notre Foi; étant constant que les choses définies de Dieu ne souffrent point des hommes une définition opposée. La Loi naturelle démembre aussi de leur pouvoir l'éducation des enfans, l'entretien des pauvres parens, la protection dûe aux innocens opprimés, & tant d'autres bonnes œuvres sur lesquelles la Loi n'a point statué.

2°. La forme sensible des Sacremens, celle du Ministere de la parole, n'éprouvent aucun changement des hommes. La Loi divine partage cette prérogative avec la Loi naturelle; car la forme du Mariage, qui consiste dans l'union de deux personnes jointes par un nœud indissoluble, est immuable selon elle. 3°. Le Prince n'a pas le pouvoir d'établir de nouveaux dogmes & d'innover dans la Foi, comme l'Empereur Justinien en convient. Il n'est pas le maître d'instituer de nouveaux Sacremens, ni un nouveau culte, il iroit contre leur essence ; on ne doit croire & pratiquer que ce que Dieu a enseigné, & cette voye-là seule est le chemin du Salut que Dieu a frayé aux hommes. La nature du Mariage seroit également offensée, si le Prince s'obstinoit à valider l'union entre deux personnes du même sexe, ou entre deux enfans. Aussi Dieu défend-t-il expressément de pancher vers la superstition, & de rien ajouter comme nécessaire au Salut, surtout dans la Loi que nous professons ; dès-là le Souverain n'a pas plus de droit de commander les choses défendues de Dieu, que les Rois de Perse en avoient, de justifier les Mariages des Meres avec leurs enfans.

Cependant ce seroit s'énoncer plus correctement que de caractériser ces exemples immuables d'une immuabilité de droit, qui n'emprunte rien du Magistrat politique, quoique souvent il ait exercé son pouvoir sur eux, & que ce pouvoir dans l'Ecriture - Sainte soit appellé, » le précepte du » Roi, tiré de la parole de Dieu. »

1°. Ces Loix émanent de la Puissance absolue; le secours qu'elle prête, les obstacles qu'elle franchit, en facilitent l'observation. Cyrus & Darius permirent aux Juifs la réédification du Temple, le renouvellemens des sacrifices, & ils contribuerent de leur trésor à ces dépenses nécessaires. Un Édit de Constantin & de Licinius accorda aux Chrétiens le libre exercice de leur Religion. 2°. La Loi humaine, en souffrant & prescrivant ce que la Loi divine ordonne, fait contracter une nouvelle obligation. » Celui-là, re» marque S. Augustin, est puni des » hommes & de Dieu, qui negli» gera les avis que la vérité lui » donne par la bouche du Prince. » . . . . . . . . Les Empereurs veulent » ce que J. C. veut; & parce qu'ils » veulent le bien, c'est J. C. seul » qui le leur inspire.

3°. Le Souverain indique le tems, le lieu, la maniere dont on accomplira la Loi divine : combien de Loix recommandent aux Ministres de prononcer à voix haute les formules du Baptême & de l'Eucharistie, afin que le Peuple puisse les entendre ; interdisent la célébration des Saints Misteres dans les maisons particulieres, les Litanies, ou les prieres publiques sans le Clergé, la promotion à l'Episcopat avant l'âge de trente-cinq ans ; l'absence d'un Evêque de son Diocese sans le consentement du Prince, & ce pour une année seulement.

4°. Le Souverain éloigne encore l'objet & les occasions du crime. Ezechias renverse les Autels, brise les Statues, coupe le Bois sacré, met en poudre le Serpent de Moyse. Josias brule les Temples des Idoles, en supprime les Prêtres, détruit les Bois sacrés, & les Autels des faux Dieux. Les Empereurs Chrétiens ferment les Temples & les Autels des Payens.

5°. Le Magistrat politique, par

la terreur des peines temporelles, conduit les hommes à la pratique des Commandemens de Dieu, & leur imprime l'horreur pour ce qu'il défend. Le Roi Nabuchodonoſor condamna au dernier ſupplice celui qui avoit blaſphemé le Dieu des Hébreux. Les Empereurs condamnerent à la mort ceux qui ſacrifioient aux Dieux des Nations: tel eſt (ſi je ne me trompe) le devoir du Magiſtrat politique. Juſtinien l'a bien nommé, » la manutention des Loix » divines, donnant à cette protec» tion le titre de Légiſlatrice. Les » Princes de la terre, dit S. Auguſ» tin, ſervent J. C. en promulgant » des Loix en ſa faveur.

Ces maximes embraſſent également le prophane que la Loi divine a défini, & que l'Apôtre nomme Juſtification de Dieu. De-là vient que le Droit civil eſt composé de Loix civiles & des préceptes inviolables de la Loi naturelle. L'opération du Droit civil, eu egard à ces préceptes, eſt de procurer la liberté extérieure d'agir, en prévenant les difficultés ; de l'appuyer même de son autorité, de marquer les circonstances, de faire disparoître ou de diminuer les occasions de pécher, & de mettre le sceau aux châtimens déja résolus. Toutes ces propositions sont autant d'axiomes si constans, que leur démonstration consommeroit le tems inutilement.

XII. A l'égard des actions non définies de Dieu.

Des actions que la Loi divine n'a point définies, les unes sont gravées dans les cœurs, les autres sont couchées dans l'Ecriture-Sainte : qu'elles soient sacrées ou prophanes, c'est au Souverain à les fixer : on ne révoque point en doute les choses prophanes. David partagea les dépouilles. Les Empereurs dans leurs Constitutions prescrivirent les formalités, ils assurerent les effets des contrats & des testamens : les choses sacrées ne souffrent pas plus de difficultés, pour peu qu'on daigne jetter les yeux sur l'Ancien Testament, les Codes de Théodose & de Justinien, les Novelles & les Capitulaires de Charlemagne, ce sont autant de monumens du pouvoir souverain : il lui appartient de créer des charges plus utiles ou plus honorables que nécessaires, comme David, de construire un Temple au Seigneur & de l'orner comme les Rois Salomon & Joas; d'y ordonner les cérémonies & le culte, comme l'Empereur Justinien, d'établir un certain ordre dans l'élection des Pasteurs, de disposer les rangs entre les Pasteurs assemblés, de défendre l'aliénation des choses destinées aux usages sacrés, comme plusieurs Empereurs Chrétiens en ont promulgué des Loix.

XIII. La preuve est du côté de celui qui allegue une action définie.

Quelques Auteurs avançent assez légérement qu'il faut prouver que la Loi divine n'a point défini certains points; ils ont oublié que l'usage est de réserver la preuve à l'affirmative & non à la négative, & de censer permis ce qui n'est pas nommément défendu; puisqu'il n'y a de faute que le violement de la Loi : d'autres soutiennent avec plus de fondement, & sans aucun rapport à la question, que l'essentiel est renfermé dans la parole de Dieu. Dieu n'insiste point sur ces préceptes parce qu'ils ſont immuables ; mais ils ſont immuables parce que Dieu les enjoint. Les autres ſont muables, arbitraires & à tems.

Les vûes humaines pénétreroient avec peine le motif qui a engagé Dieu à définir certains points, & à laiſſer les autres libres : il vaut mieux ſouſcrire au ſentiment de ceux qui ſubordonnent tellement au Magiſtrat politique, le ſacré, & le prophane, que ſon pouvoir n'a pour limites que la loi divine, la raiſon & l'équité naturelle. Tertullien s'exprime de la ſorte : » Les Sujets reſſerrés entre les bornes de la diſcipline doivent aux Puiſſances toute fidélité. » La Confeſſion d'Auſbourg annonce, » que les Chrétiens » ſont néceſſairement obligés d'obéir » aux Magiſtrats & aux Loix, à » moins qu'ils ne commandent le » crime. » Celle de Bohéme, que l'Evangile veut » que les Peuples » ſoient ſoumis aux Souverains, » pourvu qu'ils n'attaquent ni Dieu, » ni ſa parole. » Celle de Hollande, » » que tout homme, de quelque di-

» gnité, condition, ou état, doit dé-
» pendre du Magistrat légitime, le
» respecter, lui obéir en tout ce qui
» ne blesse point la parole de Dieu.

XIV. A l'égard de la résistance illicite, lorsque sous prétexte de la Religion, le Souverain employe la force, on l'éprouve par les saintes Lettres & les exemples, avec la solution des objections.

Si le Magistrat politique franchit les bornes, (ce qui arrive dans les deux genres) alors le sacré & le prophane, de concert, forcent d'obéir plûtôt à Dieu qu'aux hommes; s'il use de violence, la patience est l'unique ressource; car il est défendu de repousser la force par la force. J. C. instruisit S. Pierre, & S. Pierre avertit les hommes de ne pas porter impatiemment les maux qu'ils endurent; la fuite, la priere sont justes. Elie, Urias, tous deux Phophétes, ont échapé par la fuite. J. C. conseille aux Apôtres de fuir de Ville en Ville. S. Cyprien, S. Athanase se sont exilés : les Chrétiens répandoient des larmes sous la persécution de Julien. » Ils n'opposoient que
» ces armes à cet Empereur Payen,
» dit S. Gregoire de Nazianze; tout
» autre parti étoit criminel. Je ne
» sçais point me défendre, s'écrie
» S. Ambroise, je gémirai, je pleu-

» rerai, je ferai accablé de triſteſſe, » je ne puis ni ne dois réſiſter au- » trement. » Eleuſius & Silvain Evêques répondirent ſagement à Conſtantius qui les menacoit : » Vous » êtes armé du glaive des vengean- » ces, la piété ou l'impiété ſont » notre partage.

Les premiers Chrétiens, que la cruauté des Empereurs a éprouvés ſont des modeles de cette patience, ils auroient été formidables s'ils n'avoient préféré de ſacrifier leur ſang plûtôt que celui de leurs Citoyens. » Tertullien fait ſentir qu'ils occu- » poient les Villes, les Iſles, les » Châteaux, les Bourgades, les Vil- » lages, le Camp, les Tributs, les » Décuries, le Palais, le Sénat, » le Bareau, & cependant, pourſuit- » il, aucun ne prit le parti d'Albin, » de Niger ou de Caſſien. Sous Ju- » lien l'Apoſtat & l'Hérétique Va- » lens, des Gouverneurs de Pro- » vinces, des Chefs de Légions, embraſſerent la vraie Religion avec leurs Provinces & leurs troupes, & perſonne n'oſa ſe vanger de leurs cruautés. » Les Soldats Chrétiens, » dit S. Augustin, servoient les Empereurs Payens; mais étoient-ils » sollicités d'adorer les Idoles, » d'offrir l'encens, ils leurs preféroient Dieu, & distinguoient alors » le Maître éternel du Maître temporel : cependant ils étoient fidéles au Maître temporel à cause du » Maître éternel.

Le pieux Eusebe, Evêque de Samosate, exilé par l'Empereur Valens, rappelle à son Peuple, par l'exemple des Apôtres, la soumission qu'on doit aux ordres des Empereurs, & calme la sédition qui alloit éclater. » A Dieu ne plaise, s'écrioit-il, que » je profite de l'émeute du Peuple. » Enfin la Légion Thébaine souffrit d'être décimée pour la foi, après avoir été tant de fois victorieuse des ennemis de l'Empire.

Les premiers Chrétiens ne sortoient point de leurs retraites, lorsque les Persécuteurs n'en vouloient qu'à quelques-uns; fidéles imitateurs de l'Apôtre S. Jean, qui obéissant aux Empereurs, se tint caché dans l'Isle de Pathmos. S. Cyprien reprend avec aigreur les Chrétiens qui en usoient autrement. » Elius » proscrit de sa Patrie, y rentre, pour » mourir, non comme un Chrétien, » mais comme un coupable. » On rapporte un trait remarquable. On publia à Nicomédie un Edit cruel de Maximien & de Dioclétien, qui ordonnoit de bruler les saints Livres, de démolir les Eglises, & de faire périr les Chrétiens dans les plus horribles tourmens : un seul d'entr'eux osa déchirer l'Edit, & ce manque de respect l'ayant fait arrêter, les Chrétiens publierent hautement que sa mort étoit une juste punition de son crime. On voit par-là combien profondément étoit gravé dans le cœur des Chrétiens ce mot du Seigneur, qui défend d'user du glaive ; celui-là l'usurpe qui ne l'a pas reçu de Dieu. Le Seigneur l'a donné au seul Magistrat politique, & aux autres par lui. Tous les exemples de l'Ancien Testament le confirment. Si des Peuples & des Villes se sont soustraites à l'obéissance des Princes, dont l'impiété a servi de prétexte à la révolte, ces coups terribles partent de la Justice divine, & ne canonisent point la rebellion des Sujets.

Le Souverain, qui, pour protéger l'Eglise, prend les armes contre un ennemi domestique ou étranger, est en droit de soutenir par la force de son pouvoir la vie & les biens de ses Sujets, dès que la Religion en est le motif; car sa défense lui est aussi essentiellement confiée que celle de ses frontieres. » Il ne porte » pas en vain le glaive, dit S. Paul, » il est le Ministre de Dieu contre » les coupables. » Je crois avoir clairement démontré le Pouvoir du Magistrat politique sur les actions sacrées & prophanes, extérieures, immédiatement; & sur les intérieures, à cause des extérieures; soit qu'il prescrive celles que Dieu a ordonnées, soit qu'il défende celles que Dieu a défendues, soit qu'il fixe celles que Dieu a laissées libres, soit que sous le nom du Droit il employe la violence.

XV. La différence du sacré & du prophane, par rapport à l'étendue du pouvoir à l'égard de chacun, & d'où.

Réunissant ensemble tous ces objets, on découvre peu de différence entr'eux. Binius même, Catholique Romain, convient que les Empereurs ont le sacré & le prophane. J'avoue qu'en détail le pouvoir du Prince est plus resserré dans les choses sacrées que dans les prophanes. La Loi divine s'est plus expliqué sur la Religion, & l'a moins abandonnée aux hommes. Le prophane ne va point au-delà des maximes de la Loi naturelle, (depuis que les Loix des Hébreux n'ont plus aucune force) on en excepte cependant quelques Loix du Mariage que les uns puisent dans la Loi naturelle, les autres dans la Loi divine.

L'Evangile rappelle encore des préceptes que la volonté divine avoit déja déclarés : cela mis à part, je ne comprens pas qui seroit un obstacle à la Puissance temporelle, soit que la Religion demande une attention singuliere & des soins plus pressans, soit que les principes naturels sont plus connus, soit que l'erreur en matiere de Religion a des suites plus facheuses. Toutes ces observations n'alterent point le droit ; elles auroient plus de poids dans la maniere de le bien exercer.

## CHAPITRE IV.

*Solution des objections contre le pouvoir du Magistrat politique sur la Religion.*

I. Solution de l'objection tirée de ce que J. C. a institué la fonction pastorale & lui a donné des regles.

PLus on aura goûté les maximes qui assurent le pouvoir du Magistrat politique, plus il sera aisé d'applanir les difficultés qu'on a coutume de former contre. La premiere est que J. C. a institué les Pasteurs, que la Puissance temporelle n'y a aucune part, qu'ils tiennent de ce Divin Législateur les fonctions de leur ministere, que Pasteurs ils ne sont pas les Vicaires du Souverain. Le paralelle des autres pouvoirs va démontrer qu'ils ne détachent rien du Pouvoir absolu. La puissance des

Peres ſur leurs enfans, des Maris ſur leurs femmes rapporte ſon origine à Dieu, non à l'inſtitution des hommes; cependant elle cede au Magiſtrat politique quoique plus ancienne. La Médecine prend ſa ſource dans le Créateur, auteur de la Nature, comme le Paſteur a ſa Miſſion de J. C. Sauveur du monde. Pour la pratique le Médecin tient de la nature & de l'expérience les régles infaillibles de ſon art, ſans rien emprunter de l'autorité ſuprême, ſans même la repréſenter dans l'exercice de cette ſcience: cependant le Médecin eſt ſoumis à ſon pouvoir, de même que l'agriculture, le commerce, les arts & les métiers. Le Juge qui n'a de puiſſance que celle du Souverain dont il occupe la place, ne ſe prête pas plus aveuglément à tous ſes mouvemens; il a des devoirs que Dieu lui preſcrit de ne ſe point laiſſer gagner par des préſens, de ne rien accorder à la faveur, de ne jamais agir par haine, de protéger les mineurs, & d'être l'azile des pauvres & des malheureux.

C'est donc un foible argument contre le pouvoir du Magistrat politique, que celui qui naît des ordres précis de Dieu : je ne suis point surpris que les Pasteurs ne soient pas contraints de se prêter aux Princes, qui défendent ce qui est ordonné de Dieu, ou qui ordonnent ce qui est défendu : tout particulier trouve ses engagemens dans la Religion & dans les préceptes de la Loï naturelle : ce Juge, revêtu de l'autorité du Prince, sollicité de juger contre l'équité, doit non-seulement s'en abstenir, mais il doit juger en sa faveur. Concluera-t-on de-là que le particulier ou le Juge ne sont pas Sujets du Magistrat politique ? ( l'opinion seroit folle & insensée ) On pensera plutôt que le Magistrat politique, le Juge & le particulier fléchissent devant Dieu, & que lorsque les préceptes se croisent, il faut préferer ceux du Supérieur.

On se trompe grossiérement, de diviser des choses de même espéce, & de confondre des choses distinctes.

Dans le ſacré, dans le prophane; il n'eſt pas permis au Paſteur, au Juge ni au particulier d'agir contre la Loi de Dieu, ou d'omettre ce qu'elle recommande; quoiqu'il leur ſoit libre de ſouffrir en vue de la Loi divine ou humaine, ils y ſont d'autant plus indiſpenſablement obligés, qu'ils ne peuvent repouſſer la violence, ni rien tenter contre le Souverain au-delà des bornes que Dieu a placées.

II. Objection tirée de ce que le Magiſtrat n'eſt pas de l'eſſence de l'Egliſe.

Quelques-uns prétendent que le Prince n'eſt pas de l'eſſence de l'Egliſe, c'eſt-à-dire, que l'Egliſe peut exiſter ſans lui, & qu'elle ſubſiſteroit, quand il en ſeroit le perſécuteur. Cette idée n'a aucun rapport à la queſtion; car en continuant cette façon de parler, le Prince n'eſt pas de l'eſſence de l'homme, du Marchand, du Laboureur, du Médecin, que la Raiſon & l'Apôtre lui ſoumettent.

III. Objection tirée d'un paſſage d'Iſaïe. On prouve que le Roi eſt

L'Objection la plus ſpécieuſe eſt, que le Prophéte prédit à l'Egliſe que les Rois proſternés à terre l'adoreront & lêcheront la poudre de ſes pieds, Ce paſſage familier aux Ultramontains, ſemble plutôt aſſujettir les Rois à l'Egliſe, mais à l'Egliſe viſible, que l'Egliſe aux Rois. Si cependant, à l'exemple d'Eſdras & de ſes compagnons, on interpréte l'Ecriture par l'Ecriture, ſi l'on raſſemble tout ce que le Saint Eſprit a dicté, on dévoilera que cet honneur, dont parle le Prophéte, eſt propre & particulier à J. C. Le Pſalmiſte le rend en mêmes termes, Pſ. 72. v. 9. Il ſe figure alors J. C. préſent au milieu de l'Egliſe, comme l'Ancien Teſtament regardoit l'Arche de Moïſe toujours honorée de la préſence du Très-Haut: cet Oracle eſt une ſimilitude qui ne s'explique point dans le ſens vulgaire, à moins de décorer l'Egliſe de cette Majeſté, propre à J. C. ſeul, qui eſt le Roi des Rois de la Terre, ſuivant l'Apocalypſe 1. 5. » Les Papes ſe ſont » ſouvent parés d'un paſſage qui » n'eſt point de l'Ecriture, que l'Em» pereur eſt dans l'Egliſe & non au» deſſus de l'Egliſe; ce qui eſt trèsvrai, en parlant de l'Egliſe Catholique qui n'a jamais été, & ne ſera

au-deſſus, non au-deſſous du peuple fidéle.

jamais réunie ſous un Roi de la Terre : il n'en eſt pas de même de l'Egliſe viſible d'un Royaume, ce ſeroit méconnoître la ſupériorité du Magiſtrat politique ; car un Roi, comme Roi, eſt non-ſeulement au-deſſus de chaque particulier, mais encore de tout le peuple enſemble, ſoit d'un Peuple infidéle, tel qu'étoient ces Nations dont parle Horace. Jupiter domine les Princes, les Princes leurs Sujets : J. C. dit » que les Rois » des Nations les gouvernent, » ſoit même d'un Peuple fidéle comme les Hébreux que Dieu apoſtrophe ainſi :

» Auſſitôt que vous ſerez dans la » terre que Dieu vous donnera, que » vous la poſſéderez, que vous » l'habiterez, vous direz, nous éle- » verons un Roi ſemblable à ceux » des Nations ; » & ce Roi, dit le Peuple, régnera ſur la Nation. L'Hiſtoire ſacrée repéte à chaque inſtant, » que Saul, David, Salo- » mon ſont établis Rois de tout Iſ- » raël, du Peuple de Dieu & de ſon » héritage.

Or, quelle eſt l'Egliſe viſible ?

l'Assemblée des fidéles, cette Assemblée sur laquelle Justinien déclaroit avoir reçu le droit de commandement. Théophile interprétant cet endroit, avoue que le Prince a le droit de commander au Peuple. Saint Paul écrivit à l'Eglise Romaine, que tout esprit fût subordonné aux Puissances: il recommande à Titus d'imprimer aux Fidéles de Créte l'obéissance & la soumission dûe aux Puissances: on a encore une Lettre aussi précise de S. Pierre aux Eglises de Pont, de Galatie & autres. Enfin ce passage de S. Chrysostôme: » Si les Rois Payens ont » vu ces maximes scrupuleusement » observées, avec quelle attention » doivent-elles l'être par les Fidé» les? » On n'est pas surpris de lire dans de pieux Auteurs, que les Rois servent l'Eglise; car servir l'Eglise, signifie veiller à son avantage. Les anciens Payens ont appellé la Magistrature politique une servitude; ils ont dit que le Berger sert son troupeau; que le Tuteur sert le Mineur; que le Général sert son

Armée. En oseroit-on inférer que le troupeau est au-dessus du Berger, que le mineur est au-dessus de son Tuteur, & que l'armée est supérieure à son Général ?

En effet, au rapport de Saint Augustin, » ceux qui gouvernent servent par le conseil & par la prudence : on convient que les Rois servent l'Eglise, mais ils ne sont pas ses Sujets. Saul n'étoit point le Sujet d'Israël, Israël au contraire étoit son Sujet. Le Grand Prêtre Abimelec ne lui étoit pas moins soumis que David, le premier de sa Cour. Le Grand Prêtre Sadoc étoit le Sujet de David & de Salomon. Les Conciles généraux qui composoient l'Eglise sous les Empereurs, leur ont donné le titre de Maîtres, & de même que le Pere de famille régle sa famille fidéle ou infidéle, de même la vraie Religion que professe un Peuple n'altére point le droit du Magistrat politique.

IV. Objection tirée de ce que la fonc-

Cependant, ajoutent certains Auteurs, avec un air de confiance capable de séduire, la fonction sacrée des Pasteurs s'étend jusque sur les Rois, tant à cause de la parole qu'à cause du ministere des Clefs : des exemples renversent ce systême. Quel est l'art qui n'ait pas quelque relation au Souverain ? le Laboureur, le Marchand, le Tailleur, le Cuisinier, ils lui sont tous nécessaires. Le Médecin guérit également le Roy & son Ecuyer. Le Chirurgien, dans une occasion pressante, employe sur le Prince le fer & le feu. Le Philosophe, le Conseiller approchent encore plus près de sa personne, non comme homme, mais comme Roi : il seroit sans doute imprudent d'affranchir des Loix & de l'autorité suprême ces personnages & les fonctions qu'ils exercent.

tion des Pasteurs roule vers le Roi.

V. Objection tirée du Royaume de J. C. On explique les actions Royales de J. C. & on montre en quoi il a des Vicaires.

Je passe promptement à la difficulté de ceux qui attribuent à J. C. seul le pouvoir sur la Religion, & en refusent la plus petite portion au Souverain, sous prétexte qu'on n'a pas besoin de Vicaire quand on suffit à l'administration d'un Etat. Je distingue d'abord les actions de J. C. Les unes sont terminales, s'il est permis de parler de la sorte, & les autres moyennes. Les Actions terminales ont pour but le principe & la fin de la Puissance suprême. La Législation est le principe qui prépare aux fidéles une récompense éternelle, & aux pécheurs des tourmens éternels. La Jurisdiction définitive en est la fin. J. C. a déclaré la premiere, il remplira la seconde. La prédication de la Loi divine est sous la Législation, elle interdit la lecture des commentaires dangereux ; elle propose des choses qui, toujours approuvées de Dieu, sont voilées ou proscrites pour un tems ; elle marque l'établissement du Ministere Evangélique, des Sacremens & de l'abolition de la Loi légale des Hébreux. La Jurisdiction renferme la condamnation de quelques-uns, l'absolution des autres & la possession de la félicité. J. C. s'étant dépouillé de l'administration du Royaume, conservera toujours la Majesté Royale ; & dès qu'il s'est réservé des fonctions qu'il n'a point laissées à la disposition des foibles mortels, comme la vie &

& la mort éternelle ; & que de simples hommes, ne dispensent point les récompenses & les supplices éternels ; il est hors de doute que J. C. ne souffre dans ce ministere ni Vicaire ni Associé.

Les actions moyennes sont intérieures ou extérieures ; les premieres sont ou de l'homme, ou dans l'homme. J. C. agit dans l'homme quand son Esprit-Saint éclaire ceux-ci, ou aveugle ceux-là en ne les éclairant pas ; quand il touche le cœur de quelques-uns, ou endurcit quelques autres ; & distribue des secours plus ou moins puissans contre les efforts du Tentateur. Les actions sont de l'homme, quand il lie ou délie les Pécheurs, quoique souvent sa divine Providence grave au fond du cœur des signes certains. Toutes ces actions au-dessus de l'homme sont si propres à J. C. qu'il n'y admet ni Associé ni Vicaire : elles veulent cependant des Ministres qui sont les Pasteurs, soit qu'ils soient Particuliers, soit même qu'ils soient Rois, & auxquels il distribue proportionnément le ministere.

Le Vicaire & le Ministre différent beaucoup : le Vicaire produit des actions de même substance de celles que celui qu'il représente, mais à la vérité moins parfaitement. Le Ministre produit des actions, non de même substance, mais telles qu'elles servent aux actions de la cause premiere. Les actions du Prince & du Vicaire portent le même nom, car le Roi commande & il juge : le Magistrat ordonne & il juge ; mais le degré d'autorité n'est pas égal. L'action du Ministre, eu égard à la cause principale, n'en a le nom que par similitude : de cette maniere les Pasteurs sauvent les ames, remettent & retiennent les péchés. Les autres actions de J. C. ont pour objet de conserver l'Eglise, de la secourir contre ses ennemis, de la réformer, de l'orner ; voilà l'office de sa divine Providence. Quoiqu'elle suffise pour entretenir cette parfaite harmonie qui régne dans l'Univers, cependant la Sagesse suprême employe les Souverains comme des Vicaires, pour cimenter & perpétuer la société ; & cette relation intime avec le Créateur, leur a mérité le nom de Dieu. Aussi J. C. toujours attentif sur son Eglise, s'est associé les Souverains qui sont les Défenseurs de la Foi, & les serviteurs de J. C. ausquels il a daigné communiquer son nom : ce sont ces Rois & ces Grands qui, selon Saint Gregoire de Nazianze, partagent avec J. C. le gouvernement de l'Eglise ; non qu'ils soient revêtus d'un pouvoir égal, ( proposition erronnée ) mais en qualité de ses Vicaires. La Confession de Foi de Boheme reconnoît que la puissance des Magistrats est commune avec celle de l'Agneau, puisque des Puissances subordonnées sont compatibles, qu'il n'en coûte point à la Majesté de J. C. de se réserver à lui seul la connoissance des principaux points, & d'en abandonner quelques portions aux hommes, comme aussi d'employer les Anges. Il est sûr que le Magistrat politique, en se mêlant de la Religion, n'entreprend rien sur les droits du Souverain Maître. Je saisis avec vivacité cette occasion, pour détromper des ignorans, qui s'imaginent que le Clergé & les Conciles tiennent la place de J. C. le Roi des Rois & le le Seigneur des Seigneurs, & qui honorent de cet Empire immédiat de J. C, sur les Rois des Assemblées que le bon ordre & l'autorité respectable de la Loi divine soumettent au Prince,

Proposition qui dévoile l'héréfie nont l'Auteur étoit infecté.

VI. Distinction du pouvoir en directif & constitutif.

L'Ecriture Sainte & l'Histoire sacrée semblent accorder une sorte de Gouvernement aux Pasteurs & aux Eglises : ce Gouvernement détruiroit-il le pouvoir du Magistrat politique ? Pour dissiper toute équivoque, & manier une question aussi délicate, il est à propos de faire préceder quelques distinctions : tout Gouvernement est constitué de façon que le Sujet ou garde toute sa liberté, ou la perd. De la premiere espece, dit Tacite, sont ceux qui obligent par la persuasion & non par la coërcition, dans les choses indifférentes ; comme les

Médecins, les Jurisconsultes, les Conseillers. Le Gouvernement qui éteint toute liberté est déclaratif ou constitutif, & ce dernier est fondé sur le consentement; ou il est établi par la force: cette distinction naît de la maniere dont l'obligation se contracte. Le Gouvernement déclaratif ne contraint pas proprement, il conduit à l'obligation, en faisant connoître ce qui produit ou augmente l'obligation. Le Médecin gouverne un malade, en lui découvrant ce qui est mortel, & ce qui peut rétablir ou fortifier sa santé: il faut que le malade évite l'un & embrasse l'autre; il n'y est point forcé par aucun pouvoir du Médecin, mais par la loi de la nature, qui recommande à l'homme le soin de sa vie & de sa santé. Le Philosophe regle la vie civile & morale, en dévoilant ce qui est honnête, & ce qui concourt au salut du Peuple.

De cette classe sont encore les Publications & les Ordonnances des Intendans des Provinces; le Gouvernement persuasif & le déclaratif ſont compris ſous le nom de Gouvernement directif, bien différent du conſtitutif, qui vient du conſentement ou de la conquête. Le Gouvernement conſtitutif conſenti à l'égard des conſtituans, tire ſa force de la Loi naturelle, qui veut que ceux qui étoient libres de tranſiger obſervent inviolablement les traités; ceux qui n'ont pas conſenti n'y ſont pas directement aſtraints, ils y ſont indirectement, ſi trois choſes ſe réuniſſent.

1°. S'ils ſont membres de quelque univerſalité.

2°. Si le plus grand nombre en eſt convenu.

3°. S'il eſt expédient de ſtatuer pour la conſervation de la ſociété & le bien de l'Etat, chacun devient obligé, moins à cauſe que le plus grand nombre oblige comme ſupérieur, qu'à cauſe que la Loi naturelle dicte que tout membre contribue au bien de tous. On déſireroit envain ce bien, il s'évanouiroit même, s'il dépendoit de la fantaiſie de quelques Citoyens de rompre ce que la plus grande partie auroit concerté.

Les compagnons de voyage sur un Vaisseau, les Collegues d'une négociation, doivent suivre le vœu du plus grand nombre dans les délibérations qui demandent une décision prompte, & qui interéssent la Communauté dont ils sont membres.

Le Gouvernement impératif oblige de lui-même; ces Gouvernemens, comme on l'a déja dit, sont souverains ou subordonnés aux Souverains: ces derniers dérivent du Souverain, ou ont une autre origine. Le pouvoir du Pere de famille dont les deux branches sont le Tuteur & le Gouverneur, est le seul qui, soumis au Souverain, n'en émane point; il est naturel, permanent & primitif. L'Ecriture atteste que quelques-uns ont exercé un pouvoir distinct du Souverain. Dieu lui-même s'étoit expliqué en leur faveur. Le pouvoir qui coule du Souverain, a en même tems le droit de contraindre & d'agir, comme la Préture, le Proconsulat, ou de contraindre ſeulement, comme le délegué; car la coërcition eſt la baſe de tout Gouvernement, & en eſt l'effet ordinaire.

Qu'on applique maintenant ces maximes aux Paſteurs & aux Egliſes. J. C. avertit les Apôtres, les Apôtres récommandent aux Paſteurs de ne point ſubjuguer le Clergé, encore moins de dominer, ſeul attribut des Princes, S. Luc 22. 23. & de n'uſurper aucune puiſſance, ſeule prérogative des Grands, Math. 20. 25. Marc 1. 42. Sous ce nom s'entendent les Princes, tels que les Etnarques des Juifs, que Joſeph nomme Bienfaiſans : » Ils ſont auſſi » la lumiere chez S. Luc: On les appelle Bienfaiſans, parce qu'ils exerçent tout pouvoir. Or, ôter aux Paſteurs le pouvoir ſouverain & le pouvoir des Magiſtrats, c'eſt leur ôter tout pouvoir.

VII. L'Ecriture Sainte & les Peres privent les Paſteurs de l'obligation &

Un paſſage de S. Paul, 1. Tim. 3. 3. interdit au Clergé toute coërcition; „ Un Evêque, dit-il, n'eſt point „ un Sergent ni un Archer. Si, ſelon „ S. Chryſoſtome, un homme s'é-

„ carte de la Foi, le Miniſtre du „ Seigneur doit s'armer de patience, „ il doit uſer d'adreſſe & d'exhor- „ tations pour l'engager à rentrer „ dans le ſein de l'Egliſe, parce qu'il „ ne ſçauroit employer la violence „ pour le convertir: d'ailleurs J. C. „ n'á point appris aux Paſteurs à ſe „ ſervir de la force. » La légiſlation, diſent les Grecs, eſt reſervée aux Rois, & S. Chryſoſtome aſſure aux Rois & ôte aux Evêques la néceſſité du pouvoir & la coërcition des Loix. J. C. réfléchiſſant ſur ſon état d'abnégation, lui qui étoit la victi- „ me, nie que ſon Royaume ſoit „ de ce monde il proteſte, ce qui „ eſt moins, qu'il n'a point été conſ- » titué Juge. » Il a appellé les Apôtres au même miniſtere, d'où S. Chry- ſoſtome conclut: » Notre puiſſance „ ne vas pas juſqu'à détourner les „ hommes du crime par la terreur „ des châtimens. Je vois, dit Saint „ Bernard, les Apôtres cités au „ tribunal; je ne les y vois point aſſis. Les noms d'Envoyés, de Lé- gats, de Prédicateurs, que l'Ecriture

du pouvoir coactif.

prodigue aux Pasteurs, confirment ce sentiment ; attendu que la fonction du Légat, du Nonce, du Prédicateur est de ne point obliger, mais seulement de faire connoître les ordres du Prince qui le députe.

» Les Pasteurs sont établis pour » enseigner, ajoute S. Chrysostome, „ non pour forcer ni dominer. On „ le sent à la lecture de la formule „ de la mission : » dire ce qu'ils ont entendu, & rendre ce qu'ils ont reçu, rien de plus ; comme l'Apôtre n'avoit aucun ordre de Dieu à l'égard des Vierges, il n'ose décider, il conseille, & il avoue en même tems qu'elles ne pécheront point en agissant autrement. Après avoir invité les Corinthiens à aider leurs freres de Jerusalem d'une libéralité extraordinaire, il poursuit: „ Je ne vous force point, parce que „ je ne vous le commande pas.

VIII. Le Gouvernement des Pasteurs est seulement suasoire & déclaratif.

L'espece de Gouvernement particulier aux Pasteurs de conduire, de régler, de paître le troupeau, est ou purement persuasif, ou déclaratif : ainsi quand on lit que les Apôtres & les Pasteurs ont contraint, c'est une figure qui exprime la rémission ou la rétention des péchés. On explique de la sorte ce passage du Prophéte Jéremie : „ J'ay été „ envoyé de Dieu pour détruire les „ Royaumes, il veut dire pour pré„ dire la destruction des Royaumes. Ces mots, imposer le joug, couchés dans la Lettre des Apôtres, des Anciens & des Freres aux Eglises de Syrie & de Cilicie ont la même signification. La Religion n'offre point un nouveau joug, autrement il sembleroit qu'il eût été permis de pécher avant ce décret : elle apprend quels sont les devoirs que la Loi divine prescrit aux hommes, quelles sont les œuvres qui provoquent le Salut du prochain & préservent des écueils du péché.

Quoique les Juifs eussent un amour plus tendre pour leurs Prosélytes, leurs livres sont garants qu'ils fraternisoient avec les Nations qui gardoient les préceptes que Dieu avoit dictés aux fils de Noë, consistant à s'abstenir du sang,

& des viandes étouffées: ils livroient au contraire une guerre éternelle, & rompoient tout commerce avec les Peuples qui violoient ces préceptes communs au genre humain, & ils jugeoient dignes de mort les Cananéens & les Nations voisines qui méprisoient cette Loi.

Les Juifs contemporains des Apôtres ne comprenoient qu'à peine que la Loi Légale fût abrogée ; ils étoient prévenus que les Payens n'étoient pas moins asservis à ce culte universel qu'ils l'étoient à leur Loi. Le moindre relâchement les auroit révoltés. Comme ce préjugé étoit capable de retarder les progrès de la Religion, les Gentils se prêterent un tems aux foiblesses des Juifs ; mais lorsque l'on commença à désesperer de leur conversion, l'Eglise d'Occident secoua d'elle-même le joug, & ne voulut connoître d'obligation que celle de la Loi divine qu'elle professoit. Saint Paul développe ces motifs en parlant aux Corinthiens des choses offertes aux Idoles.

IX. L'Eglise n'a aucun pouvoir de droit divin.

L'Eglise n'a donc aucun pouvoir de droit divin, le glaive est le symbole de la domination. L'Apôtre S. Paul, les Jurisconsultes, d'accord avec Aristote, le nomment » la souveraine Puissance ; les ,, armes de l'Eglise ne sont pas ma- ,, terielles, elle n'a reçu d'autre ,, glaive de Dieu que le spirituel, ,, c'est-à-dire, la parole de Dieu. Son Royaume n'est pas de ce monde, il est au Ciel : l'Eglise n'est point maîtresse sur la terre, elle n'y est que comme un locataire, lequel n'a aucun pouvoir. L'Eglise qu'on appelle visible est une Assemblée, non-seulement permise, mais fondée sur la Loi divine : Dès-là tout ce qui appartient de droit aux Assemblées légitimes, appartient de droit à l'Eglise, tant qu'il n'appert pas qu'on en ait rien détaché.

X. L'Eglise a un Gouvernement constitutif, prouvé par la raison, & les exem-

Ces Assemblées ont un pouvoir constitutif qui naît du consentement ; deux exemples suffisent : la Loi du Sabat éteinte, il étoit libre aux Chrétiens de choisir quel jour ils fixeroient pour le culte divin ;

ples de l'Ecriture-Sainte.

ce culte de l'ordre exprès de J. C. demandoit l'Assemblée des Fidéles, & cette décision les intéressant tous devoit avoir le vœu de tous. On consacra donc, de l'avis des Apôtres & du consentement de l'Eglise, le premier jour du Sabat, en mémoire de la Résurrection, & on l'appella Dimanche.

Les Apôtres ne pouvoient plus vaquer au soin des pauvres; l'Eglise, sur leurs instances, institua les Diacres, & nomma les Fidéles qui en rempliroient les fonctions. Partout on régla, d'un avis unanime, des points qu'il n'est pas permis de rejetter sans être coupable; car puisqu'il étoit nécessaire de statuer, il n'y auroit eu rien de certain, si chacun eût eu la liberté de contredire, à moins que le petit nombre ne cédât au plus grand, ou le plus grand au plus petit; ce dernier n'étant pas juste, l'autre devint indispensable: ce droit de décerner est propre à l'Eglise, il est de l'essence de l'universalité; mais j'ai démontré plus haut que le Gouvernement impératif n'étoit pas également le partage de l'Eglise.

XI. Le pouvoir souverain, ou au dessous du Souverain, peut appartenir à l'Eglise, & lui a quelquefois appartenu.

Je ne prétends pas inférer de-là que l'Eglise est incapable d'exercer le pouvoir souverain ou subordonné au Souverain : elle auroit le pouvoir suprême, si les Fidéles, libres & séparés des autres hommes, formoient une République particuliere, comme celle des Juifs sous les Machabées. Plusieurs monumens conservent encore les noms d'Ethnarque, de Sénat, & du Peuple, tant par rapport au Gouvernement politique que par rapport à la Religion, comme dans l'institution de la Fête des Dédicaces, appellée Encomia. L'Historien raconte que Judas, ses freres, & toute l'Eglise d'Israël fit le réglement. L'Eglise alors étoit revêtue de la Magistrature politique, non à cause que le Peuple étoit fidéle, mais parce qu'il étoit libre. Témoin aujourd'hui certaines Villes des Suisses, dont le Gouvernement est entre les mains du Peuple.

Le pouvoir subordonné au Souverain, ou la liberté de vivre sous ſes propres Loix, ne fut point inconnu aux Juifs ; ils en goûterent les douceurs en Judée, à Alexandrie, à Damas & en d'autres Villes ſans aucune contrainte, tantôt plus reſſerré, tantôt plus étendu : il comprenoit quelquefois le droit de vie & de mort, quelquefois la peine du fouet, quelquefois la punition la plus ſenſible, c'eſt-à-dire, le banniſſement de la Synagogue, ſelon qu'il plût aux Rois Chaldéens, Perſes, Syriens, Egyptiens ou Empereurs Romains, de modérer, ou d'appeſantir le joug.

Les Juifs, par le conſeil de Mardochée, profiterent des bontés d'Aſſuerus pour célebrer les jours appellés Sortium, ou la Fête des Sorts. Les Juifs, ſous Eſdras & Nehemias, dreſſerent, à la faveur de cette liberté, nombre de Réglemens ſacrés & profanes : je rapproche ces exemples du pouvoir ſubordonné, de peur que des gens de mauvaiſe foi ne le faſſent paſſer mal à propos pour un droit immuable & perpetuel de l'Egliſe ; donc les Pasteurs n'ont de droit divin aucune puissance par essence, ni par fonctions, donc la magistrature politique n'est pas compatible avec ce ministere.

XII. Le pouvoir du Souverain sur la Religion n'est point alteré par le Gouvernement directif & déclaratif des Pasteurs.

L'Eglise primitive n'a jamais pensé qu'on dût perpétuellement séparer la fonction pastorale du pouvoir subordonné; la portion qu'on lui assigneroit n'entameroit point la puissance souveraine sur la Religion. Le Gouvernement directif, qui est le conseil & la déclaration du précepte divin, est d'une toute autre espece; & dans ces différens Gouvernemens il n'est pas surprenant que le même gouverne & soit gouverné. Le Conseiller guide le Prince, en le persuadant; l'homme versé dans la Loi naturelle, en lui devoilant la Loi divine; le Médecin, en veillant sur sa santé; & le Pasteur, en lui frayant les voyes du Salut: cependant le Magistrat politique les gouverne tous, & souverainement: aussi n'est-on point étonné de voir chez les Saints Peres les Rois précéder les Evêques, & les

Evêques préceder les Rois selon l'instant de la puissance.

XIII. Le Gouvernement constitutif de l'Eglise n'est pas un plus fort obstacle au pouvoir souverain.

Quoique le Gouvernement de consentement ait un pouvoir constitutif, il est entierement soumis au Souverain, attendu que personne par son consentement ne donne plus de droit à un autre, ou à une multitude qu'il n'en a lui-même : cette obligation que l'on contracte librement n'a pas des limites plus reculées que celles de la liberté : or, personne n'a la liberté d'attenter au pouvoir du Magistrat politique, sous qui tout doit fléchir, excepté le droit divin ; donc il n'est pas possible de pousser l'obligation jusques-là : ainsi deux Gouvernemens constitutifs ne sçauroient subsister ensemble qu'ils ne soient subalternes ; un arrangement contraire feroit naître des obligations incompatibles. Ce motif engagea Dieu à soumettre au Prince le pouvoir paternel & sacerdotal de l'Ancien Testament, les Successeurs d'Aaron n'ayant jamais été sans une sorte de pouvoir.

XIV. Encore moins par le pouvoir que le droit positif accorde aux Pasteurs.

Enfin, cette administration extérieure, confiée au Clergé, assure, loin d'ébranler la Puissance absolue, puisqu'elle lui est non-seulement subordonnée, mais qu'elle en émane toute entiere : on découvre la cause par ses effets, & on juge que cela est, parce que cela est tel.

## CHAPITRE V.

### *Du Jugement du Magistrat politique sur la Religion.*

I. Le mot Jugement est expliqué.

APrès avoir confirmé au Magistrat politique le pouvoir qu'il a sur la Religion, il est juste de connoître comment il l'exerce: le jugement précéde l'acte du pouvoir; car il est de la volonté de commander, toute action de la volonté est bonne, quand elle a deux rapports; l'un de la volonté avec le jugement, l'autre du jugement avec l'objet. L'Apôtre parlant de la premiere, dit, que tout ce qui ne vient pas de la foi est péché, &

où est la foi est un jugement approbatif, que l'on oppose à la conscience, qui blame l'action ou qui flotte dans l'incertitude. La signification naturelle & simple du jugement est l'acte du Supérieur, qui, Juge entre deux partis, décide ce qui est juste. » Le jugement vient de Juge, & le mot Juge, de qui dit le droit. On a depuis compris sous ce terme toutes sortes de décisions, même les intérieures, que l'on porte sur les matieres que l'on médite, ou sur les actions que l'on fait.

II. Le Jugement se distingue en directif & impératif.

Le jugement des actions en général est de deux sortes, ou il prévient les propres actions, ou par les propres actions il a relation avec les actions du prochain, & il est de deux especes; nos actions sont comparées avec celles du prochain ou par le jugement ou par la volonté: ainsi le jugement des actions étrangeres est ou directif, soit par la déclaration, soit par la persuasion, ou impératif. Aristote a distingué le jugement impératif en légal & judiciaire, celui-là universel, celui-ci particulier.

Dieu le Maître absolu a le jugement absolu impératif, & parmi les hommes celui-là juge souverainement, qui est le Magistrat politique. Personne n'a le droit d'abroger ses Loix, de casser ses Arrêts par une décision souveraine ; ils veulent une obéissance aveugle, quand ils ont la Loi divine pour bornes. Or, de même que le pouvoir renferme le sacré & le prophane, le jugement n'a pas des limites moins étendues : quelques Princes à la vérité ont évité de juger les matieres de Religion, plongés dans une ignorance profonde ; ils ont tantôt négligé cette portion de leurs devoirs, tantôt ils ont parlé du jugement infaillible, tel que le Pape se l'arroge.

III. Le Jugement sur la Religion est du ressort du Souverain.

Le Roi d'Angleterre entend de la sorte son aveu, & ceux des anciens Empereurs, que les Rois ne sont pas les Juges infaillibles de la Doctrine : il l'auroit également bien dit des autres matieres. Constantin n'hésite pas d'examiner si les Evêques s'étoient bien ou mal comportés dans l'Assemble de Tyr. Marcian ne balança point à déclarer que son pouvoir étoit de faire connoître à son peuple la vraie Religion; & Charlemagne se constitue Juge de l'héresie de Felix : » Nous décernons & nous avons décerné sous „ la protection de Dieu ce qu'il „ falloit croire fermement de cette „ dispute.

VI. Que le Souverain puisse se tromper, ce n'est pas un obstacle.

On se trompe grossierement de penser qu'il y a de la contradiction à dire qu'on peut tomber, & cependant qu'on n'est pas soumis aux hommes d'une soumission coactive: on ne voit pas que cette opinion erronnée ôteroit aux hommes tout jugement, même celui du temporel. En effet, en quoi les hommes ne peuvent-ils pas errer ? ou quel peut être un jugement qui n'est pas souverain, ou qui n'en a pas un autre au-dessus de lui ? » & puisqu'on iroit à l'infini, il est bon de „ se fixer, & de réserver les fautes „ de quelques-uns au jugement divin, » dit Yves de Chartres, ou ceux-là sont punis d'autant plus sevérement qu'il ont moins écouté les inspirations de Dieu.

En accordant au Magistrat politique un jugement souverain & impératif, je me garderai bien d'avancer qu'il est libre aux Pasteurs & aux Chrétiens d'abandonner les préceptes immuables de la charité & de la piété ; si le Prince l'ordonnoit, ils ne seroient pas plus excusables que d'obeir à un Prince Barbare, qui défendroit de nourrir son propre Pere. Je viens au contraire de prouver que dans les choses sacrées & prophanes les ordres & les défenses ne contraignent point à faire & à omettre ce qui est contre la Loi de Dieu naturelle & positive, mais à souffrir seulement, jusqu'à ce qu'il n'y ait que la violence qui sauve du châtiment : il est bien différent d'endurer une insulte, ou d'éluder un commandement de Dieu. Je serois étonné que des Sçavans eussent confondu ces maximes, si l'on ne sentoit que cela favorise leurs préjugés. Je remets à un autre tems les difficultés qu'on a coutume de proposer sur le changement ou la corruption de la Religion.

D'abord, le Jugement souverain de J. C. différe autant de celui en question que son pouvoir est opposé à celui du Magistrat politique. La Législation qui porte avec elle la récompense ou le châtiment éternel, & le Jugement dernier qui en émane, appartient à J. C. Pendant cet intervalle J. C. entretient les hommes du Jugement divin par son Saint Esprit: on auroit tort de conclure que ce jugement fût une action humaine, à moins qu'il n'intervînt un jugement humain. Ce jugement des actions particulieres de chaque Chrétien & des actions publiques, est déféré aux Puissances publiques, & Puissances publiques absolues. Brentius, dont je rapporte les termes, en étoit convaincu; de même que tout homme ,, a le ,, droit particulier, de même le ,, Prince a le droit général d'exami- ,, ner & de décider de la Doctri- ,, ne. . . . . . . Le jugement des Souverains est encore nécessaire dans ce doute, quelle Religion ils doivent embrasser pour leur Salut, &

V. De ce que J. C. est souverain Juge ce n'est pas un obstacle.

& celui de tout le Peuple de Dieu.

VI. Ni l'Ecriture Sainte parce qu'elle est Juge.

Ceux qui s'arrêtent à l'Ecriture pensent bien, mais ils s'expriment figurément; car à prendre les termes à la lettre, l'Ecriture est la régle de juger, & la même chose ne sçauroit être sa propre régle; même figure dans la Loi: » Il ne faut ju- » ger personne sans l'avoir écoutée: & dans le discours de J. C. la parole qu'il prêchoit jugera les incrédules au dernier jour.

VII. Ni de ce que l'Eglise & les pasteurs ont une espece de jugement.

Le jugement de la Religion regarde aussi les Pasteurs, les Sçavans versés dans l'étude des Saintes-Lettres, les Assemblées de l'Eglise, & surtout l'Eglise Catholique d'une façon plus auguste. » Chacun, dit » Aristote, juge sainement des choses qu'il connoît, & en est un bon Juge, mais ce jugement est d'une espece autre que celui dont il s'agit; car il guide ou les actions propres, ou les actions étrangéres par la voye de la persuasion, non par celle de la coërcition: ainsi ceux qui dirigent & ceux qui jugent, peuvent mutuellement se précéder &

se suivre. Le Roi peut passer devant le Médecin, le Médecin peut être plus suivi que le Roi. Il n'est donc pas absurde de compter deux jugemens souverains de deux especes différentes, tels que la Religion les éprouve; le jugement directif de l'Eglise Catholique, & le jugement coactif du Souverain. Il est plutôt évident que parmi les hommes rien n'a plus d'autorité que le jugement de l'Eglise, rien n'a plus de Puissance que le jugement du Magistrat politique.

VIII. L'Etude est nécessaire pour bien exercer le jugement.

Deux choses sont un obstacle au jugement, l'ignorance & les mauvaises inclinations: c'est au Souverain qui veut juger à étudier les matieres de Religion & à être pénétré de son esprit: ces qualités sont intimement unies, que la Religion éclaire la prudence, & que la prudence vivifie la Religion. Lactance décrit bien cette liaison. Tacite a transmis à la postérité la formule des voeux du Peuple à l'avenement d'un Prince à l'Empire: » Que Dieu » lui donne un esprit qui embrasse

» le droit divin & humain : » d'ailleurs autant que le ſpirituel eſt au-deſſus du temporel, autant la connoiſſance de la Religion eſt-elle plus précieuſe, plus utile, & plus néceſſaire au Magiſtrat politique que celle du Gouvernement civil. On » repéte ſouvent au Prince d'être » le modele de la Loi, de la con- » ſerver, & de la méditer tous les » jours de ſa vie. Dieu recomman- » de à Joſué de ne point éloigner » de lui le Livre de la Loi, & de » le méditer nuit & jour. Dans le » Pſeaume II. ℣ 10. qui s'applique aux ſiécles du Chriſtianiſme, Princes ſoyez intelligens, Juges de la terre ſoyez inſtruits. Les Rois fidéles d'Iſraël obſervoient autrefois ces préceptes, depuis eux les Princes Chrétiens ont fait de même. Témoins Théodoſe & Valentinien : » De » toutes les ſollicitudes que l'amour » du bien public fait naître, nous » regardons la connoiſſance de la » Religion comme le plus digne ob- » jet de nos ſoins, & nous croyons » qu'en affermiſſant ſon culte, notre

» Empire deviendra plus florissant.
Theodose écrit au Pape Hormisdas :
» La connoissance de la vraie Reli-
» gion est le devoir essentiel de no-
» tre Majesté Impériale. Justinien
» parlant à Epiphane : Nous travail-
» lons avec une attention singuliere
» à nous instruire des vrais Dog-
» mes & de la discipline de l'Eglise.
» Saints Prêtres, disoit Recarede
» Roi d'Espagne, non-seulement
» nous n'épargnons rien, pour pro-
» curer à nos Sujets une vie douce
» & tranquille, mais sous la protec-
» tion du Seigneur, nous méditons
» les choses celestes qui nous répon-
» dent de la fidélité des Peuples.
» Arnolphe, Evêque de Lizieux,
» s'exprime ainsi au milieu d'un
» Concile: La justice du Roi, soute-
» nue de la science, dirige les hom-
» mes & les forme : elle les forme
» à la vertu, elle les dirige vers le
» Salut. Préceptes, exemples, tout
dit que la connoissance de la Religion est du ressort du Souverain.

IX. Pour ac- On objecte que le Prince, accablé & distrait, vaque difficilement à une partie des affaires ; rien cependant n'a plus d'affinité que la connoissance générale, & celle de la plus noble portion. Le Métaphysicien considere ce qui est : il s'applique principalement aux êtres spirituels. Le Physicien a pour objet le mouvement, il s'adonne particuliérement à l'astronomie : le Souverain, en enveloppant toutes les parties du Gouvernement, doit surtout méditer la Religion.

querir cette connoissance, il ne faut pas désespérer du Souverain.

La route n'en est pas aussi obscure, que quelques-uns se sont efforcés de le persuader. » La Théologie, dit S. Gregoire de Nazianze, » & la Religion est simple & nue ; » elle est fondée sur des témoignages divins, que quelques-uns regardent à dessein comme une » science abstraite & embarrassée. Je ne parle ici que des dogmes & de la discipline : je mets à part les questions de Métaphysique, d'Histoire, de Grammaire, dont les Théologiens ont coutume de disputer avec vivacité, & dont il est inutile de charger l'esprit du Souverain.

Il en est de même des sophismes du Droit; mais il est important qu'il en sçache les principes généraux; il doit sur tout cela se borner; car il est une intempérance de sçavoir, & c'est une leçon très-difficile à pratiquer, selon le plus prudent des Historiens. Celui-là est sage, qui ne donnant pas dans tout, se renferme dans les connoissances utiles : ce passage de l'Apôtre, d'être sçavant avec sobriété, est adressé à tous, & singulierement aux Puissances suprêmes; car continue S. Paul : » Il ne faut „ point s'arrêter à ce qui donne plutôt lieu à la dispute qu'à l'édification, laquelle vient de la foi : rien „ ne convient moins aux grandes „ ames, dit autrefois Senéque, que „ ces prétendues subtilités.

Au reste, la divine Providence aidera le Magistrat politique, & suppléra aisément à l'expérience qu'un temps trop court ne lui fourniroit pas. Un Ancien protestoit qu'il avoit plus appris par la priere que par l'étude: » Dieu n'est point sourd à

„ ces vœux ardens de l'Eglise. Sei-
„ gneur, dispensez au Prince votre
„ prudence & votre justice à son
„ Fils. Vous m'avez découvert, ô
„ mon Dieu, s'écrioit David, la
„ profondeur de votre sagesse. Sa-
„ lomon, jeune encore, ne sça-
„ voit où porter ses pas, la multi-
„ tude du Peuple, le poids des af-
„ faires l'accabloit: Qui pourra,
„ dit-il, juger un si grand Peuple?
„ accordez-moi donc, Seigneur,
„ un esprit capable de le gouver-
„ ner, & de discerner le bien & le
„ mal. Le Seigneur lui répond, par-
„ ce que vous ne m'avez pas de-
„ mandé une longue vie, des ri-
„ chesses, la mort de vos ennemis,
„ mais un jugement sain & droit, je
„ vous ai donné un cœur sage &
„ intelligent. » Dieu & la nature, comme on dit, viennent au secours dans les choses indispensables.

Comme les Empires sont l'ouvrage de Dieu, & qu'il les a établis pour servir d'asile à la vraie Religion, il est de sa bonté divine de gratifier des talens & des qualités propres au gouvernement les Princes qui les lui demandent avec ferveur: croira-t'on qu'il les leur refusera, tandis que sous la Loi légale il prodiguoit aux Princes le don de Prophétie. Salomon repéte dans ses paraboles : » L'Oracle est sur les „ levres du Roi, & sa bouche en jugeant ne prévarique point. Moïse, ce grand Général, ce divin Prophéte, ayant institué le Synedrin, composé de soixante-dix personnes, on dit que Dieu leur communiqua de l'esprit de Moïse, & cet esprit les échauffant, ils prophétisoient. Jesus, Fils de Nuni, succeda au Généralat de Moïse, & il fut rempli de sagesse, aussi-tôt qu'on lui eut imposé les mains.

Saül, après son Sacre, fut inspiré, & devint un autre homme; telle est l'expression de l'Ecriture. David, assis sur le trône, prophétisa ainsi que son Fils Salomon; ensorte que qui feuilleteroit assiduement l'Histoire de l'Ancien Testament, trouveroit plus de Rois Prophétes que de Prêtres Prophétes. J'avoue que ces miracles furent plus fréquens dans les siécles où Dieu converſoit avec nos Peres, & leur faiſoit connoitre ſa volonté par les Prophétes ; mais dans ces derniers jours il a parlé par ſon Fils, & a dévoilé ſes deſſeins ſur le Salut du genre humain : peu de Prophetes ont paru depuis lui. J. C. eſt le ſeul maître, dont nous avons tous hérité ; il n'eſt plus néceſſaire de prêcher une Religion nouvelle, comme autrefois ; il faut ſeulement prêcher ſa parole écrite. Envain ſe plaindroit-on de ſon obſcurité & de ſa ſubtilité ; la parole eſt près de nous, dans notre bouche & dans notre cœur.

Cette Doctrine eſt publique, elle n'eſt cachée qu'aux hommes que Satan tient dans l'aveuglement : tous ſont inſtruits de Dieu, tous connoiſſent Dieu; J. C. ayant par-là exaucé le vœu de Moïſe, qui ſouhaittoit que tout le Peuple fût Prophete. Si la Doctrine de l'Evangile n'a rien d'obſcur pour tous les Chrétiens, pour

ces Ouvriers, ces Artisans, qui sont occupés du travail des mains, pourquoi refuser aux Princes cette faveur générale? surtout après que l'Apôtre leur applique spécialement „ que Dieu a voulu que tous con-
„ noissent la vérité.

L'Empereur Théodose, rempli de cette confiance, au moment de juger des erreurs qui attaquoient la Foi, implora le secours divin en secret, & ne l'implora pas envain. L'Empereur Justinien en éprouva les effets: sa Profession de foi est si belle, que Contius a dit avec raison „ qu'aucun Pere de l'Eglise, ni au-
„ cun Evêque n'en a donné une plus
„ forte & plus pleine de Doctrine. D'ailleurs, les dogmes nécessaires au Salut, ou les maximes de l'Eglise les plus importantes sont en petit nombre, & sont présentes à tout Fidéle. L'Ecriture-Sainte les renferme, le consentement perpetuel de l'Eglise les constate, le reste à peine intéresse-t-il le Magistrat politique. Au cas qu'il arrive quelque événement qu'on n'auroit pas pré-

vû, chose que le temporel voit plus souvent que le spirituel, le tems & le Conseil y pourvoyent. Qu'on se rappelle ces vers d'Hésiode: » Tel est excellent qui sçait „ beaucoup, tel est bon & excellent „ qui se laisse persuader par celui „ qui parle juste.

X. Il faut aussi la piété.

La piété est l'autre qualité propre au Magistrat politique; sans doute aucune vertu n'est si digne d'un Prince: il est ordonné au Roi des Hébreux d'apprendre à craindre Dieu, & à observer sa Loi. Il est prescrit à Josué de ne se point écarter de ses préceptes à droite ou à gauche. Les Saints Peres ne rebattent autre chose aux Princes; deux vices leur sont à craindre, l'impiété qui est le mal le plus incurable, & la superstition qui amolit le cœur, & qui éloigne les conseils salutaires: on évite ces deux écueils, en ne perdant point de vue le mot de l'Apôtre: » Le but du précepte „ est la charité qui naît d'un cœur „ pur, d'une bonne conscience & „ d'une vraie Foi: ceux qui s'en

„ éloignent tombent dans le préci-„ pice : ils ſont jaloux d'être les „ Docteurs de la Loi, tandis qu'ils „ ne comprennent ni ce qu'ils diſent „ ni ce qu'ils prêchent.

XI. Diſtinction entre la rectitude de l'acte & ſa validité, & cela s'applique aux choſes ſacrées.

Telles ſont les qualités néceſſaires au Magiſtrat politique : je remarque enſuite que toute action du Souverain doit être droite, je ne dis pas tous ſes actes, diſtinction indiſpenſable ; par exemple, un Juge ignorant a prononcé une ſentence ; il eſt en faute ; mais ſa ſentence n'eſt pas nulle qu'il n'y ait un appel. Un particulier, qui n'eſt point interdit, donne ſon bien par une libéralité inconſiderée ; la donation eſt bonne & ſon action eſt vicieuſe. Un pere eſt trop rude à ſes enfans, un maître à ſes eſclaves, il faut obéir quoiqu'ils agiſſent mal ; la raiſon eſt qu'il en coûte moins pour un bon acte que pour une bonne action : une bonne action part d'un jugement tourné au bien, d'un deſſein reflêchi ; elle dépend de la forme & des circonſtances eſſentielles ; il ſuffit à un bon acte, que celui qui agit ait le droit d'agir.

J'appelle ici droit la faculté morale que la justice spéciale considere, c'est-à-dire, la domination, le pouvoir, le droit de servitude, le droit actif d'obligation : tout acte prohibé l'est ou absolument ou relativement ; absolument quand ses effets sont illicites par eux-mêmes ou par la Loi, relativement quand ses effets licites à la vérité ne sont pas au pouvoir de l'Agent : ainsi, à ne suivre que la Loi naturelle, en écartant pour un moment la Loi positive, tout acte est nul, si son effet a un vice essentiellement inhérent ; ou s'il est au-delà du pouvoir de l'Agent. On rapporte à la premiere espece le commandement d'un Pere, d'un Maître, d'un Prince, de mentir ou d'adorer les Idoles : on place dans la seconde espece le pouvoir d'un Maître sur un Esclave étranger, celui d'un Prince sur un homme qui n'est pas son Sujet, & celui de tout homme sur les actions intérieures, qui n'ont aucune relation aux extérieures : par conséquent, tout vice qui affecte l'esprit ou le jugement, n'annulle pas l'acte du pouvoir ; & comme il est fondé sur l'ignorance de la vraie Religion, ou sur une passion ennemie de la vraie Religion, il est hors de doute que le Pere n'est point dépouillé du pouvoir paternel, le Mari de son autorité, le Maître de sa domination, le Roi de sa puissance souveraine.

XII. Des exemples & des témoignages de l'Ecriture déclarent le jugement des Infidéles sur la Religion.

Aussi, doit-on exécuter les Loix du Prince touchant la Religion, quand même il seroit fauteur d'hérésie, ou qu'il n'adoreroit pas le vrai Dieu, pouvu qu'elles n'attaquent point de front la Loi divine ; trop de monumens le démontrent. Pharaon étoit un Roi impie, cependant le Peuple Hébreu n'osa sans sa permission sortir d'Egypte pour sacrifier. Le sacrifice étoit ordonné, & hors la puissance du Roi ; mais comme le Seigneur n'avoit point désigné le lieu, le Peuple n'étoit point affranchi de l'obéissance qu'il lui avoit jurée. Nabuchodonosor ne vivoit point dans la vraie Religion ; autant que sa Loi, d'adorer son image, eut peu d'effets, autant celle de ne point blasphémer le Dieu d'Israël fut-elle reçue & approuvée.

On sçait que Cyrus & ses Successeurs étoient ensevelis dans les ténébres du Paganisme; les Hébreux cependant ne travaillerent à la réconstruction du Temple de Jerusalem que de leur consentement. Si les Fidéles étouffoient les disputes qui s'élevoient entr'eux à l'occasion de la Religion, plutôt que d'en permettre la connoissance aux Payens; traduits devant eux, ils les reconnoissoient Juges; & souvent la nécessité les contraignoit d'implorer leurs secours, persuadés que ceux-là avoient le droit de juger, qui n'avoient point les talens nécessaires pour les bien juger.

Ptolomée, Roi d'Egypte, décida à son tribunal la question de la préférence du Temple de Jerusalem sur celui de Garisim entre les Juifs & les Samaritains. Ce Prince, argumentant de la Loi de Moïse, quoiqu'il ne la suivît pas, avoit le droit de juger, & jugea en effet, quel étoit le Temple, le culte, & le ſacerdoce conforme à cette Loi: unique point de la conteſtation. Du tems des Apôtres, une partie du Synedrin Judaïque étoit prévenue; Pierre & Jean ne ſe croyent point exempts de ſa Juriſdiction; ils le reconnoiſſent ouvertement pour Juge. On nous juge, dirent-ils, ſur un miracle opéré, ſur un malade guéri. L'état de la queſtion étoit, s'il étoit permis de guérir au nom de J. C.

Saint Pierre le ſoutenoit, parce que Jeſus eſt le Chef de l'Egliſe, l'auteur du Salut, & qui le confirme par ſa Réſurrection & les miracles de ſa vie. Auſſi les Juifs lui défendant d'enſeigner au nom de Jeſus, » Jugez plûtôt, dit-il, s'il vaut mieux » obéir à Dieu qu'aux hommes.

Ces Juges avoient donc le droit de décider ſi Jeſus étoit le Meſſie; & s'ils avoient bien jugé, la Sencence étoit bonne, quoique prononcée par des Impies. Félix étoit Payen, mais il repréſentoit l'Empereur: Tertullus accuſe S. Paul devant lui;

il le noircit de crimes, il lui reproche, entr'autres, qu'il est le Chef de la secte des Nazaréens. Saint » Paul nie tous les crimes, & confesse qu'il adore Dieu selon la » voye que cette Religion a frayée; » étoit-ce un crime? voilà tout ce » qu'il avoit à juger: je suis jugé, » dit-il, sur la résurrection des morts; » Dogme qui est le fondement de » la Foi. Cette accusation est re- » nouvellée devant Festus, Saint Paul le regarde comme son Juge; qu'on me juge ici, dit-il: craignant ensuite la prévention du Juge, il appelle à César, souverain Juge, & il saisit son tribunal de la cause de l'Evangile, non de la sienne. On demandoit, si d'enseigner l'Evangile étoit un crime, S. Paul, loin d'en convenir, ne cesse de répéter que l'Evangile étoit la doctrine du Salut.

Saint Paul ne récuse point le plus mauvais Prince. S'il eût absou S. Paul comme il devoit, & plusieurs ont cru que son premier mouvement lui fut favorable, son decret eût eu force de Loi, & auroit fermé la bouche aux Juifs; mais en condamnant S. Paul & l'Evangile, sa Sentence fut nulle, en ce qu'elle défendoit à S. Paul d'enseigner. Elle eut son effet, en ce qu'elle accorda le martyre à celui qui le souhaitoit ardemment.

Justin Martyr, & les autres Peres de l'Eglise présenterent aux Empereurs Payens des ouvrages, pour confirmer la vérité de la vraie Religion. Paul de Samosate, ayant erré dans la doctrine, & cherchant à se maintenir dans l'Evêché d'Antioche, fut traduit devant l'Empereur Aurelien, Prince Infidéle, qui après avoir délibéré, statua que Paul seroit chassé du Siége d'Antioche: il avoit à juger si Paul de Samosate prêchoit la doctrine de la Foi.

Il est important à un Empereur, je ne dis pas religieux, mais prudent, de ne pas souffrir dans l'Episcopat un Prélat qui enseigne des dogmes erronnés. On se souvenoit encore de ce que les Apôtres & leurs Successeurs avoient appris aux Eglises dispersées, du Verbe, qui étoit dès le commencement, & qui venoit d'accomplir le Mystere de l'Incarnation. L'Evêque Archelaus disputa contre l'Hérétique Manés, qui a donné le nom aux Manichééens, devant Marcellus, Juge illustre, qui avoit choisi pour Conseillers un Médecin, un Philosophe, un Grammairien, un Rhéteur, tous Payens.

Saint Athanase, le fleau d'Arius, s'étant trouvé à Laodicée avec cet Héréśiarque, défendit la Foi Catholique devant Probus, Payen délégué de l'Empereur, & il l'emporta: comme on étoit convenu que l'Evangile seroit la Loi que l'on consulteroit, on fut aisément convaincu que cette Loi n'admettoit ni plusieurs Dieux ni deux Dieux.

Saint Athanase & les autres Saints Evêques agiterent le dogme de la Consubstantiation en présence de Constantius & de Jovinien Empereurs Hérétiques. Les sages Evêques se sont depuis modelés sur eux lorsque les Vandales occupoient l'Affrique. Eugene, Evêque de

Carthage, offrit aux Ariens de disputer de la Foi Catholique devant Hunerique Roi Arien ; mais ils rejetterent sa proposition. L'Election d'un Pape causa à Rome quelque désordre ; on implora le jugement du Roi Théodoric, & si ce Prince étoit Arien. Voici un passage célébre de la Confession de Basle.

» Tout Prince doit veiller à ce
» que ses Sujets sanctifient le nom
» de Dieu ; que les bornes de son
» divin Royaume soient étendues ;
» & qu'attentif à châtier les crimes,
» il vive soumis à sa volonté sainte.
» Les Princes Payens avoient ce
» devoir à remplir : combien est-il
» plus recommandé au Magistrat
» Chrétien comme au Vicaire de
» Dieu ? On lit dans une Apologie présentée à Philippe Roi d'Espagne, les sentimens de l'Eglise Reformée de Flandres, tandis qu'il sévissoit contre elle : combien s'en éloignent aujourd'hui ceux qui se vantent d'être les seuls appuis de l'Eglise ?

» Princes, c'est à vous de juger,

» & d'étouffer les erreurs, quelques » profondes qu'en soient les racines; » malgré votre aveuglement, votre » prévention contre la vérité, Dieu » vous a donné ce droit; si vous en » usez, il peut vous y rendre de » plus en plus consommés. Les mêmes termes se voyent dans une Lettre de Calvin au Roi François Ier, qui lui demande des éclaircissemens sur la Religion, assurant qu'elle est digne de son tribunal. Pourquoi les Eglises & les Docteurs ne tiendroient-ils pas ce langage? ils n'ignorent pas que Paul Sergius, Propréteur, homme profond, & nullement Chrétien, fut constitué Juge entre l'Apôtre S. Paul & le Mage Elyman. Sa propre Sentence l'éclaira, il crut; & peu s'en fallut que le Roi Agrippa, assis dans une autre occasion à côté du Préteur Romain, ne se rendît, du moins la vérité lui en arracha l'aveu. Quoiqu'on rapporte que Galion, Proconsul d'Achaie, ait refusé de régler quelques points de la Loi Légale, son action est plus digne de censure que de louanges, puisqu'il n'osa vanger l'affront fait à Sostenes.

Au reste, si un Chrétien pénétre le spirituel, si Dieu lui donne un jugement sain pour les choses divines, le don de lumiere, qui réside dans cette partie de l'ame, appellée jugement, n'a point été refusé à quelques Infidéles. Personne n'a encore repris S. Augustin, dont le sentiment est developpé dans » un ouvrage sur la Grace : il sem» ble que quelques-uns ayent ob» tenu le divin présent de l'intelli» gence, qui les porte à la Foi, » quand ils entendent une parole, » ou quand ils voyent des signes » conformes à leurs idées. Qui oseroit avancer que les Fidéles seuls jugent sainement de la Religion, puisqu'il est constant que l'on ne parvient à la Foi que par le jugement ? c'est pour elle qu'on recommande à tous de méditer les Saintes Ecritures : on loue les habitans de Beroë d'avoir confronté l'Ecriture Sainte avec la doctrine que Paul & Silas leur prêchoient. Or, on n'examine point, sans faire usage de son jugement; & Syrus, l'Interprete, l'a bien exprimé, en disant, » ils ju- » geoient par l'Ecriture.

XIII. Les Cathéchumenes ne peuvent être entierement exclus du jugement.

Dès que les hommes, qui ne professent point la vraie Religion, sont capables d'en décider, soit des particuliers, soit des Puissances, chacun par proportion, il n'est pas raisonnable d'exclure ceux qui, convaincus de la vérité de sa doctrine, s'abstiennent par quelque foiblesse de la participation aux Sacremens: a-t-on oublié que l'Empereur Constantin, avant son Baptême, a promulgué des Loix sur la Religion, de l'aveu & avec l'applaudissement des Evêques? qu'il a convoqué des Conciles, qu'il a jugé au milieu du Concile & après le Concile; qu'il s'est lui-même établi Juge des Catholiques & des Donatistes? L'Empereur Valentinien, mort sans Baptême, n'a-t-il pas suivi ses traces? mais dit-on, le Magistrat politique n'a point étudié ces questions spécieuses que les Théologiens ont coutume d'agiter dans les Ecoles; si ce prétexte avoit lieu, combien de Pasteurs vertueux & appliqués ne pourroient juger de rien dans l'Eglise : un Clerc remplira dignement les fonctions pastorales, quoiqu'il n'ait pas assez de talens pour être reçu Docteur.

XIV. Une similitude prouve qu'autre chose est l'aptitude, autre chose le droit.

Suivant ce raisonnement, les Jurisconsultes devroient occuper la place des Juges comme plus capables : on voit au contraire dans les Villes, & plus fréquemment encore à la campagne, des Juges plus intégres qu'éclairés, qui prononcent sur les testamens, les contrats, & les autres matieres du droit civil. Quelquefois un homme, peu instruit de la Chirurgie, a un assassinat à juger, si la plaie est mortelle ou non, si une grossesse peut durer onze mois. Il ne faut donc pas confondre la science du Juge avec le droit du jugement public ou impératif; car ou l'homme capable n'a pas ce droit, ou l'ignorance ne le perd point. » Heureuses les Républiques, s'écrie Platon, dont » les Rois seroient Philosophes, ou dont

» dont les Philosophes seroient
» Rois : il n'est pas pour cela permis aux Philosophes d'usurper le trône, & le Prince qui n'est pas Philosophe n'en doit pas descendre.

XV. On ne déféroit point le jugement aux Prophetes du Nouveau Testament.

On dira peut-être que l'esprit des Prophétes est subordonné aux Prophétes ; les anciens Grecs & Latins ont ainsi commenté ce passage de S. Paul. Les Prophétes ne doivent pas prêcher le Peuple au même moment ni de la même façon ; ils doivent attendre que le Prophéte qui a commencé ait fini son discours : comment, répond-t-on, retenir les dons du S. Esprit ? ceux qu'il inspire ne ressemblent point aux Démoniaques ; ils sont tellement maîtres de leurs dons, qu'ils peuvent ou le produire, ou le contenir pendant un tems, selon que l'ordre & l'édification le demandent ; autrement Dieu seroit la cause de la confusion, lui qui est l'auteur de la paix & de la régle. Je ne rejetterai point ce commentaire, dès qu'il ne combat point la pensée de l'Apôtre. L'autre interprétation qui veut que les Prophétes souffrent, & que d'autres Prophétes examinent leurs prophéties, n'a ici aucune application.

Le don singulier de prophétie, de guérison, & des langues, que Dieu a employé pour la propagation de la Foi, n'existe plus depuis long-tems, & n'a point de rapport à nos usages présens. Ce don admirable, qui rendoit infaillible la prédiction des événemens futurs, & qui imprimoit sur le champ la connoissance de la Théologie, que le travail humain n'auroit acquis qu'à peine, ne fera point valoir l'opinion des gens, qui l'accordent à tous les Pasteurs, & aux seuls Pasteurs. En effet, combien de Pasteurs médiocres Théologiens ? combien de Séculiers habiles Théologiens ? aussi compte-t-on des jugemens de plusieurs especes ; l'aveu de l'un ne détruit pas les autres. Un Médecin juge d'une maladie & d'une blessure, le Juge en décide, quand la cause est portée devant lui;

le malade même en juge. Lorſque les Prophétes jugeoient dans l'Egliſe Apoſtolique, on recommandoit à tous les Fidéles d'éprouver l'eſprit. S. Jean donne un moyen ſûr pour diſcerner l'Eſprit de Dieu de celui de l'Ante-Chriſt; & le paſſage de S. Paul aux Theſſaloniciens s'y rapporte. » N'étouffez point en » vous l'Eſprit-Saint, ne mépriſez » point les prophéties, examinez » tout, & retenez ce qui eſt bon.

Examiner & diſcerner eſt ſans doute un acte du jugement; témoin ce mot de l'Apôtre, » que deux ou » trois Prophétes parlent, & que » les autres en jugent. Les plus anciens Peres, ſous le terme autres, comprennent non les autres Prophétes, mais tout le Peuple: c'eſt avec raiſon, puiſqu'ailleurs cet Apôtre ſépare la pénétration des eſprits du don de prophétie: il ſemble qu'il croyoit que les Chrétiens avoient reçu le don de prophétie, car il met au nombre des dons la Foi, diſtincte du don des miracles, ou qu'ils avoient un talent ſingulier pour juger les prophéties que publioient des hommes non Prophétes. L'Apôtre Saint Paul exige que les Corinthiens pesent ses paroles. Les Saints Peres appellent aussi au jugement du Peuple : » Que ce Peuple, dont le » cœur conserve la Foi divine, juge, » dit S. Ambroise. De ces différens » exemples, je conclus que dans au- » cun siécle on n'a abandonné aux seuls Prophétes le jugement de la Religion & de la doctrine.

XVI. Les actions des anciens Rois comme Rois & comme Prophétes appliquées au Nouveau Testament.

On voit maintenant quelle est la triste ressource de ceux qui répondent aux monumens de l'Ancien Testament, que ce que les Rois ont fait, ils l'ont fait comme Prophétes & non comme Rois. Si sous le nom de Prophétes ils entendent un don particulier de Dieu, c'est une pure chimere qui n'est d'aucune vraiesmblance dans les faits que l'Ecriture ne détaille pas. A quoi bon un don singulier où la Loi est commune, à moins qu'elle n'ait été portée contre les négligens ? Si sous le nom de prophétie ils entendent un jugement plus éclairé de la volonté divine, obscure dans ces siécles, je conviens, en me servant de leurs termes, qu'ils ont sçu comme Prophétes, ce qu'il falloit commander, & qu'ils ont commandé en Rois.

Aussi l'Ecriture n'a pas cru les noms propres assez forts dans sa narration; elle y a ajouté le nom de Rois, pour prouver que le droit d'agir venoit du pouvoir souverain & pour les proposer aux Princes pour modéles: ainsi, quand les Princes Chrétiens ordonnent de la Religion, ils commandent en Rois; ils traitent ces matieres en Chrétiens habiles & instruits de Dieu; ils ont devant eux la Loi divine gravée plus profondément que les Rois & les Prophétes ne l'avoient autrefois. » Plusieurs Rois & Pro-
» phétes ont voulu voir ce que les
» Disciples de J. C. ont vû, & ils
» ne l'ont pas vû; ils ont voulu en-
» tendre ce que ceux-ci ont enten-
» du, & ils ne l'ont pas entendu.

## CHAPITRE VI.

*De la maniere de bien exercer le pouvoir sur la Religion.*

I. Distinction entre le droit & la façon de bien exercer le droit.

DES qualités nécessaires au Magistrat politique, pour bien administrer la Religion, je passe à l'examen de ses devoirs pour la même fin, je veux dire à la maniere d'exercer son pouvoir. Je n'ai garde de donner dans l'erreur de certains Auteurs, qui confondent la question du droit avec celle de la façon d'en user; comme si le droit d'agir ne résidoit pas nécessairement dans celui à qui l'on donne des leçons pour en bien user. Le droit appartient à la justice spéciale, & la prudence fournit les moyens de le mettre en œuvre. Autre chose est d'usurper le bien d'autrui; autre chose est de gouverner le sien imprudemment; rien au reste n'est plus étendu que cette matiere de la façon d'agir : on sent toute la difficulté de réunir sous un petit nombre de maximes cette vicissitude de tems, de lieux, de personnes ; aussi n'en toucherai-je qu'autant que cet ouvrage le demande.

II. Le Souverain doit écouter les Pasteurs pieux & sçavans.

Le premier devoir du Magistrat politique, est de consulter les Pasteurs recommandables par leur pieté & leur érudition, soit sur ce que la Loi Divine ordonne aux Fidéles de faire & de croire, soit sur l'établissement des pratiques qui peuvent être utiles à l'Eglise ; c'est ce que conseillent dans les choses douteuses la raison & les notions les plus communes : un seul ne voit pas tout & n'entend pas tout ; de-là cet Axiome des Perses : » Les Rois » doivent avoir plusieurs yeux & » plusieurs oreilles ; le commerce » des sages rend sages les Princes. Si le Gouvernement civil pousse aussi loin la prudence, combien doit-on être plus circonspect dans la Religion, où les fautes ont des suites plus dangereuses : je n'accumulerai point les exemples ; il est plus important de discuter jusqu'où le jugement du Magistrat politique peut & doit se prêter au jugement directif des Pasteurs.

III. Préceptes sur lesquels est fondée la Foi intrinseque ou extrinseque ; intrinseque divine ou humaine.

Tout Jugement humain est appuyé sur des principes intrinseques, ou extrinseques ; les principes intrinseques frappent les sens ou frappent l'esprit ; par les principes qui frappent les sens, je juge que la neige est blanche ; par les principes qui frappent l'esprit, je juge que les propositions mathématiques sont vraies, parce que toutes se rapportent à des notions communes. Le principe extrinseque s'appelle autorité, laquelle est divine ou humaine ; qui doute qu'il ne faille en tout obéir à l'autorité divine ? Abraham n'hésita pas d'immoler son Fils, Noë de croire le Déluge : personne n'est également obligé de fléchir sous l'autoté humaine ; lorsqu'elle n'est soutenue ni de l'autorité divine ni des principes intrinseques : il est cependant libre d'y acquiescer dans les choses dont la connoissance n'est pas recommandée à chacun : un malade fait bien de prendre des remédes, de l'ordonnance d'un habile Médecin ; sa santé même s'altérant, elle l'oblige de suivre les conseils des Médecins, sur-tout quand il n'est pas en état de se gouverner par les principes naturels.

IV. De l'autorité divine proposée par les hommes, où on explique l'état de la dispute entre les Catholiques Romains & les Réformés.

Dieu manifeste sa divine autorité en la proposant & la découvrant lui-même, en la découvrant & la proposant aux hommes par ses Ministres, par les Anges, par les Prophétes, les Apôtres. Lorsqu'on propose un dogme aux Fidéles, pour y souscrire aveuglement, on doit être persuadé que celui qui propose n'a pu être trompé, ni ne peut tromper en ce qu'il propose. On en est persuadé, soit par un autre Oracle divin, tel que le fut Corneille par S. Pierre & S. Paul, par Ananias, soit par les signes de la Sagesse divine, témoins infaillibles de son Oracle : alors aucun Chrétien ne balance à se soumettre à ce précepte.

Une question plus délicate est agitée par les Docteurs Romains & les Réformés ; » A-t-il existé de-

» puis les Apôtres une personne, ou
» une Assemblée, qui doive ou qui
» puisse convaincre les hommes,
» que ce qu'ils proposent, est d'une
» vérité irréfragable? Les Romains prennent l'affirmative, les Réformés la négative. Cette contestation influe beaucoup sur celle du pouvoir souverain sur la Religion. Les Romains conviennent, » que le Prince
» doit la gouverner, Hartus le passe à Renaud; ils pensent que tout pouvoir émane du Magistrat politique. Suarés le soutient clairement. Les Réformés tombent aussi d'accord, que s'il est parmi les hommes un Oracle, s'il est un Prophéte infaillible, le jugement des Rois & des particuliers doit tellement s'y conformer, qu'il seroit impossible aux Princes de l'attaquer de front, & aux particuliers de croire & d'agir contre ce qu'il prescriroit, puisque tout pouvoir humain & toute action dépend du pouvoir divin: on demande » si depuis les Apôtres cet
» Oracle subsiste. La question se réunit enfin au Pape, parce qu'il

est constant * que tout Pasteur, tout Prince, tout Particulier, tout Concile provincial, national, patriarchal, universel même, peuvent se tromper & ont coutume de se tromper.

* Autre proposition hérétique.

V. Quand il faut acquiescer à l'autorité humaine.

Ce fondement posé que tout homme est faillible, même le Pape, comme en conviennent quelques Docteurs Romains, toute Assemblée visible l'est aussi. Examinons jusqu'où chacun est obligé de suivre un jugement étranger & faillible. 1°. Personne en général n'est obligé de souscrire à un jugement directif. S. Chrysostome, traitant cette matiere, l'a dit autrefois: » N'est-il pas absurde de se laisser entraîner bonnement à l'avis des autres. Souvent les principes extrinseques de la chose, ou l'autorité divine démontrent qu'un tel jugement est faillible. Panorme & Gerson déclarent qu'il vaut mieux s'en rapporter au sentiment d'un particulier, fondé sur l'Evangile, qu'au Pape même: ainsi, les Evêques qui tenoient de l'Evangile, » que le

» Verbe étoit Dieu, & qu'il n'y a » qu'un Dieu, ne devoient point écouter le Concile de Rimini. 2°. Comme l'esprit ne fait pas distinctement voir le contraire, personne n'est contraint de subir le jugement directif des autres, d'autant qu'il a la liberté de s'informer & de tenter si l'on peut parvenir à la connoissance du vrai. Il n'y est nécessité que quand la foiblesse de son génie, un tems trop court, ou des occupations pressantes le détournent de cette recherche. Les Jurisconsultes enseignent que les Juges ne sont point absolument tenus de suivre un rapport de Chirurgie, pour juger une blessure, ni celui d'un Arpenteur pour planter des bornes, non plus que celui d'un Expert pour apurer des comptes; mais, après une mûre délibération, ils sont en état de décider selon la droiture & l'équité.

VI. Dans la cause de la Foi, personne ne peut acqui-

A l'égard de la Foi, personne ne sçauroit en sureté acquiescer à un jugement directif étranger, moins parce que les Dogmes de Foi sont clairs & connus à tous, que parce q'ils ne sont dogmes de Foi, qu'à cause qu'ils sont fondés sur l'autorité divine. Les Romains le confessent; aussi Clément Alexandrin appelle un prétexte vain celui que l'on tire de différens Commentaires, en disant, » qu'il est permis de » trouver la vérité à ceux qui le » veulent. Abraham a cru en Dieu, » & cela lui a été imputé à justice. » La Foi vient de l'entendement, » & l'entendement de la parole de » Dieu. Quelques-uns peuvent être » entraînés par les autres, comme » les Samaritains par une femme : » ils croient vraiement, non à » une parole étrangere, mais ils » ont entendu & sçu que J. C. est » le Sauveur du monde; de-là ce mot du Prophéte; le Juge vivra de sa foi, non de celle d'autrui : de-là on attribue à la Foi, la plénitude. » Le Roi d'Angleterre n'est point » répréhensible d'avoir avancé, que » chacun doit appuyer sur sa propre » science le fondement de sa Foi : j'en dis de même de Zanchius, dont

escer en sureté à l'autorité étrangere. Les saintes Lettres & la raison le démontrent.

le paſſage ſuivant contribuera beaucoup à développer cette queſtion.
» Le devoir d'un Prince réligieux
» eſt de connoître par la parole de
» Dieu, & par les dogmes de la Foi,
» quelle eſt la Religion Chrétienne,
» & quelle eſt la doctrine apoſtoli-
» que, à laquelle les Egliſes parti-
» culieres doivent s'unir, afin qu'il
» agiſſe ou qu'il oſe agir dans une
» matiere importante; moins par
» le ſeul avis des autres, que par les
» mouvemens de ſa propre ſcience.
» Ailleurs la ſcience eſt néceſſaire
» au Prince, parce qu'il faut qu'il
» comprenne ce qu'il veut faire &
» qu'il voye de ſes yeux: rien en
» effet n'eſt plus dangereux pour
» l'Etat & pour l'Egliſe que le Prince
» ſe repoſe de ſes devoirs ſur les
» autres; c'eſt-là l'unique ſource de
» de la décadence de l'Egliſe Romai-
» ne.

» Ce n'eſt pas envain, dit l'Evê-
» que d'Elie, qu'on recommande
» au Roi de méditer attentivement
» la Loi, de ne point dépendre en-
» tierement des autres, & de ne

» pas craindre de décider : il est na-
» turel d'appliquer au culte divin
» ces maximes de la Foi. En vain,
» dit Dieu, ils m'honorent, en-
» seignant des Doctrines & des Or-
» donnances humaines. S. Paul loue
» les Thessaloniciens de recevoir sa
» parole, non comme la sienne, mais
» comme celle de Dieu telle qu'elle
» étoit : dans les choses donc qui
» sont définies de Dieu, personne
» n'est lié au jugement déclaratif
» d'un autre (qui est une espéce de
» jugement directif) & ne peut en
» conscience y acquiescer.

L'espéce du Jugement directif, que j'ai appellé persuasif, concernant plûtôt ce qui n'est pas de la Loi divine, écoute plus volontiers l'autorité d'un autre, point trop cependant : comme on ne loue point les gens entêtés de leur opinion, on ne goûte point ceux qui, semblables à des machines, se laissent conduire par les organes des autres. Il y a cette différence entre le Conseil & le Pouvoir, que les Loix conformes à la Loi divine obligent,

mais le Conſeil n'oblige pas. » Le
» Conſeil, dit S. Jerôme, eſt l'o-
» pinion de celui qui le donne ; le
» précepte eſt la régle de celui qui
» le reçoit. Un Conſeiller, ajoute
» S. Chryſoſtome, ne force point
» à embraſſer ſon avis ; on eſt libre
» dans ſon choix, & il eſt permis
» de prendre le parti qu'on juge à
» propos ; c'eſt au Magiſtrat poli-
» tique à décider, toutes les fois
» qu'on ſera partagé dans ſon Con-
» ſeil, dont il eſt plus avantageux
» de péſer les avis que de les nom-
» brer.

Souvent on loue, loin de blâmer, l'ignorance du Prince ſur le droit civil, la médecine, le commerce, l'agriculture, à cauſe de ſes importantes occupations ; il n'eſt pas également excuſable de négliger la Religion, rien n'étant plus digne d'attention & n'intéreſſant plus eſſentiellement la conſervation de l'État. On lit dans l'Hiſtoire que les Princes qui ont dépoſé ce devoir, entre les mains de leurs Miniſtres, ont été aveuglés par les hommes, & punis de Dieu. Ils ont perdu leurs Etats, & assis sur le trône, ne tenant du Prince que le nom, ils sont devenus les esclaves de leurs Favoris.

VII. Solution d'objections tirées du Deutéronome.

On a coutume de se parer de quelques passages du Vieux-Testament, pour démontrer qu'il faut obéir sans reserve au jugement des Pasteurs sur la Religion; il s'en faut beaucoup qu'ils soient concluans; le premier est du Deuteronome XVII. On ordonne aux Israëlites, » d'exécuter à la lettre les » ordres que les Prêtres leur donneront. Il est constant que ce précepte regardoit les Juges; il ne s'agissoit pas particulierement de la Religion, mais de tout procès capital ou pécuniaire : » Si vous vous » trouvez, dit la Loi, embarassé » pour juger entre le sang & le sang, » la cause & la cause, la playe & la » playe, que toute contestation » soit terminée entre vous. La Loi s'adresse aux Magistrats inférieurs, & non au Roi; elle leur enjoint, en cas d'obscurité, de consulter le

Sénat, qui étoit composé de Prêtres & de Juges, tous habiles Jurisconsultes. Les Magistrats inférieurs ne sont point soumis à leur autorité, mais à la Loi qu'ils sont chargés d'interpreter : » vous suivrez ce qu'ils » vous enseigneront suivant la Loi » & le jugement qu'ils rendront, sans » vous en écarter ni à droite ni à » gauche : comme si le Roi prescrivoit aujourd'hui aux Juges de ne point aller contre ce que les Jurisconsultes leur enseigneroient être conforme au droit ; car les Jurisconsultes confessent eux-mêmes, que le Juge n'est point astraint à leurs consultations. On produit encore un passage de l'Evangile : » Ils » sont assis sur la chaire de Moïse, » observez-donc tout ce qu'ils vous » commanderont d'observer : passage que Stelle & Maldonat Romains commentent, & ont bien expliqué, en disant : » Ecoutez-les, tant » qu'ils enseigneront ce que Moïse » a enseigné. Vient ensuite un endroit du Prophéte Malachie : » Les » lévres du Prêtre garderont la

» ſcience & la Loi, ils la rece-
» vront de ſa bouche; parce qu'il
» eſt l'Ange du Dieu des Armées.
» Deſpenſe ajoute, on doit les ſui-
» vre, autant qu'ils prêchent la
» Loi de Moïſe, autrement non:
» Quand, pourſuit Malachie, ils s'é-
» loignent de la voye frayée; car
ſi on les approuvoit, ils ſerviroient
» d'écueils à pluſieurs, ce qui pou-
» vant ſe trouver, Jéremie traite
» de fauſſeté cette opinion que la
» Loi ne manquera point par les
» Prêtres; le ſage ne réfuſera point
» ſon conſeil, & le Prophete ne
» récélera point la parole. Le ſiécle d'Ezéchias & des tems plus reculés ont vû ce qu'ils aſſuroient ne
pouvoir arriver; » que les Prêtres
» ne diſtingueroient point le pur
» d'avec l'immonde: il eſt donc à
» craindre que ceux qui condui-
» ſent des aveugles ne le deviennent
» eux-mêmes, & qu'ils ne tombent
» enſemble dans le précipice: la
» faute d'un Directeur imprudent
» n'excuſe point un Diſciple trop
» crédule; il mourra, dit Dieu, dans

» son iniquité, & je vous redemanderai son sang.

Personne n'étoit obligé de croire les Prêtres qui enseignoient contre la Loi ou hors la Loi. Dieu recommandoit surtout aux Prêtres: » N'ajoutez » rien à la parole que je vous ai prescrite, & prescrivoit à chacun du » Peuple de s'en tenir à la foi & au » témoignage. A considérer le châtiment que le Deuteronome inflige au Juif qui refusoit l'obéissance au Prêtre, on étoit convaincu que les Prêtres étoient Juges, & qu'une portion de la Magistrature politique leur étoit confiée; vérité que j'ai établie ailleurs. Ces passages de l'Ancien Testament, favorables aux Prêtres, les concernoient en tant qu'ils étoient Magistrats, & n'ont aucune application aux Ministres de l'Evangile.

VIII. Autre objection des Nombres.

Quelques-uns s'appuyent sur un autre passage des Nombres XXVII. XXI. où Dieu parle ainsi de Josué: » Il se présentera devant le Grand » Prêtre Eléazar, & lui demandera » la volonté de Dieu par l'Urim;

» & suivant sa réponse, Josué sortira
» & marchera avec tous les enfans
» d'Israël & le reste du Peuple. Ce passage bien developpé n'a aucun rapport à la question. L'Urim, qu'on nomme autre part Urim & Thummin, étoit attachée à l'Ephod, que le Grand Prêtre des Hébreux portoit sur sa poitrine, Exod. XXVIII. 30. Levite VIII. 8. Elien écrit, que le Grand Prêtre d'Egypte étoit le souverain Juge; il avoit à son col un ornement de Saphir, appellé la Vérité. Diodore de Sicile Livre 1er. raconte que le souverain Juge d'Egypte avoit pendu à son col un cachet ou sceau, composé de pierres précieuses, que les Prêtres appelloient la Vérité. Aussitôt que le Juge revêtoit ce sceau, la plaidoirie commençoit, & à la fin le Grand Prêtre apposoit sur la partie qui gagnoit, ce symbole de la vérité.

Il est clair par ces deux témoignages, que les Nations voisines des Hébreux imitoient leurs usages, comme le Démon est le singe de

Dieu. L'Histoire sacrée, au Livre des Juges VIII. 27. 33. & XVIII. 5. 14. remarque que du tems des Juges Hébreux, les Prêtres des Idoles avoient un Ephod, par lequel ils rendoient des Oracles. Elien & Diodore de Sicile nomment ce sceau Vérité. Les Septante l'ont » appellé Thummim, & l'on dit » Urim & Thummim, pour dire » qui manifeste la Vérité. Suivant Philon, les Juifs ont conservé la maniere dont répondoient l'Urim & Thummim : une affaire importante, mise en délibération, on alloit consulter l'Ephod ; si l'affaire étoit avantageuse aux Hébreux, les pierres brillloient d'un feu céleste ; si le succès en devoit être malheureux, les pierres ne changeoient point. Samuel I. XXX. 7. a laissé une belle description, de la maniere de consulter l'Urim. David dit au Grand Prêtre Abiatar, fils d'Abimelec ; » apportez-moi l'Ephod, & Abiatar présenta l'Ephod à David, qui interrogea Dieu de la sorte : » Poursui» vrai-je cette Armée & l'attein-

» drai-je? Dieu lui répondit par l'Urim, » pourſuivez, vous les » joindrez & vous les déferez. Dans les Nombres eſt un endroit pareil; là Joſué eſt le Chef des Hébreux, ici David conduit le Peuple d'Iſraël. On ordonne à Joſué de ſe tenir debout devant le Grand Prêtre, pour être plus près du Pectoral & de l'Urim qui y étoit attaché: de même il eſt dit qu'on approcha le Pectoral de David.

Pluſieurs Sçavans ont remarqué dans Maimonides, que le Grand Prêtre avoit coutume d'être debout devant le Roi par reſpect, & que le Roi ne l'étoit devant le Grand Prêtre, qu'en conſultant l'Urim; preuve qu'il rendoit cet honneur à l'Oracle, non au Grand Prêtre. Là on ordonne à Joſué d'interroger, ici David interroge. Abimelec ne répond point à David, mais Dieu qu'il conſultoit par l'Urim: là on parle de la bouche de l'Urim, c'eſt-à-dire, de ſon jugement, & on prête par métaphore une bouche à l'Urim, comme dans le Deuteronome, ou en donne une à la Loi. Les Latins, par une même figure, ont formé le nom de présage, *Omen*. Il est mieux de l'attribuer à l'Urim qu'à Dieu, comme ont fait plusieurs tant Réformés que Catholiques Romains, quoique le sens soit absolument le même.

Un autre événement ne permet pas de douter que Dieu parloit & non le Prêtre. David, qui soupçonnoit la fidélité des habitans de Ceïlam, s'y transporta, & ordonna à Abiatar d'apporter l'Ephod; c'est-à-dire, approchez-moi l'Ephod, ainsi qu'il paroît par l'endroit cité. David consulta Dieu, & Dieu non Abiatar, répondit à David, que les habitans le livreroient à Saul. Quel motif engageoit David à prévenir l'Urim; c'étoit le succès de son voyage. Josué est dans la même circonstance; en effet, ce qui précéde explique ces mots: » Ils sortiront, ils rentreront. Moïse supplie Dieu, de mettre à la tête de » son Peuple un homme qui le gou-

» verne

» verne & le conduiſe. On avoit donc ſoin de recourir à l'Urim pour la guerre & le ſalut du Peuple : d'autres Oracles décidoient pour les autres choſes moins importantes ; la réponſe du Propitiatoire, » le ſoufle, la viſion, & les ſonges. Joſeph, après un mûr examen, prétend avec raiſon, que le feu de l'Urim ſignifioit les victoires, ne diſant rien de plus. Maimonide ajoute que l'Urim & Thummim ne régloit point les affaires des Particuliers, & que la Puiſſance ſouveraine avoit ſeule le droit de le faire expliquer.

Les Paſteurs qui ſe prévalent de ce paſſage des Nombres, ne rendent pas leur cauſe meilleure ; il y auroit au contraire lieu de les ſoupçonner d'envahir l'autorité temporelle. Si l'on admettoit leurs idées, on ne déclareroit plus la guerre que par leurs ordres : il eſt vrai qu'ils ſeroient fondés, ſi leur miniſtere prédiſoit les événemens, comme autrefois celui des Prêtres ; quoiqu'à préſent ce ſoit le témoignage de la divine préſcience, & non leur jugement.

Au reste, le Grand Prêtre n'interrogeoit point l'Urim en arriere du Roi. Le Roi, ou le Général étoit présent au miracle, & on lui approchoit l'Urim : qui ne voit combien cela fait peu à notre question ? S'il est cependant permis d'employer la figure, l'Evangile est notre Urim; & Syrachides a dit à propos, » que » la Loi fidélle manifeste la vérité, » comme la consultation de l'U- » rim. Les Hellenistes traduisent le mot Urim, tantôt manifestant, & tantôt par manifestée : est-il plus vrai de le dire de la Loi ancienne que de la Loi Chrétienne ? Que le Prêtre l'apporte donc au Roi pour y lire les promesses, & les menaces divines ; mais qu'il n'exige pas qu'on ait en lui la foi, qui n'est dûe qu'à la lumiere qu'il annonce ; & qu'il se souvienne aussi que notre Urim est non-seulement gravé dans le cœur des Pasteurs, mais encore dans celui de chaque Chrétien : c'est la grace salutaire qui éclaire tous les hommes. En voilà, je pense, assez touchant les jugemens des Pasteurs par rapport au Magistrat politique.

IX. Il faut chercher l'union de l'Eglise, comment cela est possible dans les dogmes & les préceptes divins.

Une autre régle générale, qui prépare la maniere de bien exercer ce droit, est que le Magistrat politique maintienne la paix dans l'Eglise, car c'en est l'ame. » Le „ monde connoîtra, dit J. C. que „ vous êtes mes Disciples, à l'a- „ mour que vous aurez les uns „ pour les autres. Le divin caractere de la primitive Eglise étoit; „ qu'un cœur & une ame animoit „ la multitude des Fidéles. L'Empereur Constantin & ses successeurs n'eurent d'autres soins plus empressés que ceux de prévenir ou d'étouffer les dissentions. Julien, l'irréconciliable ennemi des Chrétiens, crut ne pouvoir mieux réussir à renverser la Religion, qu'en fomentant les divisions que les différentes sectes échauffoient parmi les Chrétiens. Ammian le raporte ainsi; „ Dans le dessein de fortifier les „ indispositions mutuelles, en pré- „ sence du Peuple, il recevoit „ dans son Palais les Evêques op-

„ posés ; il les exhortoit de contenir tout mouvement de guerre „ civile, & de soutenir leur secte „ avec constance ; comptant que la „ sédition augmantant la licence, il „ n'auroit point à rédouter l'union „ du Peuple ; convaincu que nulle „ bête farouche n'est plus ennemie „ des hommes que les Chrétiens le „ sont les uns des autres.

it. 66. S. Augustin peint des mêmes couleurs le projet de l'Empereur Julien : » Il ne voyoit, dit-il, d'autre voye pour faire disparoître » de dessus la terre le nom Chrétien, » que celle de rompre l'union de » l'Eglise & de souffrir toutes les hé» resies. On doit plaindre ce siécle affligé plus qu'aucun autre par de tels malheurs ausquels le Clergé contribua plus que les Princes, ainsi que l'a remarqué l'Electeur Palatin dans ce qu'il écrit à ses enfans : ouvrage que les vrais Fidéles de l'Eglise doivent lire & apprendre ; mais si les anciennes playes ne peuvent être refermées, quoiqu'il n'en faille pas désesperer, puisque Dieu sçait ouvrir une voye aux choses impossibles, le devoir du Magistrat politique, en cette occasion, est d'empêcher que sur ces vieilles blessures il ne s'en fasse de nouvelles : » C'est » aux Princes Chrétiens, dit Saint » Augustin, à assurer sous leur ré- » gne la Paix de l'Eglise leur mere.

Voici les moyens principaux qui en confirment l'union. 1o. De s'abstenir, autant qu'il est possible, de donner des définitions, sauf les dogmes nécessaires au Salut, ou qui y conduisent. Les Jurisconsultes pensent unanimement que toute définition nouvelle dans le Droit est dangereuse ; il en est de même de la Théologie.

Suivant un vieil axiome, » il est » dangereux de dire de Dieu même » des choses vraies. La maxime de S. Gregoire de Nazianze vient ici à propos : » Ne cherchez point à » pénetrer la fin de chaque chose. Ce mot de S. Augustin est plus fort : » Plusieurs Auteurs, même les plus » célébres Défenseurs de la Foi Ca- » tholique, ne se rapprochent pas

» hormis pour la Foi ; & celui de
» Vincent de Lerins : Nous devons
» ſuivre & examiner avec ſcrupule
» le conſentement des Saints Peres,
» moins ſur les points particuliers de
» la Loi divine, que ſur la régle de
» la Foi.

Les Peres du Concile de Nicée & de Conſtantinople, & les Empereurs qui les ont convoqués, ne ſe ſont point livrés à la paſſion de définir; après avoir déclaré que le Pere, le Fils & le Saint Eſprit ſont trois perſonnes, & qu'ils ne font qu'un Dieu : il s'enſuit qu'ils ſont conſubſtantiels; ces Peres ne ſe ſont point tourmentés à différencier l'eſſence de l'hypoſtaſe. Les Evêques aſſemblés à Epheſe & à Calcédoine, & les Empereurs, ayant défini qu'il y avoit en J. C. une perſonne & deux natures, ne ſe ſont point amuſés à développer avec ſubtilité l'union hypoſtatique. Dans les Conciles de Dioſpole, de Carthage, de Milet, & d'Orange, les Peres & les Princes qui y aſſiſterent, preſſés de ſoutenir la Grace de Dieu, prononcerent ouvertement contre Pelage & ses Fauteurs, » que l'hom» me ne peut spirituellement com» mencer, continuer, ou achever » rien de bon sans la Grace divine; mais ils confierent à un prudent silence la plûpart des questions sur l'ordre de la prédestination & sur la maniere de concilier le libre arbitre avec la Grace. Les Peres de l'ancienne Eglise ont avoué, que les signes visibles du Corps de J. C. invisiblement * présent, étoient dans le Sacrement de l'Eucharistie; mais ils n'étoient pas d'accord sur la maniere dont il étoit présent; cependant l'union n'a point été rompue.

* Autre proposition qui se sent de la secte.

Il n'y a qu'un petit nombre de dogmes à définir avec anatheme, les autres ne le demandent pas: le Concile d'Orange a observé cette différence. On lit dans un ancien Concile de Carthage: » Il nous res» te à déclarer ce que nous pensons » sans juger personne, & sans ex» communier celui qui pense diffé» remment. Ce qui resserra l'union de l'Eglise Catholique dans les premiers siécles, fut de ne proposer aucune définition dogmatique que dans les Conciles généraux; & si les Conciles particuliers en donnoient, elles n'avoient de force qu'autant qu'elles étoient approuvées des autres Eglises : les Souverains ne sçauroient rien faire de plus avantageux que de ramener cet usage; car il est peu de ressources dans ces remédes, que les Médecins nomment topiques ou locaux. L'union des parties ne s'apperçoit que par l'unité du corps. Rien n'est plus beau que le Canon de l'Eglise d'Angleterre de l'an 1571. » Que les Prédicateurs ayent attention de ne prêcher au Peuple que » des dogmes conformes à la Doctrine de l'Ancien & du Nouveau » Testament, & à ce que les Saints » Peres & les anciens Evêques en » ont recueilli dans leurs ouvrages.

Le principe est le même pour les choses qu'il faut pratiquer, comme pour celles qu'il faut croire, quoique sur les premiers les disputes soient moins fréquentes. S. Chrysostome dit bien autrefois : » On hésite „ d'observer quelques dogmes, mais „ on ne cache point les bonnes oeu„ vres. Pour ne point en altérer l'union, il est important de bien convaincre le Peuple, que ces préceptes écoulent de la Loi divine. Sénéque désaprouvant les Commentaires sur les Loix, que la Loi ordonne, s'écrie-t-il, qu'elle ne dispute pas ; il en devroit être ainsi des Loix purement arbitraires : cependant Justinien & les autres Empereurs, dans le Code & dans les Novelles, rendent volontiers raison des Loix civiles.

X. Ajoute la persuasion aux Loix sur les choses sacrées.

En matiere de Religion, joignez la persuasion à la sévérité des Loix. Platon, Charondas, & les autres Législateurs l'ont employée avec succès. Les Empereurs Théodose & Valentinien ont imité ces Sages en 449. » Il nous convient de persuader „ nos Sujets de la vraie Religion. Justinien dit : » Nous nous pressons „ de leur enseigner la vraie Foi „ des Chrétiens. En effet, de même que les Empires florissent lorsque les

Sujets vouent à leur Prince une obéissance volontaire, de même les progrès de la Religion sont rapides, lorsqu'on l'embrasse de bon cœur. » Rien n'est si volontaire, „ dit Lactance, que la Religion ; si „ l'esprit a horreur du sacrifice, il „ n'y a plus de Religion. Autre- „ ment, disoit Thémistius, ils adore- » ront la pourpre & non le Créateur.

Telle est donc l'occupation la plus précieuse du Souverain de convaincre la plus saine partie de son Peuple de l'autorité des témoignages divins, & de lui faire comprendre que ses Ordonnances sont justes, & ne respirent que la piété : il est plus à souhaiter qu'à espérer que tous soient unis de sentimens ; l'ignorance ou la malice de quelques-uns ne doit point faire perdre de vûe la vérité & l'union. La démarche ne laisse pas que d'être délicate ; il s'agit plus de détourner du mal ceux qui résistent aux Loix divines & humaines, que de les forcer au bien. S. Augustin a prudemment développé ces deux points dans un de ses ouvrages.

XI. Comment dans les Rits, on peut maintenir la concorde de l'Eglise.

Il est des matieres que la Loi divine a laissé indécises, le Gouvernement ou la discipline de l'Eglise, & ses Rits. Si la chose étoit nouvelle & facile à manier, il n'y auroit rien de mieux à faire que de rappeller la ferveur du siécle apostolique, que le consentement des Fidéles & des progrès rapides ont consacrée. Selon ce mot, tout étoit autrefois mieux disposé ; & les changemens qu'on „ a essuyés, n'ont pas eu un heureux „ succès : cependant, le tems & le „ pays méritent quelque attention. S. Jérome dit sagement : „ Regardons comme des Canons apostoliques nos usages qui ne seront „ ni contre la Foi ni contre les „ mœurs. St Augustin, Epitre 118. „ Soyons indifférens pour qui n'attaque ni la Foi ni les mœurs, „ & ne nous y opposons pas pour „ demeurer unis avec qui nous vivons.

La variété de la discipline manifeste bien la Liberté Chrétienne, & n'altère point l'union de l'Eglise. Saint Irenée l'écrit au Pape

Victor : » La différence du Jeûne „ déclare l'unité de la Foi. Saint Cyprien ajoute : » Les mœurs différentes des hommes & des lieux „ varient certaines pratiques, & „ cette variété ne rompt point la „ paix & l'unité de l'Eglise Catho- „ lique. Saint Augustin, que la Foi „ qui enveloppe l'univers, soit par- „ tout professée, quoique son unanimité éclate par des Rits différens „ qui ne touchent point à la vérité „ de la Foi ; car la beauté de la „ fille du Roi est intérieure ; ces usa- „ ges variés décorent son habille- „ ment, d'où l'on dit, que sa robbe „ est un tissu d'or varié avec art ; „ mais les nuances sont si bien dé- „ tachées, que les couleurs n'en sont „ point confuses.

L'Histoire de Socrate fournit plusieurs passages conformes, Liv. 5. Chap. 22. Si en cette occasion, le meilleur n'a point prévalu, & que le médiocre l'ait emporté, il est prudent de ne le corriger, qu'en profitant de l'instant & du consentement universel. » Que tout reste dans

„ le même état ; un changement perpétuel diminue la bonté des choses. L'Empereur Auguste, chez Dion, l'a répeté d'après Aristote & Thucydide ; & Saint Augustin y a souscrit : » Autant que le changement d'un usage apporte d'utilité, „ autant nuit-il par sa nouveauté. Le Souverain agira sagement dans les pratiques que la Loi divine a abandonnées à la discrétion des hommes, en dirigeant son pouvoir sur les inclinations de ses Sujets : le Gouvernement civil en offre des exemples fréquens. Tous les jours on permet à des Villes, à des Communautés, qui n'ont aucune Jurisdiction, de dresser des Statuts, que le Magistrat politique examine, approuve & scelle de son autorité.

XII. Le Souverain a besoin en ces matieres du ministere des autres.

Enfin, un moyen propre pour faciliter l'exercice du droit, est que le Prince prenne non-seulement le conseil, mais encore qu'il employe le ministere de personnes éclairées ; & de peur d'être accablé, qu'il défére les affaires particulieres à des Cours établies, qui n'étant pas en état de les terminer, puissent les remettre à sa volonté; tels étoient dans l'ancienne Eglise sous les Empereurs Chrétiens, les Clergés des Villes, les Conciles des Métropolitains, des Exarques, & les Conciles que les Empereurs convoquoient: cette matiere sera traitée incessamment.

XIII. Les regles de la prudence ont leurs exceptions & d'où vient.

Mais ces maximes de demander conseil, d'aider l'obéissance de ceux qui se soumettent, d'observer le degré de Jurisdiction, & tant d'autres dont cette matiere est susceptible, ne peuvent être durables, ni toujours avantageuses; elles s'accommodent aux circonstances; le lieu, le tems, les hommes, diversifient ses opérations: convient-il de consulter sur une chose connue pour certaine, ni d'espérer un calme prompt au milieu de la tourmente? faut-il patienter dans un danger pressant, ou parcourir tous les tribunaux, tandis qu'on auroit raison de soupçonner la fidélité des inférieurs, & d'en craindre la haine, la faveur & autres obstacles que prévoit un esprit prudent : il en est comme de la navigation, où les écueils ne souffrent pas qu'on tienne une route droite. Je ferai voir ici en passant l'erreur de quelques-uns qui distinguent deux puissances, l'absolue & l'ordinaire : ils confondent la puissance avec la maniere de l'exercer.

Le Créateur n'use-t'il pas de la même puissance, soit qu'il agisse selon l'ordre qu'il s'est prescrit, soit qu'il s'en écarte ? Le Magistrat politique a cette puissance, soit qu'il se conforme aux Loix, soit qu'il s'en éloigne ; il est de son équité d'invoquer l'ordre & les Loix dans les affaires ordinaires : les Loix sont principalement pour cela, mais dans les cas inopinés, il doit agir à l'extraordinaire, au moment qu'il peut ne les pas suivre : les espéces sont infinies, l'ordre ou la Loi positive est finie. Or, le fini ne sçauroit être la régle de l'infini.

XIV. Le Souverain est-il obligé à ses

Quoiqu'il soit mieux de se prescrire une régle générale dans les affaires ordinaires, s'en détourner

Loix, & jusqu'ou ?

quelquefois est peut-être mal faire ; mais non pas franchir les bornes du droit inhérent au Magistrat politique ; car ses devoirs appliqués à toutes les vertus, s'étendent plus loin que le droit en lui-même. » C'est » folie de penser, soutiennent les Ju- » risconsultes, que la Puissance su- » prême ne peut évoquer à elle sans » connoissance de cause : de-là vient „ l'axiome de l'école, que personne „ ne peut se commander : personne „ ne peut s'assujettir à une Loi dont „ il ne soit pas possible de rappeller „ en changeant de volonté. Celui- „ là est le Magistrat politique, qui „ a le pouvoir de déroger au droit „ ordinaire : il résulte que la Loi positive ne sçauroit limiter le droit du Souverain ; il est du supérieur de restraindre le droit. Quelqu'un est-il supérieur à soi-même ?

„ L'Empereur est si peu soumis à „ ses Loix, dit Saint Augustin, qu'il „ a le pouvoir d'en promulguer „ d'autres. Affranchissons des Loix, dit Justinien, la personne de l'Empereur, à qui Dieu a subordonné les Loix mêmes : au reste, est-il libre au Magistrat politique de ne point écouter les Loix dans les espéces ordinaires ? Je répons avec l'Apôtre S. Paul, » qu'il le peut, mais „ que cela ne convient pas étant „ contraire à l'édification ; ou je répons avec Paul le Jurisconsulte, „ il lui est à la vérité permis, „ mais il n'est pas décent. Votre rai- „ son, votre prudence, dit Cice- „ ron, veulent que vous consul- „ tiez moins votre pouvoir que vo- „ tre dignité. Aussi les Auteurs célébres opposent-ils souvent ce qui est permis à ce qui est décent, ce qu'il faut à ce qui est honnête, & ce qui est meilleur, sur-tout en ce qui concerne la magistrature politique. Voici le lieu convenable à cette proposition avancée plus haut. » L'acte „ est bon tant qu'on est en droit, „ quoique l'action ne le soit pas : que le Souverain ordonne imprudemment, ou contre l'ordre, & qu'il soit possible d'exécuter sans crime, la nécessité de la subordination le fait valoir, dit l'Apôtre ;

Dieu lui a confié le pouvoir suprême ; le Sujet a la fidélité en partage. » Ils sont Rois, s'écrie Sophocles, pourquoi ne pas obéir ? & alors il faut souffrir l'ignorance des Princes.

## CHAPITRE VII.

### *Des Conciles.*

I. On explique le mot Concile.

VOici le moment de parler des Conciles. Tout ignorant sçait, tout homme sincere convient que leur autorité est d'un grand poids dans l'Église ; les Grecs appelloient Conciles toutes sortes d'Assemblées des Eglises, mêmes particulieres : on le voit dans les écrits de Saint Ignace, & dans les Constitutions de Constantin. Ce mot cependant est plus usité & plus conforme à son origine, lorsqu'il caractérise ces Assemblées, composées de personnes réunies de divers lieux. Le Concile est différent du Sénat, à qui les Grecs donnent différens noms, en ce que le Sénat est une Cour ou une Assemblée formée d'un certain nombre de Citoyens demeurans dans une Ville ou autre lieu; au lieu que le Concile n'est point une Cour, & que le nombre de ses Membres n'est pont limité. Les Grecs ont un nom particulier pour désigner l'Assemblée de la multitude, ils l'appellent Eglise, Synagogue, & en ce sens elle n'est point Concile; elle est l'Aslemblée du Peuple qui habite la Ville.

La tenue des Etats d'un Empire se nomme en Latin Concile, & en Grec Synode: dans les Decrets du Royaume de Hongrie l'Assemblée des Evêques & des Grands est appellée Concile. Charlemagne fut déclaré Patrice des Romains dans un Concile ou Synode, c'est-à-dire, dans l'Assemblée des États, comme l'a parfaitement expliqué Melchior Goldast, Auteur si consommé dans le Gouvernement de l'Empire Germanique: ces Decrets apprennent que ce Concile étoit composé d'Evêques, d'Abbés, de Juges, autrement dit Comtes, & de Jurisconsultes députés des Villes. La plûpart des ces Conciles étoient de François & de Goths; on en a les Capitulaires dans le recueil des Conciles, & on y décidoit indifféremment le temporel & le spirituel.

Un Concile ainsi composé a la Puissance absolue. Dans un Etat aristocratique, tel qu'étoit l'Empire Romain sous Charlemagne, après avoir secoué le joug de l'Empereur de Constantinople, il est dans un Etat monarchique le Conseil du Prince, & revêtu d'une autorité plus pleine. Les Rois & les Empereurs d'Allemagne avoient anciennement deux Conseils; l'un fixe pour les affaires courantes, l'autre indiqué de tous les Ordres pour les affaires importantes; ainsi Pépin s'explique au Concile de Soissons: » Nous avons ordonné, constitué » & décerné par le Conseil des » Evêques & des Grands. Le qua» triéme Concile de Toléde, les Pe-

» res ratifient ce decret, de concert » avec le Roi, & du consente- » ment des Grands & des person- » nes distinguées; ce sont les propres termes.

Les Rois Hébreux tinrent souvent de pareils Conseils, où ils agitoient les choses sacrées & profanes: on y déféra au Roi Ezéchias & aux Grands l'indiction de la Pasque; comme le Roi de Ninive, de l'avis des Grands, prescrivit un Jeûne universel. Le Conseil enfin est l'Assemblée de tous les Ordres de l'Etat; le Concile est l'Assemblée des Membres d'un seul Ordre: l'usage a prévalu d'appeller Concile les Assemblées formées des seuls Pasteurs de l'Eglise, ou d'eux principalement pour une affaire commune; car si on convoquoit les Pasteurs pour recevoir les ordres du Prince, je ne pense pas qu'on se servît alors du nom de Concile, par la raison qu'on ne donneroit pas le nom d'Assemblée générale à celle du Peuple appellé pour être présent à la promulgation d'une Loi.

II. L'origine des Conciles vient du droit naturel.

Persuadé que l'on est de l'utilité des Conciles, on n'est point d'accord sur leur origine & leur nécessité : la Loi divine n'enjoint nulle part la tenue des Conciles ; & c'est une erreur d'imaginer, que les exemples ont en cette matiere autant de poids, que les préceptes : quoiqu'on ait tort de présumer que les exemples tirés des Livres saints soient absolument inutiles, ils manifestent l'usage ancien, & servent de modéles dans de pareilles circonstances. L'Ancien Testament ne rapporte aucun Concile, car autre chose est une Assemblée générale, autre chose est un Concile. On convoquoit quelquefois les Lévites dispersés dans les Bourgades, ou seuls, ou avec le Peuple ; mais c'étoit moins pour recueillir les voix que pour écouter les Loix. Ezéchias assembla les Prêtres & les Lévites dans la Plaine Orientale, & leur dit : » Ecoutez-moi, Lévites, » sanctifiez-vous, &c. Dans la nouvelle Alliance nous avons une Loi touchant les Assemblées des Fidéles, pour prier, pous assister à la lecture des Livres saints, & à la fraction du pain. Il seroit difficile de fonder sur ces monumens la nécessité des Conciles. Un Fidéle qu'un Chrétien aura insulté, doit le traduire devant l'Eglise, ou devant l'Assemblée des Fidéles : il est encore marqué, » que Dieu accordera les graces que deux ou trois lui demanderont de concert, & que J. C. inspirera deux ou trois Fidéles qui se réuniront en son nom : Saint Paul assurant que l'esprit des Prophétes sera soumis aux Prophétes, entend les Prophétes d'une seule Eglise ; la suite du discours le prouve.

On a plûtôt coutume de tirer l'origine des Conciles de l'Histoire rapportée dans les Actes Chap. XV. mais on soupçonneroit avec assez de vraisemblance, que l'Assemblée, dont ce passage fait mention, ne seroit pas un Concile selon la signification que l'usage lui a consacré. Il s'étoit élevé entre S. Paul, S. Barnabé, & quelques

Juifs habitans d'Antioche, une dispute sur la force, & l'efficacité de la Loi de Moïse. On députa S. Paul, S. Barnabé & des Fidéles d'Antioche pour consulter la difficulté : s'adressa-t'on aux Pasteurs répandus dans l'Asie, ou à ceux de la Syrie, de Cilicie, de la Judée rassemblés en un lieu ? point du tout, les Apôtres & le Clergé d'une Ville ne font pas un Concile, on ne consulta qu'une Eglise, ou plûtôt les Apôtres, à l'autorité desquels le Clergé de Jérusalem, avec les Fidéles, joignit son consentement.

Il est plus juste de faire remonter l'origine des Conciles au droit naturel, bien antérieur à l'établissement de l'Eglise & des fonctions pastorales : comme l'homme est un animal sociable, il aime naturellement la société, sur-tout quand quelqu'intérêt commun s'en mêle : les Marchands conversent ensemble sur leur commerce ; les Médecins, les Jurisconsultes s'entretiennent de leur art. Le droit naturel est de deux espéces, le droit naturel absolu, (nonobstant

obstant tout fait humain ; le droit naturel considéré par rapport aux circonstances. Adorer le Créateur, aimer ses pere & mere, protéger l'innocence, sont tous préceptes immuables du droit naturel absolu : avoir tout en commun, être libre, arranger la succession des parens ; sont tous préceptes du droit naturel, eu égard aux circonstances.

Les choses sont communes de leur nature, jusqu'à ce que les Loix civiles les ayent distribuées : les hommes sont libres, jusqu'à ce qu'ils deviennent esclaves : les plus proches héritent, s'il n'y a nulle disposition testamentaire : la nature souffre tout ce qui n'est pas honteux ; & cette liberté dure autant que la Loi humaine ne détermine rien de plus précis. » Pourquoi, dit Perse, » ne me sera-t-il pas permis de faire » tout ce que me suggere ma volon- » té, excepté ce qui est défendu par » le Jurisconsulte Masurius ?

III. Les Conciles ne sont pas de droi: naturel absolu.

Les Conciles sont de cette derniere espéce de droit naturel. S'ils eussent été de droit naturel immuable, les Evêques n'auroient point sollicité les Princes de leur permettre d'en tenir; & S. Jérôme prouveroit mal que la convocation d'un Concile étoit vicieuse, quand il disoit, montrez-moi, je vous prie, quel Empereur a ordonné la célébration de ce Concile? Le Concile est une de ces choses, qui, souffertes par le droit naturel, dépendent des Loix humaines, soit pour être permises, soit pour être défendues: aussi recommande-t'on, aux Evêques appellés au Concile d'Agde, de s'y rendre, à moins qu'une maladie dangereuse, ou des ordres exprès du Prince ne les arrêtent.

On objectera sans doute, que les Evêques n'ont jamais demandé l'agrément des Empereurs Payens: quel besoin d'importuner des Empereurs, qui par leurs Edits ne s'y opposoient pas? Les anciens Senatus-Consultes portés contre les Assemblées, exceptoient celles qu'un motif de Religion animoit. Auguste les avoit accordées aux Juifs, comme le dit Philon dans sa Légation à Caligula.

Les Chrétiens adoptoient avec raison ce privilege, afin de pouvoir professer réellement avec S. Paul qu'ils croyoient tout ce qui étoit écrit dans la Loi & dans les Prophétes. Suétone désigne lui-même les Chrétiens sous le nom de Juifs, & dans les Provinces où la plûpart des Conciles ont été tenus, on suivoit moins le Droit Romain que les Loix propres du Pays.

Trajan souffre que les habitans de la Ville d'Amise ayent des Collecteurs qui s'assemblent pour lever leurs impositions, parce que, sous le bon plaisir des Empereurs, ils suivoient leurs usages : bien entendu, dit ce Prince, que dans les autres Villes qui sont assujetties à notre droit, cela est interdit ; & Pline raconte qu'au tems de Trajan on faisoit en Asie des Assemblées dans les Villes. Si donc les Eglises ont joui du calme, ainsi qu'il est très-souvent arrivé sous les Empereurs Payens, rien n'empêchoit que les Evêques ne s'assemblassent : il est vrai, qu'au milieu de la persécution, comme les Chrétiens ne pouvoient interrompre les Assemblées ordonnées de Dieu, quoique proscrites par les Loix, les Evêques ne voulurent point envénimer la haine des Empereurs, par des Assemblées suspectes, lorsque les besoins de l'Eglise n'étoient pas préssans.

Saint Cyprien montre en plus d'un endroit, que pendant la persécution s'éleva l'importante question, si l'on admettroit à la Communion ceux qui étoient tombés; mais que les Evêques avoient attendu le calme pour s'assembler, & que le Pape Libere n'osa convoquer un Concile à cause des défenses de Constantius. Les Evêques Ortodoxes d'Espagne crurent nécessaire la permission du Roi Alaric, quoiqu'il fût Arien, pour tenir un Concile dans la Ville d'Agde: au reste, ce dont les Empereurs Payens ne s'embarrassoient gueres, les Empereurs Chrétiens eurent raison d'en prendre connoissance, convaincus que plus un bien est précieux, plus il est facile de le corrompre: aussi, loin d'abandonner les Conciles, ils les convoquerent ou les remirent, selon que le succès leur en parut devoir être heureux ou malheureux. L'Historien Socrate dit que les Conciles généraux ont été indiqués par les Empereurs. Quoiqu'il entende les Conciles universels de l'Empire Romain, il est sûr que l'Empereur Constantin convoqua les Nationaux; ce passage d'Eusebe les regarde : » L'Empereur qui veilloit attenti» vement à l'Eglise de Dieu, envi» sageant les maux qui la déchi» roient, & constitué de Dieu l'E» vêque commun assembla les Mi» nistres du Seigneur. Constantin confirma non-seulement les actes du Concile de Nicée, il publia encore une loi générale, qui ordonnoit la tenue d'un Concile tous les six mois; ceux de Constantinople, de Calcédoine répétent cette Loi. Les Novelles de Justinien & les Capitulaires de Charlemagne s'y sont modelés: on ne l'a point depuis observé régulierement, & on les a remis d'une année à l'autre.

Les Assemblées furent si peu à la discrétion des Evêques, que les Gouverneurs des Provinces avoient des ordres de forcer les Evêques négligens à s'y rendre. Outre les Conciles ordinaires, les Princes en convoquoient d'extraordinaires ; témoins les Evêques François, Gaulois, Espagnols, qui déclarent s'être assemblés par les ordres de leurs Princes : ce qui se pratiquoit non-seulement pour les Assemblées qui regardoient tout un Royaume, mais même pour les moindres Synodes, comme on le voit par celui d'Aquilée, où les Evêques parlent ainsi à Valentinien & à Théodose : C'est pour étouffer toute semence de division que vous avez pris le soin de convoquer cette Assemblée. Les Evêques de Bithinie & de l'Hellespont supplierent Valentinien de leur permettre de s'assembler.

IV. On prouve par les exemples, que quelquefois le Souverain regle bien

On a coutume d'envisager le droit & le devoir du Magistrat politique sur les Conciles, sous trois différens côtés. 1°. A-t-il le pouvoir de régler la Religion sans le Concile ? 2°. Que peut-il ? que faut-il qu'il fasse avant le Concile & pendant le Concile ? 3°. Enfin que doit-il faire après sa dissolution ? Pour éclaircir la premiere question il faut concevoir que tout ce qu'on allégue sur la grande utilité des Conciles, concerne plûtôt la maniere d'exercer le droit, que le droit même : si le Magistrat politique reçevoit du Concile le droit d'ordonner, il cesseroit d'être Magistrat politique.

les choses sacrées sans le Concile.

En effet, le Magistrat politique est celui qui n'est soumis qu'à Dieu seul, & qui sous Dieu exerce le pouvoir absolu ; d'ailleurs il emprunteroit du Concile une portion de son autorité, s'il n'osoit ordonner sans le Concile que ce qu'il peut prescrire de concert avec le Concile : or, personne ne pouvant donner ce qu'il n'a pas, on concluëroit que le Concile a une sorte de pouvoir, qui ne lui étant point dévolu par le droit humain, devroit lui appartenir par le droit divin. On a déja fait voir que la Loi divine refuse ce pouvoir à l'Eglise, & parconséquent au Concile.

Après avoir établi le droit du Magistrat politique, on demande si sans le Concile il peut ordonner quelque chose sur le sacré : à quoi on répond hardiment qu'il le peut quelquefois. Ce seroit à ceux qui le nient absolument à combattre ma Proposition. Comme ils n'y réussiroient jamais, il m'en coûtera moins pour la mettre en évidence.

1°. Combien l'Histoire des Hébreux nous fournit-elle d'exemples? combien de réglemens, minutés sans l'avis du Clergé? Je rapporterai les paroles de l'Evêque d'Elie, plûtôt que les miennes : L'Ecriture Sainte se plaint si souvent & si clairement des Rois qui n'abolissoient pas les abus, & sur-tout la superstition si agréable au Peuple, qu'on ne peut douter qu'il ne fût singuliérement recommandé aux Princes d'en arracher les racines. Tortus convient que le devoir du Prince est de réprimer les abus & la corruption qui se glissent dans la Doctrine ; mais après qu'ils ont été déclarés par l'Eglise. Cependant nous montrerons que les Princes, avant toute déclaration de l'Eglise, ont corrigé ces désordres. Pourquoi Tortus ne produit-il pas des témoignages, où cette déclaration de l'Eglise a précédé? si elle n'a prévenu, ce n'est plus alors le devoir du Prince, il a une excuse valable: je n'ai point reprimé cet abus, dira-t'il, l'Eglise ne me l'a point fait connoître. La faute retombe donc sur l'Eglise, non sur le Souverain, qui ne doit ni agir, ni briser les Autels qu'au moment que l'Eglise s'en sera expliqué; cependant nous voyons toujours donner le tort au Prince non à l'Eglise, d'avoir souffert les Temples des faux Dieux. C'est donc lui que regarde cette fonction, soit avant la déclaration de l'Eglise, soit qu'elle le déclare ou non, & il rendra compte à Dieu de sa négligence: ainsi, outre que tout ce qu'on allégue de cette déclaration de l'Eglise est imaginaire, il est encore hors de saison.

Le Roi de Ninive, sur les menaces de Jonas, ordonne un Jeûne, ſans conſulter les Prêtres, de ſa propre autorité & par l'avis des Grands de ſon Royaume. L'Hiſtoire de Théodoſe, que j'ai déja citée, eſt remarquable dans le Chriſtianiſme. Au milieu des factions des Evêques, il entend un chacun, il lit les Confeſſions de Foi, il implore le ſecours du Très-Haut, il juge, il prononce ſuivant la vérité; & cet événement eſt de ſoixante ans poſtérieur au Concile de Nicée. Le premier Concile de Conſtantinople, que Théodoſe convoqua, n'ajoute rien au Concile de Nicée ſur la Perſonne du Fils de Dieu; il en naquit à la vérité une queſtion relative à la définition de Nicée, mais conçue en d'autres termes qui pouvoient jetter dans l'erreur ceux qui adoptoient la formule de Nicée. On demandoit ſi le Verbe avoit commencé: tous donnent à l'Empereur leur Confeſſion de Foi, les Ariens, les Macédoniens & les Eunoméens, ſi ennemis des Ariens, qu'ils rébatiſoient également les Catholiques & les Ariens. Il examine chaque Confeſſion ; il décide de chacune ; non-ſeulement il ſépare les Orthodoxes des Hérétiques, mais il diſtingue entre les différentes héréſies, & trouve les Novatiens plus excuſables que les autres.

Avant cela, ceux qui s'oppoſoient aux Epiſcopaux, diſoient nettement que l'Empereur avoit lû les écrits, qu'il avoit invoqué les lumieres du Seigneur, non pour déclarer une vérité connue, mais pour la tirer des ténébres, où les héréſies l'avoient enſevelie ; voici les termes de Brentius, qui rapporte cette Hiſtoire.

Quel eſt alors le Juge en matiere de Doctrine ? l'Empereur n'a pas recours aux Evêques comme à ſes maîtres ; il les mande au contraire à ſa Cour comme ſes Sujets ; & après avoir pris l'écrit de chaque Prélat, il n'en ſuit pas aveuglement la déciſion ; il ſe proſterne devant Dieu Pere de J. C. il le ſupplie de l'éclairer & de lui découvrir, entre tant de Confeſſions de Foi, celle qui eſt conforme à la

Doctrine Apostolique.

Comme l'esprit de parti couvre toujours de nuages les vérités les moins obscures, des gens ont essayé d'affoiblir ce qu'on opposoit aux Episcopaux, afin de ne rien épargner de ce qui peut confirmer le droit du Magistrat politique. Passons à d'autres exemples.

Constantin renvoye la cause des Donatistes au Proconsul d'Afrique ; S. Augustin ne releve point en cela l'Empereur ; il croit seulement qu'il eût été plus édifiant qu'un Concile eût terminé cette affaire. Un Evêque, dit le Donatiste, ne doit pas être jugé par le Proconsul, comme si le Proconsul agissoit de son chef, & que ce ne fût pas par l'ordre de l'Empereur, qui veille particulierement sur l'Eglise, & qui en doit un compte à Dieu.

La cause des Donatistes offre un autre exemple. Marcellin tint à leur égard la place des Empereurs Honorius & Théodose : Nous vou- »lons qu'en notre place vous soyez »Juge de la dispute. Macellin s'énonce ensuite avec beaucoup de modestie: Quoique je sente, dit-il, que c'est une affaire au-dessus de mes forces, de juger des Evêques qui devroient plûtôt être mes Juges; néanmoins parce que cette cause doit être agitée devant Dieu & ses Anges, & qu'après un examen, fait sous la protection du Ciel, elle doit opérer ma récompense ou mon jugement, selon qu'elle sera bien ou mal décidée; avant de rendre la vérité manifeste sur les contestations des Evêques assemblés, il est à propos de commencer par faire la lecture des ordres de l'Empereur. Cette décision, comme on voit, concernoit la Foi; aussi l'Edit porte, qu'il étoit là question de reconnoître la Vérité & la Religion. Les Orthodoxes ayant encore attaqué les Donatistes sur d'autres points, Marcellin leur dit: Le mémoire que vous nous avez présenté, contient une acusation de schisme & d'hérésie qu'il faut prouver: comment échapper à ces traits? peut-être repliquera-t-on, qu'on ne prononça que sur les crimes de quelques vagabonds, quoiqu'on n'en parlât qu'incidemment, & il ne fut pas question de les juger.

» Mais ces grandes vérités, quelle » est l'Eglise Catholique? quels sont » ses vrais signes? quelles sont les » justes causes de séparation? & s'il » faut rébatiser les Hérétiques? fu- » rent discutées avec soin. Enfin, » comme le porte la Sentence de » Marcellin, l'erreur démasquée fut » contrainte de fuir devant la Véri- » té: cette décision fut sollicitée par » les Catholiques, & non par les » Donatistes.

Ces exemples ont eu des imitateurs dans les Rois & les Magistrats qui, du tems de nos peres, ont banni de leurs Etats des erreurs invétérées. Je ne blame point l'adresse de ceux qui appuyent sur les circonstances qui ont déterminé à se conduire ainsi, ou qui ont empêché qu'on en usât autrement. Je veux même que ces faits soient extraordinaires, c'est-à-dire, moins fréquens & moins solites; mais la conduite différente, eu égard au tems & aux personnes, ne forme pas un droit nouveau; c'est à la prudence à régler les opérations sur le droit déja existant. Personne ne dit sans raisons qu'il ne faut pas de Conciles, mais qu'il peut y avoir quelquefois des raisons pour n'en point assembler: ces raisons sont, ou parce que le Concile n'est pas absolument nécessaire, ou parce qu'il est à présumer qu'il ne sera point avantageux à l'Egise.

V. On le prouve par les trois fins des Conciles qui sont le Conseil, le Consentement & l'exercice de la Jurisdiction.

Pour développer ces deux propositions, il est bon de constater quelle est la fin d'un Concile universel: il ne s'agit que de celui-là. J'ai déja suffisamment démontré que le Concile n'est point assemblé, comme ayant une portion du pouvoir absolu. La fin d'un Concile, dit parfaitement l'Evêque de Winchester, est que les Peres, par un jugement directif, frayent aux Princes les voyes d'étendre la Religion. Delà Carloman demande l'avis du Clergé de France, pour faire fleurir la Loi divine; Louis le Débonnaire envoya ses Capitulaires au Concile de Pavie, ou les articles sur lesquels il vouloit être instruit: à quoi j'ajoute que le Concile sert à assurer le consentement de l'Eglise. Les Apôtres employerent également la science & l'autorité dans la question des Cérémonies Mosaïques. L'Eglise réfuta ceux qui semoient partout que les Apôtres étoient partagés, en sorte qu'ils entendoient le vrai, & qu'ils l'avouoient tous.

Le Roi Becarede, appliqué à éteindre l'Arianisme en Espagne, ne convoqua pas un Concile dans le dessein de régler sa foi; mais il présenta aux Evêques la Confession Orthodoxe qu'il avoit dressée lui-même: une troisiéme preuve, c'est que le Clergé & les Conciles, outre le droit naturel, tiennent en quelque sorte à la Loi humaine, en vertu de quoi ils connoissent des procès comme les autres Tribunaux créés par le Magistrat politique, & en empruntent une sorte de coërcition.

VI. Ces fins ne sont point nécessaires au Concile, ni le Concile à ces fins.

Aucune de ces fins n'est absolument essentielle à l'Eglise, & le Concile ne l'est pas à ces fins: à quoi bon le Conseil, quand la lumiere naturelle ou surnaturelle éclaire l'homme ? Nous consultons, dit Aristote, lorsque nous nous défions de nos forces, & comme n'étant pas sûrs de notre discernement. Saint Paul dit, » qu'après que Dieu » lui eût révélé J. C. son Fils, il » n'avoit eu nulle communication » avec la chair ni le sang, & qu'il » n'étoit point retourné à Jerusa» sem pour voir les Apôtres ap» pellés avant lui: Il eût été ab» surde, s'écrie S. Chrysostôme, » qu'un homme, instruit de Dieu, » eût communiqué avec les hom» mes: & selon S. Clément Alexan» drin, puisque la parole nous vient » du Ciel, ne soyons plus curieux » de la doctrine des hommes.

Qu'un insensé nie qu'il y ait un Dieu, que ce Dieu gouverne le monde, & qu'il publie qu'il n'y a point de Jugement dernier, que Dieu est auteur du péché, que J. C. n'est pas Dieu, que sa mort n'a point accompli le mystere de la Rédemption, le Souverain sera-t'il obligé de méditer long-tems pour lui fermer l'entrée des charges & le bannir de la société?

Le passage de S. Augustin est remarquable : » Faut-il un Concile pour » condamner une erreur connue ? » Toute hérésie n'a-t'elle reçu sa » condamnation que dans un Con» cile ? Il en est peu au contraire à cause desquelles on ait été dans la nécessité d'en assembler.

Le Pape S. Léon écrit à Théodose le jeune : » Quand la cause est évi» dente, il est prudent d'éviter le » Concile : il arrive quelquefois que le Magistrat politique est si éclairé par les définitions d'un Concile oecuménique antérieur, qu'un nouveau ne lui seroit point utile. Le Concile de Nicée guida si sûrement l'Empereur Théodose dans le jugement qu'il dicta contre les hérésies, qu'il ne fut point obligé d'avoir recours à une nouvelle Assemblée : dans ces cas la tenue d'un Concile n'est pas nécessaire.

En vain s'efforceroit-on de connoître & de constater la décision de l'Eglise, lorsqu'elle paroît partagée en deux partis presqu'égaux ; situation où étoit l'Afrique au siécle des

Donatiſtes : il eſt alors, ſans un Concile, une voie pour approfondir le ſentiment de l'Egliſe, c'eſt quand on voit unanimes les Profeſſions de Foi de ceux qui ſont regardés comme les Peres de leurs Egliſes ; car chacun peut chez lui prêcher par écrit, ou de vive voix ce qu'il penſe. Saint Auguſtin raconte qu'on s'eſt comporté de la ſorte, & il approuve cette conduite. En feuilletant plus attentivement les premiers ſiécles de l'Egliſe, on ſera convaincu que les affaires de l'Egliſe & ſon unanimité étoient plus atteſtées par la communication de Lettres, que par aucun Concile, ainſi que l'ont remarqué Bilſon, Rainold, & les Docteurs de Magdebourg : de plus, il peut arriver que la cauſe que l'on traite intéreſſe tellement une Egliſe particuliere, qu'elle n'ait pas beſoin du ſentiment des autres. Le Clergé de Rome écrit à S. Cyprien : » Le Conſeil devient » plus important à meſure que le mal gagne. Comme la troiſiéme raiſon, qui aſſemble les Conciles, émane du Magiſtrat politique, elle les lui ſubordonne entierement ; & quoique l'on établiſſe des Tribunaux ſoumis à lui, s'ils deviennent ſuſpects, ou ſi l'affaire ne ſouffre aucun délai, il eſt en droit de l'évoquer à lui : qu'il ſoit donc conſtant que les Conciles ne ſont pas toujours néceſſaires, ni à toutes ſortes de matieres indifféremment. Wittakerus & autres l'ont prouvé ; & les Egliſes des Villes libres montrent par leurs exemples qu'elles ſe conduiſent bien ſans Conciles.

VII. Quelquefois les Conciles ſont dangereux ; & en paſſant, les Accuſateurs ne doivent point être Juges dans les Conciles.

Si les Conciles ne ſont pas néceſſaires, quelquefois ils peuvent être utiles, car tel eſt le tout, telles en ſont les parties. Je ne repéterai point ici les plaintes ordinaires de preſque tous les ſiécles, que le Clergé eſt la ſource des maux qui ont inondé l'Egliſe : je m'en tiens à ce que S. Gregoire de Nazianze a tranſmis de ſon tems : Les deux principaux objets des Eccléſiaſtiques étoient l'amour de la diſpute, & la paſſion de dominer. Il en veut moins aux Conciles des

Ariens qu'à ceux ausquels il a surtout assisté : » C'est pourquoi, continue-t'il, je me suis retiré & je me » suis livré au repos & à la tranquil- » lité. Le succès d'un Concile n'est pas heureux quand de violens préjugés empêchent la liberté des suffrages, ce qui arrive aux hommes les plus intégres, quand il se formera tant de factions, que le Concile, loin d'être le sceau de l'unanimité, devient la source de la discorde & de la dispute.

Je suis surpris de l'illusion de certains Auteurs, qui imaginent qu'on peut être Juge de celui qu'on accuse d'hérésie, & qui ne connoissent point dans l'Eglise la voye de récusation, qu'on admet dans les affaires civiles. Les maximes de l'équité naturelle ne devroient-elles pas avoir autant d'autorité dans l'Eglise que dans l'Etat ? Je me souviens qu'Optat de Mileve a dit des Jugemens ecclésiastiques : » Il ne nous est pas possi- » ble d'entreprendre ce que Dieu » n'a pas fait ; il a séparé les » personnes dans son jugement, & il

» n'a pas voulu que le même hom-
» me fût Juge & Accusateur. Choi-
» sissons des Juges, continue Optat,
» l'un & l'autre parti n'en sçauroit
» fournir, leurs intérêts voilent la
» vérité.

Les Peres du Concile de Calcédoine avertissent les Légats du Pape de ne point être Juges, s'ils se portent Accusateurs de Dioscore. Saint Athanase refusa de se trouver aux Conciles, où la faction ennemie dominoit : tel est souvent l'événement des choses, qu'un Concile qui pourroit être dangereux pour le présent aura son utilité, s'il est différé jusqu'à ce que les esprits soient calmés. L'Apôtre s'écrie avec raison : » Le jour éclairera l'ouvrage
» de chacun, c'est-à-dire sa Reli-
» gion : & ailleurs, si vous pensez
» autrement Dieu le révélera. Ces deux passages marquent qu'il faut du tems pour juger sainement : cependant tel mal peut arriver qui ne sçauroit attendre les délais d'un Concile, il faut un remede plus prompt. Outre que le Magistrat po-

litique auroit lieu de soupçonner les Conciles généraux : » Il n'est pas « moins du ressort de la politique, ob» serve un homme fort habile, d'as» sembler les Evêques, que d'assem» bler les Etats, il en résulte la mê» me crainte, les mêmes maux, si » les Pasteurs ne dépouillent l'hom» me.

Doute-t'on qu'il n'y ait eu des Conciles peu heureux ? tel fut celui d'Antioche sous Constantin, ceux de Césarée & de Tyr. Constantin écrivant aux Evêques de ce dernier leur reproche qu'ils sont enfin parvenus à soufler la haine & la division, & que leur ouvrage tend à la perte du Genre humain. Sous le jeune Théodose, tel celui d'Ephese qui fut un vrai brigandage ; si les Empereurs en eussent prévu les suites, ils auroient épargné & leurs soins & leurs dépenses. Je conviens que la situation de l'Eglise est triste, quand elle est hors d'état de souffrir un Concile ; aussi doit-on conserver & reprendre ces Assemblées lorsqu'elles instruisent au nom de l'Eglise les Princes & les Fidéles.

Le Magistrat politique exerce son pouvoir absolu avant que l'Eglise ait prononcé, soit qu'elle juge en plein Concile, soit que sa décision éclate par le consentement unanime des personnages, qui en différens tems & en différens lieux, ont eu une Religion & des mœurs plus pures. Dans chaque siécle on a chez soi des Théologiens judicieux & éclairés, & il s'en trouve aussi chez les Etrangers, dont l'autorité n'est pas moindre que celle de ses propres Sujets; surtout quand il s'agit du dogme qui est commun à tous : ce qui fait que chacun peut dire, qu'il est dans la croyance universelle. » On admettoit, dit l'Evêque d'E- » lie, à la Législation des choses » sacrées, ceux que la raison sug- » gere d'écouter, & qui sont instruits » de ces matieres. Les Assemblées » ecclésiastiques doivent enseigner » le Roi, ajoute Burhil; si elles ne » suffisent pas, qu'il appelle les » plus habiles.

VIII. Le droit de

Les raisons & les exemples qu'on vient

vient de proposer, prouvent qu'il ne faut pas restraindre l'omission des Conciles au seul cas où la Religion est sur le penchant de sa ruine; d'autres causes peuvent & doivent différer des Conciles: aussi y voit-on demander des Conciles aux Empereurs plus souvent qu'ils n'en ont accordés. » Nous supplions votre » clémence, écrit S. Léon à Théo» dose, avec larmes & sanglots, d'in» diquer un Concile en Italie; il ne » l'obtint pas. Envain les Empereurs » auroient-ils le droit de convoquer » des Conciles, s'ils n'avoient pas » celui de les refuser par de justes » motifs.

gouverner sans le Concile est mal-à-propos restterré au cas de la Religion en danger.

Les Eglises, travaillées du dogme des Ubiquitaires, n'étoient pas dans un danger pressant, cependant les Electeurs & les Princes, qui de droit ont le soin de la Religion en Allemagne, étoufferent ce mal sans Concile, de l'avis des gens sages; loués en cela par ceux mêmes qui ne reconnoissent point le droit sur lequel cette correction étoit appuyée. Zanchius & les autres Auteurs remarquent que le devoir du Prince est que jusqu'à ce qu'il se tienne un Concile libre, ( chose assez difficile ) d'ordonner aux contestans de se servir des termes de l'Ecriture, & ce sans en venir à une condamnation publique : dès-là le Prince a droit d'ordonner avant le Concile & sans le Concile.

Ce Jugement du Magistrat pollitique, hors du Concile, ne touche point à la liberté que le droit divin accorde aux Théologiens de juger : ils sont toujours en droit sans Concile de dire leur avis devant lui, ou d'en rendre raison devant tout autre, & d'autoriser sur l'Ecriture Sainte les motifs de leur Jugement. Je résume maintenant : j'avoue que le Concile est la voie la plus simple de gouverner la Religion ; mais je soutiens qu'il est des momens où les Conciles ne sont ni utiles ni nécessaires ; & je suis surpris que quelques-uns poussent la hardiesse jusqu'à soutenir que les Conciles, tenus malgré le Souverain, sont légitimes, lui à qui le soin de l'Eglise est singuliérement confié : ceux-là sont bien éloignés de Beze, qui veut qu'on n'assemble un Concile que par les ordres & sous les auspices du Prince ; bien éloignés de Junius, qui assure qu'il est injuste & dangereux à l'Eglise de convoquer un Concile général à l'insçu & sans l'autorité de celui qui gouverne ; enfin, bien éloignés de ceux qui ont embrassé le parti des Protestans contre les Catholiques Romains.

IX. Qui ont le choix des Députés au Concile.

On n'est pas aujourd'hui d'accord sur cette portion du droit & du devoir du Magistrat politique envers le Concile. » A-t'il le choix » des Evêques qui vont au Concile? Je ne crains point de le lui donner ; mais pour le mieux faire connoître, je procéderai par ordre.

Au moment que J. C. institua l'Eglise & la fonction pastorale, l'Eglise pour les affaires qui la touchent, les Pasteurs pour leurs devoirs, avoient le choix de ceux qui devoient aller au Concile, & ce en vertu du Droit naturel, non l'immuable, mais celui qui subsiste autant qu'on n'en subſtitue pas un autre; parce qu'il n'y avoit encore nulle Loi, nulle convention, nul autre moyen qui déterminât ce choix. C'eſt ainſi que les Fidéles d'Antioche députérent à Jeruſalem quelques-uns d'entr'eux avec Saint Paul & S. Barnabas, tandis que de l'autre côté, le Clergé & l'Egliſe de Jeruſalem choiſirent parmi eux des Fidéles qui accompagnerent les Apôtres à Antioche.

X. Uſage de l'ancienne Egliſe ſur cette matiere.

Je ne découvre dans le ſiécle ſuivant aucun exemple d'élection faite par l'Egliſe. Tous les Prêtres aſſiſtoient au Synode de chaque Diocèſe. Les Evêques d'une Province ſe réuniſſoient tous au Concile du Métropolitain, hors ceux que la néceſſité retenoit chez eux; nulle autre élection que celle des Prêtres, des Diacres, que les Evêques menoient aux Conciles. A l'égard des Conciles généraux, les Lettres circulaires des Empereurs aux Métropolitains marquoient le plus ſouvent les Evêques qui devoient remplir le nombre fixé par les Empereurs. J'ai extrait ces faits de la Lettre des Empereurs Théodose & Valentinien à S. Cyrille. Les Actes certifient qu'on expédia de pareilles Lettres à tous les Métropolitains. An. 430.

Il y est clairement ordonné à Saint Cyrille de choisir les Evêques : tantôt les Métropolitains les nommérent seuls ; tantôt ils y appellerent les Evêques de leur Province, & jamais on ne demanda les suffrages de leurs Eglises. Le Colloque, auquel Marcellin présida, ne fut pas un Concile, & cependant il ne fut pas moins important à l'Eglise. Les Evêques qui s'y trouverent présenterent seulement les Lettres de leurs confreres. Lorsqu'un Métropolitain n'assistoit point au Concile, il y envoyoit à sa place ou un Evêque, ou un Prêtre à qui on donnoit le titre de Vicaire. An. 411.

XI. La raison & les exemples le permettent au Souverain.

D'ailleurs, quoique cette maniere d'élire soit ordinaire, il n'est pas défendu au Magistrat politique de convoquer un Concile d'Evêques qu'il aura désigné, & c'en est assez pour que cela ſoit cenſé permis, la raiſon même en eſt garante, ſi l'on conſidére les fins des Conciles que j'ai rappellées plus haut.

1°. Il y a eu pluſieurs Aſſemblées tenues pour l'inſtruction d'un ſeul. Quoi de plus naturel qu'un Prince forme ſon Conſeil de Sujets qu'il croit les plus capables? la Juſtice, la Guerre, le Commerce, & tant d'autres affaires ſe réglent ainſi; leur Gouvernement n'eſt point différent quant à la Conſultation.

2°. Des Conciles ont départi à chaque Evêque la Juriſdiction extérieure dont le Souverain les gratifioit. Quoi de plus naturel qu'il choiſiſſe celui qu'il décore de cette fonction?

3°. A l'égard des Conciles, tenus pour publier l'unanimité de l'Egliſe, il ſembleroit plus à propos que l'élection fût au nom des Paſteurs, ou des Egliſes, afin que le grand nombre ratifiât ce que le petit nombre auroit décidé. On applaudit volontiers à ceux dont la bonne foi & l'habileté canonisent l'élection : ces motifs se tirent non du droit, mais de l'usage prudent du droit qui n'est pas uniforme ; car quelquefois l'élection remise aux Pasteurs reculeroit plus la Paix, que celle du Magistrat politique. Aussi dans un Concile dont les délibérations ne rouleront que sur le Conseil, ou la Jurisdiction, l'Eglise présentera au Prince des hommes habiles, que son discernement n'auroit pû découvrir.

Je ne prétends point que le Magistrat politique doive toujours élire les Membres du Concile, je soutiens qu'il lui est permis de les choisir. Marsilius de Padoue a ouvert cet avis : » Il appartient au Législateur, » dit-il, de convoquer le Concile » général, & de nommer les sujets » les plus propres. Ceux qui excluent les Prêtres du nombre de ces personnes, ou qui resserrent le mot *déterminer* à la simple approbation, forcent la signification des termes. Marsilius s'explique de la sorte : » Les Législateurs en choisissant des

» hommes capables de composer un
» Concile, sont obligés de pourvoir
» à leur subsistance, & de contrain-
» dre, s'il le faut, ceux qui refu-
» seroient, soit Prêtres ou non Prê-
» tres, à cause du bien public; il le
» prouve ainsi, la Jurisdiction coac-
» tive sur tous les Prêtres indif-
» féremment & non Prêtres, le
» choix & l'approbation des person-
» nes, la création de toutes les char-
» ges, appartiennent à l'autorité du
» seul Législateur, non au Clergé
» entant qu'il est Clergé.

Rien n'est plus clair: il rend le mot *détermination* par celui d'élection, il distingue les personnes, en Prêtres & non Prêtres; le Législateur détermine par lui même ou par d'autres: dès-là ce qu'insinue Marsilius, " que les Villes jettent les
» yeux sur des Prêtres fidéles pour
» définir les Dogmes, & sur d'au-
» tres personnages, selon la déter-
» mination du Magistrat politique, ne
» combat point le passage précédent, puisqu'il ne l'étend pas aux autres espéces de Conciles, qui dressent

des Canons qui décident & conseillent sur la Foi. Or, former un Concile suivant l'idiome de ce siécle, c'est faire une partie du Concile. Constantin le dévelope dans la lettre qu'il écrit aux Peres de Tyr. Ainsi quand sur ce que Marsilius avance, » que le Concile est composé de Prê» tres par des non Prêtres, on nie que le Concile soit intégre, c'est comme si on nioit, que l'œil est une partie de l'homme, parce que la main en est un membre. Voilà jusqu'où les hommes poussent la fureur de la dispute. Marsilius n'est pas le seul de ce sentiment. Le Sçavant Ranchin, qui défend la cause des Protestans, contre le Concile de Trente, l'a embrassé avec chaleur, en s'appuyant de l'autorité de Marsilius; & les exemples ne manquent pas.

Le Roi d'Israël appelle auprès de sa personne les Prophétes qu'il désire, sur-tout Michée par le conseil de Josaphat. Les Donatistes, dans une Requête sollicitent auprès de l'Empereur Constantin un Concile, qui assoupisse leurs différends avec les Evêques d'Afrique: » Nous vous » supplions, Constantin, très-excel» lent Empereur, puisque vous êtes » issu d'un sang juste, vous dont le » Pere, entre les autres Empereurs, » n'a point répandu le sang Chré» tien, & que la Gaule n'est point » souillée de ce crime, Nous sup» plions votre Religion de nous don» ner des Juges de la Gaule même, » pour décider les contestations éle» vées dans l'Afrique entre les Evê» ques & nous. L'Empereur ne s'adressa point aux Eglises ni au Clergé des Gaules, il nomma Juges Maternus de Cologne, Rheticius d'Autun, Marin d'Arles & Melchiade de Rome.

Au premier Concile de Constantinople, Théodose admit les Macédoniens, qui n'auroient certainement point eu la voix des Evêques & des Eglises Catholiques. Les Actes de Calcédoine ont conservé une Lettre de Théodose & de Valentinien, qui ordonne à Dioscore d'amener dix Evêques avec lui & non plus. Théodoret observe qu'on n'en prit pas plusieurs. J'ai lû dans un Auteur, que les Empereurs s'attachoient aux Evêques distingués par leur éloquence & leur bon sens.

L'Histoire du Bibliothéquaire Anastase raconte que les Rois de France ont usé de ce droit : il en parle dans la vie du Pape Etienne. » Au commencement de son exaltation, le Pape envoya en France, » où régnoient de Grands Hommes, » Pepin, Carloman, Charlemagne » tous Patrices de Rome, priant & » exhortant leurs Excellences par ses » Lettres Apostoliques de nommer » des Evêques célébres & profonds » dans l'Ecriture-Sainte & les saints » Canons pour tenir un Concile à » Rome. Les Protestans presserent » l'Empereur Charles V. & les au- » tres Princes de choisir des hommes intégres & sçavans pour assembler un Concile.

XII. En permettant aux autres l'Election, on-

Je remarque même que quand les Eglises ou les Evêques élisent ceux qui doivent les représenter au Con-

laisse au Souverain le pouvoir sur l'élection.

cile, ce qu'ils font par une liberté dative ou naturelle, il reste toujours au Magistrat politique le droit de Souveraineté; car tout usage de liberté est subordonné au pouvoir souverain; il l'est au point que par de justes raisons, le Prince est maître de rejetter les esprits inquiets ou incapables d'une si belle mission: maxime constante dans toutes les autres Assemblées.

En effet, si quelque Juge est suspect, le Prince lui ordonnera de se retirer, parce qu'il lui est important qu'on juge bien: il en est autant des délibérations de chaque Ville, des Communautés, des Marchands, des Artisans qui traitent de leurs affaires. Le Magistrat politique peut & a coutume d'y statuer ou comme Législateur ou comme Juge.

XIII. On demande si le Souverain peut juger dans le Concile, & si cela est expédient.

Après avoir démontré, tant par les anciens que par les modernes, que les Empereurs ont fixé le tems & le lieu des Conciles, qu'ils ont proposé la matiere & la façon de la traiter; j'ajoute qu'ils ont annoncé leur translation ou leur dissolution, & on ne peut, je crois, le révoquer en doute. J'examine de quelle espéce est le Jugement que le Magistrat politique porte dans un Concile. Les Auteurs, dont tout le systême se réduit à dire, qu'outre les Empereurs, les Evêques ont jugé, attaquent un phantôme dont ils triomphent aisément: quel homme sensé peut nier ce fait? la difficulté consiste à sçavoir si le droit du Souverain est de juger avec les Evêques: que serviroit de le prouver? Le droit universel de juger réside en sa personne, & un Concile ne sçauroit le lui ôter.

Mais seroit-il d'un Prince prudent de s'ouvrir en plein Concile, & jusqu'à quel point? la proposition est délicate. Parcourons les objets différens des Conciles. Si la fin d'un Concile est le jugement déclaratif, c'est-à-dire, s'il faut que les Evêques décident par l'Ecriture-Sainte ce qui est vrai ou faux, licite ou illicite, on ne refusera point à un Prince, instruit des saintes Lettres, ce qu'on accorde aux particuliers, d'approfondir l'Ecriture, d'éprouver les eſprits. J'avoue que la majeſté d'un ſeul porte coup à la liberté des autres, ſelon ce paſſage : » De » quelque côté que vous panchiez, » Céſar, je vous ſuis, pourvu que » j'aye un modéle. Cependant il ſera non-ſeulement avantageux que le Souverain honore le Concile de ſa préſence, pour en régler & modérer les actions ; il y doit demander les motifs des avis, & propoſer ſes objections.

L'Empereur Conſtantin ſe comporta de la ſorte à Nicée. Les Auteurs lui attrib[illegible]t le diſcernement de la vérité, [illegible] diſent qu'il fut commun à tous les Evêques. Charlemagne dit qu'il étoit l'Inſpecteur & l'Arbitre dans le Concile de Francfort.

Si le Concile donne ſon avis au Magiſtat politique ſur des matieres que la Loi divine n'a pas définies, s'il lui expoſe l'uſage de l'Egliſe, il eſt mieux qu'il daigne s'informer, qu'il péſe le pour & le contre que de ſe déclarer en plein Concile :

» Demandez à plusieurs ce qu'il est » à propos de faire ; mais confiez à » un très-petit nombre ce que vous » voulez faire. Si le Concile s'assemble pour constater l'unanimité des sentimens, la présence auguste du Souverain sera d'un grand poids ; elle tempérera le feu des esprits vifs & brouillons ; en s'abstenant de décider il se réserve pour la ratification, & s'assure que le Concile a été libre & d'accord.

Les autres Ordres s'éprouvent tous les jours ; ils arrangent des projets qu'ils soumettent ensuite à l'autorité du Prince. Les Conciles qui délibérent sur des Loix humaines, doivent se conduire ainsi. Quoique le Souverain assiste de droit à l'Assemblée, & qu'il ait le droit de juger, il est mieux que Spectateur, il la laisse libre ; on le sera quand il présidera au Concile. Les Empereurs, trop occupés, ont député en leurs places : la commission portoit ou de juger avec les Evêques, ou uniquement de les présider.

Il est certain qu'au Concile de

Calcédoine, les Sénateurs & les Juges ont eu souvent la parole & qu'ils ont eu part à la définition de la Doctrine. L'Empereur Théodose ne voulut point que le Comte Candidien donnât sa voix à Ephese. L'Empereur Constantin avoit envoyé à Tyr le seul Denys, homme Consulaire, pour être témoin de tout. Saint Athanase ne dissimule point qu'il abusa de son pouvoir: » Il » parloit, dit-il, les Evêques gar- » doient le silence, ou plûtôt ils » obéissoient au Comte.

XIV. La Ratification du Concile appartient au Souverain, les raisons & les exemples le prouvent.

La Ratification, à en croire les Peres Grecs, est le jugement qui, après le Concile, appartient au Souverain; il est si inhérent à la Magistrature politique, qu'il ne peut, ni n'en pas user, ni le déposer. Le Concile donne au Prince son avis sur la maniere dont il doit se comporter alors; il est hors de doute que celui-là doit décider, à qui l'on donne un conseil, soit qu'il soit entrainé par des témoignages irréprochables, & qui sont absolument nécessaires dans la Foi, soit qu'il le soit en quelque façon par l'autorité des autres ; attendu que la bonté d'un acte dépend du jugement de l'Agent. Le jugement d'un homme n'est pas servilement attaché à celui d'autrui, à moins qu'il ne soit impossible de juger autrement. Celui d'un Concile n'a pas ce privilege : la promulgation du Dogme & de la Loi divine demande l'attention du Magistrat politique ; il faut examiner s'il est conforme à l'Ecriture-Sainte. Constantin le pense de lui-même, dans sa Lettre aux Peres de Tyr ; car son devoir est de commander.

Si le Concile, comme plusieurs, par ignorance, par cabale, ou parce que la plus saine portion n'a point été écoutée, propose un Dogme qui altére la Foi Catholique, & l'Ecriture-Sainte, témoins les Conciles de Rimini & de Seleucie, plus nombreux que celui de Nicée, témoin le second de Nicée ; le Souverain tiendra-t'il la main à ce que la Loi divine, & la conscience instruite par la Loi, dicteront de ne pas faire ? Toute personne sensée ne hazardera pas de ſoutenir l'affirmative. Que ſi un Concile regle quelques points qui concernent la diſcipline de l'Egliſe indéfinie par la Loi divine; comme toute police, tirée de la Loi naturelle, ou de la Loi poſitive, eſt ſoumiſe au Magiſtrat politique, c'eſt à lui de voir ſi la déciſion du Concile deviendra avantageuſe à l'Egliſe, attendu que le jugement du Supérieur eſt le dernier. Donc le Dogme & les Canons eſſuyent l'examen des Empereurs & des Rois ſous des objets différens, le Dogme pour ſubir l'examen de l'Ecriture; le vrai ne fuit point la lumiere, le faux eſt rejetté après le Concile; les Canons, pour en meſurer l'utilité ſur les régles de la prudence: leur utilité leur fait donner force de Loi; mais tous ne l'obtiennent point. On lit dans Balſamon ce titre *des Canons à obſerver*: tous les anciens Conciles offrirent aux Empereurs leurs informations & leurs Canons. La formule uſitée eſt dans l'Epitre du premier Concile de Conſtantinople à l'Empereur Théodoſe: » Après

» avoir rendu à Dieu de très-hum-
» bles actions de graces, nous pré-
» sentons à votre Majesté les Actes
» du Saint Concile ; depuis qu'en
» exécutant vos Lettres nous nous
» sommes assemblés à Constanti-
» nople, nous avons d'abord re-
» nouvellé la formule de notre Foi,
» nous avons ensuite proposé de
» courtes définitions qui ont affer-
» mi la Foi des Peres de Nicée. Nous
» avons anathématisé les hérésies &
» les opinions dangereuses, nous
» avons dressé des Canons de dis-
» cipline, que nous avons soussi-
» gnés : Nous supplions donc votre
» Majesté de confirmer par vos Let-
» tres les Decrets de notre Concile,
» afin que comme vos Lettres qui
» nous ont mandé, témoignent le
» respect que vous portez à l'E-
» glise, d'autres scellent l'objet de
» nos Décrets.

Il est écrit dans l'inscription des Canons, qu'ils sont soumis à Théodose. Les termes qui chez les Grecs expriment la Ratification, sont, » ap-
» prouver, signer, confirmer,

» confirmant, ſtable; ils ſe trouvent tantôt dans les Actes des Conciles, tantôt dans les Conſtitutions des Empereurs. On rapporte aux Canons ce que j'ai extrait des Conciles de France: » S'il y a à ſuppléer, » c'eſt à ſa prudence; s'il y a à cor» riger, c'eſt à ſon jugement; s'il y » a quelque choſe de bien, c'eſt à » ſa clémence à y mettre la der» niere main. . . . . Que ce que nous » avons reglé avec prudence ſoit » autoriſé par ſon examen. Si nous » avons obmis quelque choſe, que » ſa ſageſſe y ſupplée; que votre pou» voir promulgue nos déciſions, » en cas qu'elles en ſoient dignes; » que votre Majeſté Impériale » ordonne la réviſion de celles » qu'elle ne goûtera point: les mê» mes Conciles appellent cette révi» ſion, porter les Actes au Juge» ment ſouverain.

XV. Il a le droit de changer, d'échanger, d'ôter, d'ajouter.

L'ancienne Egliſe a non-ſeulement reconnu dans le Magiſtrat politique le droit d'approuver que quelques-uns exercent aujourd'hui; mais encore celui d'examiner, de rayer,

» d'ajouter, & de corriger. Comment peut-on dire que quelqu'un » approuve, ou reçoit une chose, » sans entendre, qu'il est le maître » de la rejetter? Celui-là consent qui peut ne pas consentir, s'écrie Tryphoninus; à quoi se rapporte ce mot de Sénéque: » Voulez-vous » sçavoir si je veux, faites qu'il me » soit libre de ne pas vouloir; tout » de même Aristote, nous avons » le pouvoir de faire & de ne faire » pas. Que de Canons condamnés à l'obscurité? Les Capitulaires de Charle le Chauve ne renferment pas à beaucoup près tous ceux que les Evêques avoient dressés en 856. Bochel observe que cela n'est point rare.

» Toutes les fois qu'on tenoit des » Conciles, les Decrets n'en étoient » publiés qu'après avoir été reçus par » le Roi dans son Conseil, & qu'après » en avoir retranché ce qui déplai» soit, comme nous l'avons dit, té» moins les Conciles de Tours & de » Chaalons sous Charlemagne. M. » Pithou, homme respectable, que » j'ai toujours reveré, comme mon

» pere, le prouve par les signatures
» en lettres majuscules des Capitu-
» laires de Charlemagne & de ses
» Fils.

Charlemagne à son tour ajouta des dispositions aux Décrets du Concile de Thionville : Nous ajoutons cela, dit-il, de nous-mêmes.

Enfin, un Concile prend ses décisions dans la Loi humaine : alors il est constant que le Magistrat politique juge après lui ; toute Jurisdiction, émanant de lui, doit retourner à lui. Le Concile d'Ephese nous l'apprend, quand il dépouilla Nestorius du Patriarchat de Constantinople, le Concile supplie l'Empereur de donner force de Loi à la Sentence prononcée contre Nestorius. On répondra peut-être que le Souverain, assistant au Concile, n'a plus que la confirmation. Je ne souscris point à ce raisonnement. Le Magistrat politique, qui donne sa voix avec les autres, n'a point décidé comme Magistrat politique, le plus grand nombre a pû l'emporter; mais il a son jugement impératif &

libre : cela arrive aux Magistrats supérieurs, qui jugent dans les Cours inférieures ; l'exemple est remarquable au Digeste : Si le Président » est Juge, on l'appellera selon la » coutume, comme si on n'avoit » point appellé de lui, mais de l'or- » dre.

XVI. De la façon dont le Souverain ratifie.

Le Prince exerce ce dernier jugement impératif, tantôt par lui-même, tantôt par le ministere de ses Sujets ; de même qu'il traite les affaires civiles. Les Rois, devant qui l'on se pourvoit, contre les ordonnances du Préfet du Prétoire, & les Arrêts des Cours supérieures en attribuent la derniere connoissance à des Jurisconsultes, dont ils confirment l'avis s'il n'est point suspect, ou ils évoquent à leur personne. Les affaires ecclésiastiques essuyoient ces dégrés de Jurisdiction. Les Empereurs en remettoient la discussion aux Evêques les plus pieux & les plus habiles, ou aux Conciles universels, dont ils approuvoient les Décrets, après un compte exact : c'est pourquoi on convoqua de nouveaux Conciles pour corriger les Conciles précédens ; non que le dernier fût au-dessus du premier, mais parce que les Empereurs s'en rapportoient plus aux uns qu'aux autres. Au reste, il étoit rare que les Empereurs attirassent les affaires devant eux. Constantin, après un double Jugement ecclésiastique, examina seul la cause de Cécilien, & rendit le Jugement définitif : il fit venir les Peres de Tyr, pour lui expliquer les motifs de leur conduite. Les Ministres Protestans ont raison d'appuyer sur ces maximes contre certains Docteurs de la Religion Romaine : il est vrai que la Loi civile peut empêcher l'Appel suspensif, tant des choses sacrées que des prophanes ; mais elle ne sçauroit fermer toutes les voyes d'implorer la justice du Souverain, sur-tout celle qu'on appelle querelle, supplication, Appel comme d'abus. Le Prince ne feroit pas de son Trône disparoître tout mal ; il ne seroit pas la terreur des méchans ; c'est-là cependant son devoir

voir essentiel. Une vieille ne craignit point de reprocher à Philippes de Macédoine, qu'il n'étoit pas digne de régner, s'il ne prenoit pas le tems de distribuer la justice. Cette vérité étoit si profondément gravée dans le cœur de Mécene, qu'au rapport de Dion, il représenta à Auguste qu'il ne convenoit pas de confier à un Particulier Sujet un pouvoir si étendu, qu'il ne fût pas possible d'en appeller.

XVII. Ce droit est le même, quand il ne s'agit pas de toute la Religion.

Cet exemple me rappelle ce que j'ai avancé dans une matiere semblable, que le droit du Magistrat politique qui veut décider quelque chose contre le Concile, après la tenue, n'a point lieu dans ces questions importantes qui regardent le corps de la Religion. Le droit du tout est aussi celui des parties: les motifs précédens ne sont pas moins forts pour accorder au Magistrat politique la libre ratification dans chaque question, que dans plusieurs assemblées; car un Concile pourroit errer à chaque question, & le Magistrat politique n'est pas obligé à une obéissance aveugle, ni à souffrir dans son Etat un Dogme faux & dangereux, ni à permettre que la vérité soit étouffée. La prudence veut qu'on s'oppose à l'erreur qui gagne peu-à-peu, & à ces opinions licentieuses dont les progrès deviennent si considérables, qu'on n'oseroit les dissiper, sans un danger évident de l'Etat.

---

## CHAPITRE VIII.

### *De la Législation sur les choses sacrées.*

I. Division des actes du pouvoir en Législation, Jurisdiction, & une espéce anonime.

J'Ai jusqu'à présent considéré le pouvoir en général, il en faut examiner chaque partie: tout pouvoir est ou public ou particulier. Le public s'appelle Législation, le particulier, à l'occasion d'une contestation, se nomme Jurisdiction: hors de cette espéce, il conserve son nom en général; tel est celui dont le Centurion parle: » Je com-

» mande à l'un d'aller, il va ; de » venir, il vient ; à un autre de fai- » re, il fait : l'essentiel en ce genre est l'exercice des fonctions inhérentes.

Les Chapitres précédens ont annoncé les principes de la Législation ; & les exemples de la Législation, comme les plus nobles, ont contribué à éclairer le pouvoir en lui-même. On apprend d'eux, qu'on peut porter des Loix sur les choses définies par la Loi divine ; & qu'à l'égard de celles qu'elles a laissées indéfinies, les Loix embrassent toute la Religion, ou ses parties : rien ne met le pouvoir souverain dans un plus grand jour que de voir dépendre de lui l'exercice public de la Religion. La politique place ce droit à la tête de ceux du Magistrat politique, & l'expérience le confirme. Pourquoi, sous le régne de Marie, la Religion Romaine eut-elle le dessus ? pourquoi, sous celui d'Elizabeth l'Anglicane prévalut-t'elle ? Nulle autre raison sensible que la volonté des Reines, ou plûtôt celle des Reines & du Parlement. La vo-

II. La Législation appartient au Souverain sur tout le corps de la Religion publique ; avec la solution de l'objection tirée du danger de changement de Religion.

lonté des Souverains détermine les Religions qui dominent en Espagne, en Dannemarck & en Suede.

Si ce droit existe, répliquera quelqu'un, l'état de la Religion variera sur-tout dans une Monarchie, où la Religion essuyera à chaque régne le changement du Maître : il est vrai, & cet écueil n'est pas seulement à redouter pour la Religion, il l'est encore pour le Gouvernement. Tel est l'artisan, tel est l'ouvrage, tel est le Roi, telle est la Loi : cependant la crainte qu'on n'abuse du pouvoir n'en doit priver personne, autrement on ne jouiroit point de ses droits. D'ailleurs, quand le Magistrat politique seroit le maître de déposer son pouvoir entre les mains d'un autre, (chose impossible) le péril n'en seroit pas moins évident; on changeroit d'hommes tous faillibles. La Providence divine est l'unique azile : Dieu tient les cœurs des hommes en sa main; mais il veille particuliérement sur ceux des Souverains : il employe à son ouvrage les Rois vertueux & les méchans ; tantôt le calme, & tantôt la tempête, sont utiles à l'Eglise : que le Souverain ait à cœur la Religion, qu'il médite l'Ecriture-Sainte, qu'il prie Dieu assiduement, qu'il respecte l'Eglise, qu'il écoute attentivement les Docteurs, la vérité fera de grands progrès ; qu'il soit méchant ou corrompu, il lui en coûtera plus qu'à l'Eglise, il sera jugé sévérement pour l'avoir abandonnée ; mais l'Eglise, quoique privée de ce secours étranger, n'en est pas moins l'Eglise, & le fer impie d'un Roi cruel lui inspirera du courage, & lui ouvrira des trésors.

» Les Empereurs, dit Saint Augustin, ensevelis dans l'erreur, la » soutiennent contre la vérité, par » des Loix qui éprouvent & cou- » ronnent les Justes, en résistant à » ce qu'elles ordonnent..... Les » Rois aveuglés par l'erreur, dit » ailleurs ce Pere, défendent l'er- » reur contre la vérité : éclairés » par le flambeau de la vérité, ils » combattent l'erreur en faveur de

» la vérité : ainsi les Loix impies » éprouvent les Justes, les Loix » salutaires corrigent les méchans. » L'orgueilleux Nabuchodonosor » voulut qu'on adorât son image ; » l'humilié Nabuchodonosor défen- » dit de blasphémer le vrai Dieu.

La Judée sentit plusieurs fois que le changement de Religion dépendoit des Rois. Ezechias fils d'Achas, renversa le culte de son pere ; son petit-fils Manassés le rétablit, & Josias son arriere-petit-fils le détruisit. On n'a jamais douté de ce droit des Souverains. L'Ecriture-Sainte loue les Rois seuls d'avoir reculé les bornes de la Religion ; elle leur reproche de l'avoir abandonnée ; c'est ce que dit si bien l'Evêque d'Elie : » Un nouveau Roi change-t'il » de sentiment, la face de la Re- » ligion est changée, & ce change- » ment est toujours attribué au Roi, » comme si c'étoit son propre ou- » vrage ; les Evêques n'étoient pas » assez puissans pour la rendre meil- » leure, ni pour l'empêcher de dé- » périr : jamais il ne fut permis à des Sujets de renverser par la force l'usage public de la Religion; & les anciens Chrétiens, quelques nombreux qu'ils fussent, quoiqu'ils eussent des Sénateurs & des Magistrats, n'eurent jamais cette témérité.

III. Le Souverain a tantôt défendu ou puni les cultes faux & schismatiques.

Comme il appartient au seul Souverain d'introduire la vraie Religion, il lui appartient aussi d'étouffer les erreurs, soit par la douceur, soit par la violence. Nabuchodonosor défendit, sous peine de mort, de blasphemer le Dieu d'Israël. Le Roi Asa brisa les Idoles. Ezéchias marcha sur ses traces; & toujours en vertu du pouvoir souverain. Le Seigneur d'un lieu a le droit d'en enlever les Idoles; s'il est négligent, le Roi, Maître universel, y remédie. Le Prince a seul droit d'en purger les lieux publics, ou les Officiers qu'il commet à cet effet. J'interpréte de la sorte la Loi du Deuteronome VII. ℣. 5. » Mettez en poudre leurs Autels, brisez leurs Idoles, coupez leurs bois sacrés, brûlez leurs statues.

Si le pouvoir de la Religion eſt attaché au Magiſtrat politique, l'exécution prompte de ce pouvoir eſt dévolue aux Sujets. S. Auguſtin l'expoſe par ce paſſage : » Auſſitôt que vous » aurez les ordres, exécutez-les : » tant que nous n'avons pas la miſ» ſion nous ſommes tranquilles ; » nous volons au moment qu'on » nous l'accorde. Les Payens ado» rent les Idoles dans leurs maiſons, » en approchons-nous ? les renver» ſons-nous ? il eſt bien plus ſûr » d'arracher les Idoles de leur cœur, » lorſqu'ils ſont devenus Chrétiens : » ou ils nous invitent à faire cette » bonne œuvre, ou ils nous pré» viennent.

Nicéphore reprit à propos l'Evêque Abdas d'avoir oſé toucher aux Idoles des Perſes ; les Chrétiens payerent cher cette action imprudente. Les Temples des Payens ne furent point fermés dans l'Empire Romain, avant la Loi de Conſtantius, couchée dans les deux Codes : Si quelqu'un, dit le Concile d'Eliberis, eſt tué en briſant une Idole, il ne doit pas être mis au nombre des Martyrs, parce que ce précepte n'est point écrit dans l'Evangile, & que les Apôtres n'en ont point donné l'exemple. Le Magistrat politique étend sa sévérité & sur les Assemblées des Payens, & sur celles qui, livrées aux superstitions dangereuses, ou tombent dans une hérésie manifeste, ou se séparent par un schisme du corps de l'Eglise. Ce motif engagea les Rois Ezéchias, Josias, Asa, Josaphat, à détruire les Autels dont le culte divisoit l'unité de la Religion. Les Empereurs Chrétiens ont dissipé les Assemblées des Hérétiques & des Schismatiques; ils ont donné leurs Eglises aux Catholiques, ils leur ont fermé l'entrée des honneurs, & les ont déclarés incapables de profiter des Testamens. S. Augustin détaille ces châtimens contre les Donatistes. La primitive Eglise ne désaprouva pas ces punitions qui facilitoient le retour des Pécheurs endurcis; mais elle eut toujours en horreur de les voir livrer à la mort. Les Evêques de Gaule blamerent Idacius & Tacius, d'avoir forcé le Prince à punir par le glaive les Priscillianistes. On blama tout un Concile d'Orient d'avoir consenti que Bogomyle fût brûlé.

IV. Souvent il les a dissimulés, & leur a donné des Loix.

Ce n'est pas que les Empereurs les plus zélés n'ayent quelquefois toleré les fausses Religions. Les Juifs eurent un libre exercice tant qu'ils ne tournerent point en ridicule la Loi Chrétienne, & qu'ils n'attirerent point des Chrétiens à leur secte. Constantin ne ferma point les Temples au commencement de sa conversion; il créa des Payens Consuls: Prudence le remarque dans un poëme contre Symmaque. Les Empereurs Jovinien & Valentinien, Princes dont le zéle a mérité les louanges de l'Eglise, n'épouventerent par aucun Edit menaçant les Incrédules & les Schismatiques; & loin de se roidir contre les nouvelles hérésies, ils donnerent souvent des Loix sur la police de leurs Assemblées. Constantin, Constantius, Valentinien, Valens, Honorius, Arcadius, accorderent aux Chefs des Synagogues les privileges dont ils gratifioient les Evêques. Théodose avertit l'Eglise de ne point recevoir les Juifs, que leurs Chefs réclameroient ; Justinien exempta de l'anatheme les Juifs Hellenistes, Nov. 146. Cet Empereur, ordonnant aux Juifs de bannir d'entr'eux ceux qui nieroient la Résurrection & le Jugement dernier, ou ne confesseroient pas que les Anges sont des créatures de Dieu, se glorifie d'avoir étouffé cette erreur chez les Juifs. Les Proconsuls ôterent aux Maximianistes les Eglises des Donatistes, dès que le Concile des Donatistes les eut condamnés.

V. La raison & les exemples veulent qu'il embrasse encore les parties de la Religion.

La raison & les monumens veulent que le droit & le devoir du Magistrat politique embrasse le corps & chaque partie de la vraie Religion. Seroit-il possible que qui a le droit sur le tout, ne l'eût pas sur les parties ? Les exemples sont fréquens : Ezéchias brisa le serpent que Moïse avoit élevé, & arrêta la superstition naissante. Charlemagne défendit d'adorer les Images malgré les decrets du second Concile de Nicée. Honorius, Arcadius, reprimerent par un Edit Pélage & Celestius Héréſiarques ; & quelques Princes d'Allemagne ont purgé depuis peu leurs Etats du Dogme Ubiquitaire.

VI. Là vient la défense des disputes inutiles & des termes hors l'Ecriture-Sainte.

Conſtantin retrancha des queſtions inutiles dans la crainte d'un ſchiſme; Sozomene, Liv. VII. c. 12. l. *Nemo cleric. C. de Sum. Trin.* Plût à Dieu que les Princes le priſſent pour modéle. Le diſcours de Siſinnius à Théodoſe étoit bien vrai, » que les » eſprits s'aigriſſent en diſputant » ſur la Religion. Marcien interdit toute diſpute ſur la Foi. Il y a un titre dans le Code de Théodoſe, de ceux qui agitent les queſtions de Religion. Il y a une Loi de Leon & d'Anthemius, (*L. qui in Mon. C. de Epiſ. & Cle.*) qui défendit aux Religieux hors de leurs Monaſteres de parler de Religion ou de Doctrine.

L'Empereur Andronic, grand Théologien, menaça les Evêques qui expliquoient avec trop de ſubtilité ce passage, *Mon pere est plus grand que moi*, de les précipiter dans la mer s'ils ne déterminoient ces dangereuses altercations. Il y eut un tems qu'on n'osa se servir des termes propres, parce qu'ils n'étoient point dans l'Ecriture. L'Empereur Héraclius ne voulut pas qu'on assurât une ou deux énergies ou puissances en J. C. Pour ne pas condamner legérement cette conduite, j'invoque l'autorité de Basile : il avoue que plusieurs ne se servoient point des termes de Trinité ni de Consubstantiation ; & ils évitoient avec soin les noms & les termes qu'on ne découvroit point dans l'Ecriture. Ailleurs il dit sur le terme, *non engendré du Pere*, que la dignité se taisoit parce qu'il n'est pas dans l'Ecriture. Melece d'Antioche fut un tems sans parler des Dogmes, il ne discouroit que sur la réformation des mœurs ; persuadé qu'il étoit prudent d'en agir de la sorte. Une des Loix de Platon suspend la publication d'un ouvrage qui n'a pas l'approbation des Censeurs.

VII. Aussi le soin de la vie des Clercs.

Les mœurs du Clergé ne sont point affranchies des Loix. David exclut du Temple les aveugles & les boiteux. Ezéchias & Josias ordonnent aux Prêtres de se purifier. Justinien refuse aux Evêques la course, le jeu & les spectacles : il dit en un autre endroit, » qu'il est » occupé des dogmes de la Religion » & des mœurs du Clergé. Platine s'écrie avec raison : » Plût à Dieu, » Grand Louis, que vous vécussiez » de notre tems, l'Eglise a besoin » de vos saints réglemens & de votre » sévérité.

VIII. Il porte encore des Loix sur la Religion sans les Canons.

Il est constant que le Magistrat politique use de son droit dans les choses que la Loi divine n'a point définies. Le Roi de Ninive indique le Jeûne, David fait transporter l'Arche, Salomon ordonne la construction & les ornemens du Temple, Josias veille à ce que l'argent destiné aux usages sacrés ne soit point dissipé. Les Codes de Théodose, de Justinien, les Novelles, les Capitulaires des Rois de France renferment nombre de Constitutions pareilles. . . Elles traitent de l'âge des Evêques, des Prêtres, des Diacres, de l'Immunité, de la Jurisdiction du Clergé, & d'autres points qu'il seroit insipide de rappeller. L'étude apprend, & Wittacherus en convient, qu'il y a dans ces Loix plusieurs chefs ajoutés aux Canons & étrangers aux Canons : Aussi le Roi de France représente-t'il au Concile de Trente par ses Ambassadeurs, » que les Rois Très-Chrétiens, à » l'exemple de Constantin, de Théo» dose, de Valentinien, de Justinien » & des autres Empereurs, ont réglé » plusieurs points de la Religion dans » leur Royaume ; qu'ils ont pro» mulgué plusieurs Loix Ecclésiasti» ques ; que leurs Loix, loin de dé» plaire aux anciens Papes, sont » couchées dans leurs Decrets ; que » Charlemagne & Louis IX. qui en » sont les principaux auteurs, ont » mérité le nom de Saints, & que le » Clergé de France & l'Eglise Gal» licane, fidéles observateurs de » ces Loix, ont gouverné l'Eglise » avec piété & avec édification.

IX. L'usage des Canons pour la direction du Législateur.

J'avoue que les Empereurs ont eu souvent égard aux nouveaux & aux anciens Canons : » de-là, dit-» on, les Loix ne dédaignent point » de suivre les saints Canons ; ils sont doublement utiles à un Législateur dans les choses que la Loi divine n'a point définies ; ils contiennent l'avis des gens habiles ; ils assurent que la Loi sera agréable aux Sujets. Quoique cette considération ne nécessite pas la promulgation de la Loi, elle ne lui préjudicie pas. Une Novelle de Justinien donne force de Loi aux Canons dressés & confirmés par les quatre Conciles de Nicée, de Constantinople, le premier d'Ephese, & le premier de Calcédoine : par ce mot de Canons confirmés, ont entend ceux des Conciles provinciaux d'Ancyre, de Langres, d'Antioche, & de Laodicée, qui reçus partout, étoient au nombre des Canons Catholiques.

X. De droit divin l'Eglise n'a point de puissance

L'Eglise auroit-elle une puissance législatrice ? les principes précédens décident la question. La Loi divine ne la lui attribue point, c'est l'apanage des Princes; il n'appartient pas aux Prêtres de faire des Loix. Avant les Empereurs Chrétiens, les Decrets de l'Eglise sur la discipline & les cérémonies ne s'appellent pas Loix, mais Canons: ils sont Conseils dans ce qui concerne plûtôt chaque Particulier, que l'universalité; & s'ils obligent, cette obligation naît de la Loi naturelle, non d'aucune Loi positive; ensorte qu'on n'est contraint ni à vouloir, ni à ne vouloir pas. A Dieu ne plaise qu'on refuse à l'Eglise, aux Pasteurs, aux Prêtres, aux Conciles toute Législation. Si le Magistrat politique, comme l'expérience l'apprend, en accorde aux Tribunaux & aux Assemblées, dont l'utilité n'est pas comparable à celle de l'Eglise, pourquoi l'Eglise n'auroit-elle pas ces avantages, puisque le droit divin n'y répugne pas?

législative; elle la pourroit avoir par le droit divin.

XI. L'Eglise a cette puissance cumulativement non privative-

J'observe cependant deux choses, 1°. la Législation que le Souverain communique ne diminue rien de son droit; il la donne comme par accroissement *cumulativè*, en

ment & dépendamment.

termes d'Ecole, & non privativement : il se défera bien en faveur d'un autre, du droit de promulguer des Loix ; mais il ne pourra s'en dépouiller. 2°. Il a le pouvoir de corriger ou de casser les réglemens d'une Cour s'il est nécessaire, d'autant que l'Etat ne souffre point deux Puissances suprêmes, & que l'inférieure doit obéir à la supérieure. Les Canons des Conciles renferment toujours le consentement exprès du Prince : » Par l'ordre du » Prince, par le decret du très-glo-» rieux Prince, du consentement » du très-pieux & très-religieux » Prince, sous le bon plaisir du » très-glorieux Prince, le Concile » a constitué & décerné.

XII. Comment il faut entendre les Pasteurs qui semblent se soumettre aux Canons.

On répondra sans doute que les Rois ont quelquefois déclaré qu'ils étoient soumis aux Canons ; qu'ils ont défendu l'observation des Edits qui auroient des dispositions contraires aux Canons ; c'est comme s'ils publioient qu'il veulent vivre sous leurs Loix, & qu'ils défendent de pratiquer ce qu'ils publient contre les Loix. Des professions de cette espéce ne touchent point au droit; elles sont l'écho de la volonté du Législateur. La clause d'un premier Testament, qui déroge à tout autre Testament postérieur, opére la nullité du dernier; non que le Testateur ne soit le maître de tester plusieurs fois; mais il est à présumer qu'un jugement bien sain n'a point dicté le dernier, à moins qu'il ne déroge expressément à la clause dérogative, alors le dernier testament reprend toute sa force: il en est ainsi d'une Constitution postérieure. » Vous voyez, dit Ciceron, qu'on » n'a jamais écouté les Loix abro» gées; sans cela, presqu'aucune ne » seroit anéantie, & toutes élude» roient la difficulté de l'abrogation: » quand une Loi est annullée, elle » l'est de façon qu'il n'est plus né» cessaire de l'abroger.

XIII. Exemples de dispenses Impériales vers les Canons.

Balsamon repéte à chaque instant, que la Puissance donnée de Dieu aux Souverains les met au-dessus des Loix & des Canons: il en cite un exemple fameux. Le douziéme Canon du Concile de Calcédoine ſtatue, » que ſi un Empereur honore » une Ville du titre de Métropole, » elle jouira du titre ſeul, & les prérogatives reſteront à l'ancienne Métropole. Il nomme pluſieurs Métropoles que les Empereurs ont érigées de plein droit depuis ce Canon: la premiere Juſtinienne en Illyrie eut ſous Juſtinien le titre de Métropole, & l'Archevêque de Theſſalonique ne s'attribua plus ſur elle aucune prééminence.

Juſtinien changea dans les élections des Evêques la forme que les Canons avoient preſcrite; & ſelon la remarque de Tolet, ſouvent les anciens Canons, ſur l'élection, étoient caſſés par un Edit du Prince. Un des Canons de la primitive Egliſe décerne, » que chaque Ville ait » ſon Evêque. Les Empereurs en excepterent les Evêques d'Iſaurie & & de Tomés, à qui ils unirent pluſieurs Villes. Enfin, ce qui confirme l'autorité des Loix Impériales ſur les Canons, eſt la maxime du Concile de Calcédoine, en vigueur depuis que le Clergé de chaque Diocèse garde les Constitutions civiles. Le Concile in Trullo le repéte : on a amplement prouvé au Chapitre des Conciles, que les Empereurs & les Rois cassoient & corrigeoient les Canons, & que les Conciles leur en déferoient le droit.

XIV. Même les Apostoliques.

Il est même surprenant que les Canons Apostoliques n'aient pas été perpétuellement suivis ; apparemment qu'ils contenoient moins l'exposition de la Loi divine, qu'un Conseil conforme aux mœurs du siécle : telle est cette leçon à Thimotée de ne point élever un Néophite à l'Episcopat. Le Concile de Laodicée la renouvella : cependant Théodose respecta peu ce Canon, dans l'élection de Nectaire, & Valentinien, dans celle de Saint Ambroise : tel est ce précepte de ne point choisir de Diaconesse veuve au-dessous de soixante ans. Théodose le renouvella par une Loi, & Justinien le limita à quarante ans.

XV. Exemples de Législation à l'é-

Je ne passerai point sous silence ces Loix des Rois Hébreux, qui ont

gard des Loix divines.

changé des pratiques ordonnées par la Loi divine. Elle défendoit aux impurs de manger la Pâque: Ezéchias, après avoir invoqué le Seigneur, en accorda la permiſſion aux impurs. La Loi vouloit que les Prêtres ſacrifiaſſent les victimes; cependant deux fois les Lévites, ſous Ezéchias, remplirent ce devoir à cauſe du petit nombre de Prêtres. Ce n'eſt pas que les Rois délient perſonne du lien de la Loi divine, ( le penſer eſt un crime ) mais parce qu'ils ſont les meilleurs interprétes du droit divin & humain, & qu'ils apprennent qu'en cette occaſion la Loi divine & l'ordre de Dieu n'obligent point: de même que de ſimples Particuliers, dans des affaires particulieres & preſſées, ſont en droit de faire une telle déclaration, ( David & ſa ſuite interpréterent de la ſorte la Loi qui réſervoit aux Prêtres ſeuls les Pains de Propoſition, de ne point arrêter une faim preſſante; ) de même le Magiſtrat politique, dans les choſes publiques & dans les particulieres, qui ſouffrent du délai, comme Gardien du Droit divin, permet d'agir par l'avis des gens pieux & ſages. Je finis par ce trait des Machabées, qui déclarerent permis de combattre l'ennemi le jour du Sabat.

---

## CHAPITRE IX.

### *De la Juriſdiction ſur les choſes ſacrées.*

I. Le Souverain a la Juriſdiction ſur la Religion.

LA Juriſdiction eſt ſi étroitement liée à la Légiſlation, qu'on ne ſçauroit poſſéder l'une au ſouverain degré, ſans y réunir l'autre : ainſi dès que la Légiſlation de la Religion appartient, après Dieu, au Magiſtrat politique, il eſt naturel qu'il en ait la Juriſdiction. La Juriſdiction eſt civile & criminelle. L'effet de la Juriſdiction civile fut quand l'Empereur dépouilla Paul de Samoſate de ſon Evêché d'Antioche. La Juriſdiction criminelle s'appelle Glaive, de la portion la plus émi-

nente : » Le Magiſtrat ne porte pas
» envain le glaive ; il eſt le vangeur
» contre tous les méchans, & par-
» conſéquent contre ceux qui atta-
» quent la Religion.

II. Les exemples prouvent les effets.

Ce fut en vertu de cette Juriſdiction que le Roi Nabuchodonoſor
fit mettre en piéces ceux qui blaſ-
phémoient Dieu, & que Joſias condamna à mort les Prêtres Idolâtres.
Il eſt encore de cette Juriſdiction de
bannir d'un lieu, d'exiler dans autre:
Salomon de ſon propre mouvement,
comme le remarque l'Evêque d'E-
lie, confina dans une retraite le
Grand Prêtre Abiatar, coupable
ſans doute de Léze-Majeſté. Il auroit également été en droit de le
corriger, s'il eût péché contre les
Loix ſacrées, comme les Empereurs Chrétiens punirent par l'exil
Arius, Neſtorius, & d'autres Héréſiarques. Eſdras & les Grands d'Iſraël reçurent d'Artaxercés la Juriſdiction : ils s'en ſervirent contre les
Juifs criminels, en confiſquant leurs
biens, & en les ſéparant de la ſociété. L'Evangile a rendu ce mot par
abjection

abjection ou excommunication. De même qu'Esdras obtint du Roi de Perse toute Jurisdiction, de même le Sanhedrin des Juifs la retint sous le bon plaisir du Peuple Romain & des Empereurs, avec le pouvoir d'emprisonner & de faire fouetter.

Les Docteurs Hébreux enseignent qu'il y avoit chez les Juifs trois degrés d'abjection ; l'un étoit de rester à la derniere place de la Synagogue; l'autre de défendre au Peuple de regarder le coupable dans la Synagogue, de ne l'employer à aucun ouvrage, & de ne lui fournir de quoi vivre que pour le sustenter ; le troisiéme étoit que celui qui par la Loi de Moïse avoit mérité la mort ne la subissant point, parce que les Juifs n'avoient plus le pouvoir de vie & de mort, étoit évité avec soin, & tout commerce lui étoit interdit : c'est ce qu'il faut entendre par le passage de l'Epitre de S. Jean, où il est dit, qu'on étoit chassé de l'Eglise par l'ambitieux Diotrephes, qui s'arrogeoit une sorte d'autorité dans l'Eglise. Etre exclus du Barreau, ne point siéger dans le lieu des Archives, & ne pouvoir assister aux Assemblées, étoient tous châtimens des Loix Romaines, assez ressemblans à cette abjection, ou excommunication.

Par cette Jurisdiction on suspendoit un Prêtre de ses fonctions. Josias suspendit les Prêtres Schismatiques en leur assignant une pension alimentaire. Ainsi, Théodose, Honorius, Arcadius, Théodoric, & les Othons déposerent ou rétablirent des Evêques. Constantin menace de contrainte les Evêques désobéissans & obstinés, mais comment le fait-il? c'est par la puissance qu'il à sur les Ministres du Seigneur. Le glaive renferme non-seulement la privation des emplois qui émanent du Magistrat politique, mais de tous les autres offices. Une des peines du Droit Romain étoit d'être exclus du Barreau à perpétuité, ou à tems, de ne point consulter, de ne point plaider, écrire, témoigner, de ne point dresser, signer, écrire un testament, assister aux affaires publiques, négocier, ni récouvrer les impôts.

L'infamie est attachée au glaive, ainsi que l'admonition, peine moindre que l'infamie, & qui étoit réservée aux Censeurs Romains. La Sentence du Censeur, dit Ciceron, ne répand que de la honte sur le criminel : on l'appelle ignominie, parce que sa force est dans le nom. Festus Pompée place l'ignominie au nombre des peines militaires.

La Jurisdiction des choses sacrées appartient au Magistrat politique, comme une portion de son pouvoir. Balsamon, excellent Canoniste, ne l'a point oublié au Canon XII. du Concile d'Antioche; voici ses termes : » Comme on a statué qu'il ne » sera permis à personne d'en insulter une autre, peut-être que l'Empereur, dont la puissance s'étend » sur l'Eglise, citera le Patriarche » devant lui, comme un Sacrilége, » un Hérétique. Plusieurs exemples » prouvent que les Empereurs se » sont comportés de la sorte.

III. Naturellement les Pasteurs n'ont point de Jurisdiction proprement

Maintenant quelle est la Jurisdiction propre du Clergé ? ( toute Loi humaine mise à part ) & » quelle est celle qu'elle emprunte de la Loi civile ? Le Clergé n'a aucune Jurisdiction propre, c'est-à-dire, nul pouvoir impératif ou coactif ; l'essence de sa fonction ne dénote rien de semblable. Aristote observe que la fonction du Pontife n'a rien de commun avec la Puissance suprême. La Jurisdiction est temporelle, elle coule du Magistrat politique.

IV. Chez quelques Nations ils en ont de droit positif.

Les Prêtres, à la vérité, ont eu une Jurisdiction sous la Loi naturelle ; ce n'étoit pas leurs fonctions, mais leur qualité de Magistrat qui la leur donnoit ; & quoique le Souverain ne revêtît point alors le Sacerdoce, il n'y eut point de Sacerdoce sans pouvoir. Le nom de *Cohen* devint commun aux Prêtres & aux Magistrats, & il se conserva long-tems chez les Nations. Les Druides parmi les Gaulois étoient du sang le plus noble. Hérodote témoigne qu'en Epire les Prêtres étoient les plus riches & les plus nobles. En Cappadoce, au rapport de Strabon, qui étoit du Pays, le Sacerdoce étoit la premiere dignité après le Roi. Les Rois & les Prêtres étoient presque d'une naissance égale. Tacite dit que chez les anciens Germains il n'étoit pas permis de corriger, de mettre en prison, ou de fouetter quelqu'un sans la permission des Prêtres. Dans l'Aréopage d'Athenes c'étoit un Prêtre qui présidoit. Les Vestales à Rome vivoient sous le pouvoir des Pontifes, ils en ordonnoient les châtimens: tantôt elles étoient enterrées vives, tantôt elles étoient flagellées : ils interdisoient les Prêtres de leurs fonctions, ou les punissoient. Lentulus dit dans le Sénat que les Prêtres étoient les Juges de la Religion, non-seulement parce qu'ils en étoient parfaitement instruits, mais encore qu'ils y avoient une sorte de pouvoir.

La Loi de Moïse accordoit aux Prêtres, & sur-tout au Grand-Prêtre une Jurisdiction toujours subordonnée au Magistrat politique; soit que la Puissance fût entre les mains du Roi, soit qu'elle fût rendue à l'Assemblée de la Nation; en sorte que quand il n'y avoit point de Rois ni de Juges, le Grand Prêtre, comme le Citoyen le plus respectable, prit les rênes du Gouvernement: témoin Héli, témoins les Asmonéens. Joseph & Philon assurent que la principale noblesse des Juifs étoit celle des Prêtres. Un seul passage constate que les Prêtres ont exercé la Magistrature: » On punissoit de » mort celui qui n'obéissoit pas au Prêtre; cette Loi approchoit le Grand Prêtre du Souverain.

Comme les Pontifes étoient excellens Interpretes de la Loi, le sacré & le prophane étoient indiférement la matiere de leurs décisions. La distinction du temporel & du spirituel étoit alors inconnue; on portoit à leur Tribunal les meurtres, les assassinats & toutes les autres affaires. Dieu dit, dans Ezéchiel, en parlant des Prêtres: » Ils seront Juges des différends, & mes Jugemens » seront leur régle. Joseph avance

» avec raison que les Prêtres avoient » la Police, qu'ils connoissoient de tous » les procès, & que la Loi les avoit » commis pour punir les coupables. » Dans l'explication du Deuterono- » me, le Pontife & les Sénateurs, » ajoute-t'il, prononcent des choses » justes. Philon, parlant de Moïse sur son Tribunal, dit que les Prêtres s'assirent. J. C. par la Loi nouvelle n'ayant assuré aux Pasteurs aucune domination, ne leur a point départi de Jurisdiction, c'est-à-dire, de coërcition, qui est la vraie signification du mot Latin.

V. Les Actes des Pasteurs de droit divin sont expliqués, d'abord la verge Apostolique.

Il ne sera cependant pas inutile de parcourir les actions des Pasteurs, ou de l'Eglise, qui ont une apparence de Jurisdiction, & qui figurément mériteroient ce nom. Je ne me fixerai qu'à celles qui indépendantes de la Loi humaine ou de la volonté du Souverain, ne tiennent rien de leur Législation. Cette verge dont Saint Paul menace les Corinthiens, ressemble beaucoup à la Jurisdiction; voici les termes de l'Apôtre: » User » de sévérité, juger avec rigueur

» les opiniâtres, ne point pardon-
» ner. Ils expriment un châtiment exemplaire : par elle Ananias & Saphira reçurent la mort, Elymas perdit la vue ; Hymenœus, Alexandre & le Scélérat de Corinthe furent livrés au Démon. Ce dévouement à Satan étoit si prompt, qu'il s'emparoit sur le champ du corps, & le tourmentoit. Saul l'éprouva après que Dieu l'eut abandonné, selon Saint Chrysostome, Saint Jerome, Saint Ambroise, Théodoret, Sédulius, Œcuménius, Théophylacte & Pacianus.

Les siécles attestent que quand le Souverain négligeoit de veiller & de purger l'Eglise des abus qui s'y glissoient, Dieu y suppléoit extraordinairement. Les Corinthiens ayant prophané le Sacrement de l'Eucharistie, plusieurs tomberent malades, plusieurs en moururent. Saint Cyprien raconte que depuis ce tems, » le Baptême chassoit les
» Démons de ceux qui étoient bap-
» tisés, & qu'il y rentroit après un
» nouveau crime, afin qu'il fût cons-

» tant que le Baptême délivroit du
» Démon les Fidéles, & qu'ils en
» devenoient les victimes au moin-
» dre relâchement.

Aussitôt que le Peuple d'Israël eut touché la Terre promise, la manne cessa de tomber : aussitôt que les Empereurs eurent pris la tutelle de l'Eglise, qu'ils en eurent proscrit ceux qui la déchiroient au-dedans & au-dehors, les marques terribles de la colere divine cesserent : cette vengeance divine étoit plûtôt une Jurisdiction divine qu'une Jurisdiction humaine. L'Apôtre n'avoit aucune part à l'ouvrage, c'étoit tout entier l'ouvrage de Dieu. Dieu vouloit manifester la vérité de l'Evangile ; & comme la présence, la priere, ou le toucher des Apôtres guérissoit les malades & chassoit les Démons, leur imprécation attiroit les maladies & les Démons. S. Paul n'étoit pas plus le maître de livrer les hommes au Démon, que Saint Pierre, Saint Jean, de guérir ce boiteux, eux qui avouent n'y avoir aucune part, & qui rapportent à

Dieu tout le miracle. Dieu sur les prieres ferventes de son Eglise, frappoit souvent les coupables : on blâme les Corinthiens de n'avoir point souhaité qu'on les délivrât de cet incestueux, & l'Apôtre écrivant aux Galates ne commande pas, il » exhorte : plût à Dieu qu'on exter» mine ceux qui vous détournent du » vrai chemin.

VI. De l'usage des Clefs.

L'usage des Clefs, qui est la fonction perpetuelle des Pasteurs, est une sorte de Jurisdiction : ainsi J. C. appelle-t'il l'application à chaque homme des promesses & des menaces de l'Evangile. Il en est de la Législation à la Jurisdiction comme de la prédication à l'usage des Clefs. Selon cette figure, la prédication de l'Evangile se nomme Législation ; & l'usage des Clefs Jurisdiction. La Loi de J. C. & sa Jurisdiction exercent son pouvoir sur les ames, non-seulement en prononçant au Jugement dernier, mais dès cette vie, en retenant ou remettant les péchés.

In. 2. cor. 5. » Celui-là seul lave les péchés, dit

» Hilaire le Diacre, qui seul est mort
» pour les péchés ; aussi il n'y a que
» Dieu qui efface les péchés du
» monde, étant l'Agneau qui ôte
» les péchés du monde. Selon Lom-
» bard, Dieu a donné aux Prêtres
» le pouvoir de lier & de délier, Liv. 4. D. 18.
» c'est-à-dire, de montrer les hom-
» mes liés ou déliés : ensuite, le
» Ministre de l'Evangile a autant
» d'autorité dans le Tribunal de la
» Pénitence, que le Prêtre de la Loi
» légale en exerçoit sur les Juifs
» attaqués de la lépre, simbole du
» péché.

» Quand Saint Cyprien annonce Epit. 55.
» que le Prêtre est Juge à la place
» de J. C. il ne s'écarte point du sens
» de Saint Paul, qui dit : C'est pour
» J. C. que nous faisons la Mission,
» parce que le Prêtre prononce l'Ar-
» rêt de J. C. On ne reçoit pas de
» nous, poursuit S. Cyprien, la
» rémission des péchés, mais nous
» invitons à la Pénitence, en pei-
» gnant l'énormité des péchés. Saint
» Ambroise est du même avis : le
» Prêtre qui exhorte un Pénitent

» fait son devoir, & n'a les droits
» d'aucune Puissance. Le Pasteur,
» s'écrie Saint Augustin, est quelque
» chose pour administrer les Sacre-
» mens, & dispenser la parole;
» mais il n'est rien pour corriger &
» pour justifier, puisqu'alors l'opé-
» ration est toute intérieure, & ne
» vient toute entiere que de celui
» qui a créé l'homme, & qui restant
» Dieu s'est fait homme. S. Jerome
» ne dissimule point que comme le
» Prêtre de l'ancienne Loi guérissoit,
» ou laissoit le Lépreux tel qu'il
» étoit; de même, l'Evêque ou le
» Prêtre lie ou reconcilie un Pé-
» cheur: & ailleurs, quelquesuns n'ap-
» profondissant point la force de ce
» passage, se laissent aller à l'orgueil
» des Pharisiens & s'imaginent qu'ils
» perdent les innocens & sauvent
» les coupables, comme si Dieu
» consultoit moins la vie des Pé-
» cheurs que la Sentence de son
» Ministre: on connoît par-là que le
» Ministre qui erre dans le droit ou
» dans le fait, rend nul l'effet des
» Clefs.

On voit encore une Lettre de Nicon à Euclistius sur l'excommunication injuste. La Jurisdiction ne se gouverne pas de la sorte : la Sentence d'un Juge ignorant est exécutée à cause de l'autorité dont il est revêtu. Un Pasteur avec l'usage des Clefs n'a pas plus de Jurisdiction qu'un Prédicateur qui décide bien ou mal.

VII. Le commandement des œuvres de Pénitence par la voye de la direction & de la persuasion.

L'imposition de la Pénitence est unie à l'usage des Clefs ; elle est générale, lorsque S. Jean-Baptiste dit aux Juifs : » Faites des fruits dignes » de Pénitence ; & que Daniel invite le Roi de laver ses péchés » dans la miséricorde ; elle est particuliere, lorsqu'on fait une restitution, ou qu'on déteste ouvertement un crime public : ces deux espéces ont rapport à la Loi, non à la Jurisdiction ; mais si l'on prescrit spécialement ce que la Loi divine n'a pas spécialement défini, c'est un conseil, non un acte de Jurisdiction ; qualification que les anciens lui ont souvent donnée, de même que les Philosophes, les Médecins,

Ces Jurisconsultes, les amis que l'on consulte, ne jugent pas, malgré le danger qu'il y a quelquefois de négliger leurs avis; de même un Pasteur ne contraint point un cœur, en lui donnant un conseil salutaire.

VIII. Le refus des Sacremens.

On a encore prêté à l'usage des Clefs une image de la Jurisdiction, comme de ne point communiquer à certains les signes de la Grace; ce seroit également un acte du ministere plûtôt que de Jurisdiction de baptiser, de présenter l'Eucharistie à la bouche ou à la main, conformément à l'ancien usage, comme de s'en abstenir. Nulle autre différence sensible entre les signes visibles & les signes vocaux; par conséquent le droit en vertu duquel le Pasteur représente à un scélérat la Grace de Dieu, est celui en vertu duquel il lui refuse le Baptême, qui est le signe de la rémission, ou l'Eucharistie, qui est celui de la communion avec J. C. parce qu'il ne faut pas accorder le signe à l'homme qui ne mérite pas la Grace comprise ſous le ſigne, ce ſeroit podiguer la grace aux Pécheurs.

Le Diacre avoit coutume de proclamer dans l'Egliſe les choſes ſaintes aux Saints : l'uſage eût bleſſé la vérité & la charité, ſi on eût admis à la ſainte Table un indigne qui mangeoit & bûvoit ſon jugement. Le Miniſtre donc ſuſpendant ſon acte, & n'exerçant aucun pouvoir ſur les actes étrangers, il ſemble que ſon miniſtere concerne davantage l'uſage de la liberté, que l'exercice de la Juriſdiction : tel eſt par comparaiſon le Médecin, qui près de l'hydropique lui refuſe l'eau qui lui ſeroit mortelle : tel eſt un homme ſans reproche, qui dédaigne le ſalut & le commerce d'un homme perdu de réputation : tel eſt un homme ſain qui fuit un lépreux, ou toute autre maladie contagieuſe.

IX. On explique d'autres actes de l'Egliſe de droit divin, qui appro-

Voilà les actes propres aux Paſteurs ; voici ceux qui ſont propres à l'Egliſe, ou que les Paſteurs ont en commun avec l'Egliſe. 1°. Le » Peuple, pour parler avec Saint

chent de la Jurifdiction, & en font diftingués.

„ Cyprien, fidéle aux Commandemens de J. C. doit fe féparer du Pécheur public : il eft enjoint à chacun, combien plus à tous, d'éviter les faux Prophétes, de fuir un Pafteur étranger, de rompre avec ceux qui fément de faux dogmes, & fouflent la difcorde. 2°. On interdit aux Fidéles le commerce des hommes, qui, fous le nom de freres, font des impudiques, des avares, des idolâtres, des calomniateurs, des yvrognes, des voleurs, des hérétiques & des impies. Eloignez-vous d'eux, prévient l'Apôtre, point de familiarité ; ayez-les en horreur, & gardez-vous de manger avec eux : de tels hommes, remarque l'Apôtre Jude, font autant de taches dans les agapes ou feftins des Chrétiens.

L'Ecriture, ufant de ces termes, fait voir que tous ces actes font des actes particuliers : la conduite de l'Eglife eft-elle autre que celle d'un difciple qui quitte un maître ignorant, ou d'un honnête homme qui renonce à l'amitié & au commerce des scélérats. Les termes qui ont prévalu dans la suite, » de déposer » des Pasteurs, d'excommunier les » Fidéles, semblent plus approcher de la nature du pouvoir extérieur; mais il faut mesurer les termes à la chose qu'on veut exprimer, non la chose aux termes qui l'expriment. L'Eglise dépose un Pasteur, quand elle le prive des fonctions pastorales; elle excommunie un Chrétien, quand elle le sépare de sa communion: cette sévérité coule de l'autorité spirituelle, & n'entreprend rien sur l'autorité temporelle. Quoiqu'il y ait une Sentence qui prononce la déposition ou l'excommunication, l'Eglise n'en a pas plus de Jurisdiction; c'est pourquoi on dit que les Fidéles jugent les Infidéles. En effet la Jurisdiction est du Supérieur sur l'inférieur, & le jugement est souvent entre égaux; de-là cette maxime: Ne jugez pas de peur d'être jugés.

X. On explique les actes canoniques ajoutés aux ac-

Après avoir parcouru ce que l'Eglise tient du droit divin, il est bon de considérer ce qu'elle a pris

tes de droit divin, & on les distingue.

du droit canon & du droit civil; le droit canonique est un droit formé par le conseil des Pasteurs & le consentement de l'Eglise sur des cas dont la décision n'étoit pas évidente : par exemple, de différer quelque tems à admettre à la sainte Table les pécheurs d'habitude; agir autrement n'étoit pas un crime, mais ce délai étoit plus avantageux & aux Pécheurs & aux autres Fidéles; aux Pécheurs qui pleuroient leurs fautes plus amérement; aux Fidéles qui avoient devant eux de si tristes modeles.

Ceux qui avoient commis un crime affreux pleuroient d'abord leur faute hors la porte du Temple : on les appelloit Battus de la tempête, ou les Ardens : ils étoient ensuite Ecoutans, ou sous la férulle; après cela ils étoient prosternés, puis ils étoient comme au rang des Cathécuménes; alors on les souffroit assister aux priéres des Fidéles; & enfin on les admettoit aux saints misteres. Les Esseniens punissoient les coupables avec autant de sévérité. Joseph l'observe : » Ils banissent

» de la société les criminels dignes
» de mort; les blasphémateurs &
» les pécheurs d'habitude ne vivent
» pas avec les autres, mais ils ma-
» cerent leurs corps par les herbes,
» la faim & les mortifications. Les Juifs de ce siécle, qui ne sont que de simples Particuliers, n'infligent point de peines. Un assassin reste à la porte de la Synagogue, & crie qu'il est homicide, d'autres sont flagellés ou réduits au pain sec, & on en exile d'autres. La soumission des coupables supplée à l'autorité des Juges.

Reprenons les Canons de la discipline ecclésiastique : envain les attribueroit-on au droit divin, comme s'il étoit permis à quelqu'un de faire grace du droit divin. Les Evêques ont toujours été les maîtres, vû l'état du Pénitent, de prolonger ou de diminuer le tems; témoin le Canon II. & V. du Concile d'Ancyre; on communioit même ceux qui étoient en danger de mort. Le Concile de Nicée reconnoit que c'est un ancien & louable usage, conforme en cela à la pratique des Esséniens qui les recevoient à l'article de la mort. A entendre Joseph, » ils s'assembloient & différoient de remet» tre les péchés jusqu'à l'article de » la mort. Ces obstinés, à qui la parole divine interdit les Sacremens, sont seulement privés de la communion de leur Province, d'autres déchus de la communion des Clercs, sont réduits à la communion des Laïcs, ensorte que le même crime excommunie le Laïc, prive le Clerc de ses fonctions, & lui laisse la communion des Laïcs.

S. Augustin pense qu'il est dangereuse d'employer l'excommunication, » quand la contagion du pé» ché a infecté la multitude; exception qui ne seroit pas admissible, si l'excommunication étoit fondée sur le seul droit divin. Eh! ne sçait-on pas que plusieurs réglemens, scellés du consentement des hommes, tant que le pouvoir suprême ne les a point consacrés, loin d'être des Loix, n'obligent personne, à moins qu'on n'invoque la Loi naturelle, qui veut qu'on évite les obstacles.

Il en est ainsi des Canons, & des décisions appuyées sur les Canons. L'Apôtre S. Paul conseille de s'adresser aux Laïcs pour discuter les affaires légeres; de choisir des Clercs pour les affaires importantes. La remontrance, fruit de l'équité naturelle, prévenoit ces jugemens, & on ne recevoit l'accusation contre un Prêtre de bonnes mœurs, que sur le témoignages de deux ou trois personnes dignes de foi.

XI. La Jurisdiction accordée de droit positif aux Pasteurs, est expliquée par des exemples, d'abord à l'égard de la Religion.

Depuis que les Empereurs eurent fait profession du Christianisme, on distribua une portion de la Jurisdiction aux Pasteurs, comme participans aux fonctions publiques. Ils l'obtinrent sous trois titres différens, du droit ordinaire, du consentement des parties, par délégation: on accorda de droit ordinaire aux Evêques de juger les affaires ecclésiastiques. L'Empereur Valentinien premier donna l'exemple; S. Ambroise cite son rescrit: celui-là doit être juge en cause de foi & de discipline,

Liv. 5. Ep. 32.

dont les fonctions & le droit y sont unis : les termes du rescrit, continue ce Pere, sont ; » il veut que les Prê» tres jugent des Prêtres. Le même décret est répeté dans la Constitution d'Arcadius, & d'Honorius : » toutes les fois qu'il s'agit de la Re» ligion, il faut en traiter devant » les Evêques. Valentinien III. étoit » aussi zélé. Il est constant que les » Evêques & les Prêtres n'ont par » les Loix aucun for extérieur, & que » les Constitutions d'Arcadius, d'Ho» norius, qu'on voit dans le Code » Théodosien ne leur ont accor» dé que la connoissance de la Re» ligion. Une Loi de Valentinien II. de Théodose & d'Arcadius, plus ancienne que celle d'Honorius, statue, » que les affaires écclésiasti» ques seront décidées par l'autorité » des Evêques : s'il s'éléve une con» testation sur un point de Religion, » on procédera devant celui qui est » à la tête de tous les Prêtres. Justinien, fidéle imitateur de ses prédécesseurs ajoute : » Nous ordonnons » de porter devant les Evêques, ou

L. I. C. Théod. de Relig.

Nov. Val. de Episc. Jud.

» le Métropolitain, ou les Conciles,
» ou les Patriarches, les causes ec-
» cléfiastiques; & par une autre Conf-
» titution il en enleve la connoiffan-
» ce aux autres Juges. De plus, fi le
» crime eft eccléfiaftique & qu'il exi-
» ge un châtiment eccléfiaftique, que
» l'Evêque, agréable à Dieu, le dé-
» cerne fans en communiquer aux
» Juges des Provinces; car nous ne
» voulons pas que les Juges civils
» connoiffent abfolument de ces af-
» faires; il faut qu'elles foient exa-
» minées par des Eccléfiaftiques,
» qui décerneront des peines ecclé-
» fiaftiques contre les ames coupa-
» bles, conformément aux Loix di-
» vines & humaines, que nous pre-
» nons volontiers pour modéles
» dans nos Conftitutions.

XII. Enfin du confentement des Parties.

A l'égard des procès civils, les Clercs & les Laïques ne procédoient autrefois devant les Evêques que par compromis. Conftantin gratifia les Evêques de cette Jurifdiction; il défendit même de porter à aucun Tribunal l'appel de la Sentence que l'Evêque prononceroit. Valentinien, dans une Constitution citée plus haut, s'énonce de la sorte : » Dès » qu'il s'élevera une contestation » entre les Clercs, & que les diffi- » dens conviendront d'Arbitres, » nous permettons que l'Evêque les » juge, pourvû qu'ils s'y soumet- » tent avant par compromis. Nous » étendrons ce Privilége aux Laï- » ques qui contracteront la voie » du compromis. Le Chapitre IX. du Concile de Calcédoine défend aux Clercs, qui plaident entr'eux, de saisir les Tribunaux séculiers ; il leur ordonne de discuter avant devant l'Evêque ou devant les Commissaires que l'Evêque leur donnera.

Ce n'est pas que le Tribunal séculier eût été incompétent, si les Clercs n'eussent point obéi aux Canons ; mais le mépris de ces Canons rendoit les Clercs coupables. Justinien fut le premier de tous les Empereurs, qui limita les Tribunaux séculiers, & qui prescrivit aux Clercs & aux Laics d'assigner les Clercs devant l'Evêque; en sorte cependant

pendant que l'Evêque pouvoit renvoyer les questions difficiles aux Juges séculiers, & la Partie lésée avoit l'appel aux Tribunaux. Au reste, la Jurisdiction criminelle ne fut point démembrée des Cours séculiéres, même pour les Clercs dont les crimes n'étoient pas purement ecclésiastiques.

Les Empereurs Honorius, Arcadius & Théodose, dans une Lettre écrite à Théodore Manlius, Préfet du Prétoire, confirment, » qu'il » n'étoit pas permis d'appeller de » la Sentence d'un Evêque nommé » Arbitre par les Parties. Que le Jugement d'un Evêque soit irrévocable pour ceux qui l'auront choisi, & qu'on ait pour sa Sentence la soumission qu'on défére à l'autorité dont il n'est pas permis d'appeller, telle qu'étoit celle de Préfet du Prétoire; néanmoins quand la Partie se trouvoit lesée, elle se jettoit aux pieds de l'Empereur; d'où l'on disoit que les Préfets du Prétoire tenoient la place de l'Empereur dans leurs Jugemens, ce qui se pouvoit également dire des Evêques qui jugeoint sur les compromis. Les Patriarches avoient ce droit dans les causes ecclésiastiques, que les Evêques jugeoient en premiere instance. Justinien, parlant des Patriarches dit : » Nos prédécesseurs » ont décerné qu'on n'appelleroit » point des Sentences des Evê- » ques constitués Juges par compro- » mis.

XIII. Enfin par délégation.

La troisiéme espéce de Jurisdiction est la délégation ; soit qu'elle émane directement du Magistrat politique, soit d'une Puissance inférieure. On appelloit à l'Empereur dans la premiere espéce, on appelloit au Juge ordinaire dans la seconde. Je réunis sous le nom de Jurisdiction toutes ces espéces de connoissances, qui forçoient l'obligé de citer les témoins, de lier par le serment & de soumettre à la Sentence la Partie qui avoit succombé, à moins qu'on n'en appellât. Celui qui refusoit étoit exécuté au nom du Juge civil, non au nom de l'Evêque (ce qui eût été peu séant),

» Il fut ordonné, dit Sozomene, » d'appeller la Justice pour mettre » à exécution les Jugemens des Evêques : on voit encore une Constitution d'Honorius, d'Arcadius, & de Théodose. De-là les Jurisconsultes qui pésent les termes, ont donné le nom d'Audience à cette Jurisdiction, parce que le Juge n'exécute pas sa Sentence ; ils prêtent aussi cette dénomination au Juge délégué.

XIV. Jurisdiction touchant la déposition & l'excommunication.

Le Magistrat politique a donc beaucoup ajouté au pouvoir que le droit divin & les Canons déféroient aux Pasteurs & à l'Eglise ; le Peuple avoit non-seulement le droit de fuir un Pasteur infidéle, mais la Sentence dépouilloit le Pasteur des fonctions & des honneurs dont il étoit décoré. Honorius & Arcadius veulent, » que l'Evêque condamné » par son Clergé, perde son titre & son Evêché ; qu'il soit banni, s'il attente à la Sentence. Un Pasteur pouvoit refuser les Sacremens, & les autres Fidéles fuir le commerce d'un pécheur public ; & le Jugement à peine rendu, l'entrée de l'Eglise lui étoit fermée. » Chassez de l'E-» glise, disent Honorius & Arca-» dius, le Chrétien que vous avez » crû indigne de votre société ; une » Loi de Gratien, de Valentinien & » de Théodose le proscrit du com-» merce des honnêtes gens, & de » la Communion des Saints. Valentinien, Théodose & Arcadius éloignent de l'Eglise une femme qui s'étoit coupé les cheveux, ce que Sozomene appelle pousser hors de l'Eglise par force. Marsilius, considérant cette action, approuve une Excommunication ainsi faite sans l'autorité du Législateur.

XV. Les Juifs avoient une Jurisdiction semblable.

Je ne suis point étonné que les Pasteurs ayent obtenu des Empereurs Chrétiens les graces qu'ils accordoient aux Juifs, de ne pouvoir forcer leurs Prêtres à accepter des Prosélites, ou à réconcilier les pécheurs. Théodose, Arcadius & Honorius motivent ainsi leur Constitution : » il est certain que leurs Chefs » ont le droit de décider de la Reli-» gion. En même tems que Justinien défend aux Anciens des Juifs de déclamer contre l'usage des Livres Grecs, il leur acorde, sur des raisons assez plausibles, le droit d'Anathéme.

Arcadius & Honorius, dans une autre Constitution, étendent les priviléges dont ils combloient les Evêques, » aux Juifs soumis aux » Patriarches, aux Chefs des Syna» gogues, aux Patriarches, aux Prê» tres, & autres Juifs chargés de quel» ques fonctions de la Loi légale. Suit naturellement un Decret des Empereurs Constantin, Constantius, Valentinien, Valens, mais il me semble qu'on a passé une négation, dans la Constitution de ces Princes écrite au Code de Justinien, & qu'il seroit mieux de lire, » que les Juifs » qui vivent sous l'Empire Romain, » s'adressent aux Tribunaux, tant » pour ce qui concerne leur secte, » que pour leurs Loix & leurs droits, » & qu'ils rapportent tout aux Loix » Romaines; car leurs Chefs avoient le droit de décider sur la Religion: la Loi précédente l'établit. Les Empereurs Payens, à en croire Ulpien, imposoient aux Juifs un joug qui ne blessoit point leur Loi. Les Empereurs Chrétiens ont porté leurs bontés bien plus loin, en affranchissant les Chefs de la Synagogue & les autres Docteurs de la Loi, des charges personnelles ou civiles; & en enjoignant aux Juges d'exécuter sur le champ leur Sentence, lorsque deux Juifs de concert plaideroient devant eux; tant les Princes se sont appliqués à récompenser les Juifs, parce qu'ils ont été les premiers éclairés, & qu'on espéroit toujours de les attirer plus aisément à la Religion: tel est le sentiment des anciens Peres de l'Eglise.

XVI. Les accessoires de l'Excommunication.

Elle travailloit avec tant d'ardeur au salut des pécheurs, qu'elle ne se contentoit pas de rompre tout commerce avec eux; elle joignoit a l'Excommunication des peines encore plus sensibles; coutume ancienne & que les exemples des différens âges, depuis la création du monde, apprennent avoir été de presque toutes les Nations. Voici un passage célébre des Commentaires de César sur les Druides : » Si un Particu- » lier, ou un Officier public n'obéit ,, point à leurs Loix, ils lui interdisent les sacrifices ; cette peine » est la plus grave parmi eux : les ,, coupables sont regardés comme » des impies & des scélérats ; tout le » monde les abandonne ou fuit leur ,, présence & leurs discours, de ,, peur que leur commerce n'apporte quelque préjudice ; & les » Grands sont dépouillés dès ce moment de leur autorité & de toute » marque de distinction.

Liv 4. de Bello Gal.

Platon embrasse ce sentiment, loin de le combattre. Plutarque ajoute, » que les termes d'exécration, de malheureux, de triste, étoient l'anathême des Athéniens & » & des Romains: souvent la formule étoit ainsi terminée : » Que les biens ,, soient mis à l'encan, qu'ils soient ,, offerts aux Dieux : cela repondoit à la malédiction des Juifs, dont Esdras a conservé un trait fameux. On défend aujourd'hui, dans plusieurs pays, aux Excommuniés, l'usage des Communes. On punit ailleurs les Excommuniés opiniâtres; & Luher soutient, avec raison, que l'Excommunication majeure est une peine du Gouvernement politique.

XVII. Toute la Jurisdiction, proprement dite des Pasteurs, émane du Prince.

Toute cette Jurisdiction, soit pouvoir impératif, soit for extérieur, soit Audience, coule du Magistrat politique: Le Roi d'Angleterre ne lui connoît point d'autre origine; » tout pouvoir de décider, & toute » Jurisdiction, tant ecclésiastique » que séculiere, émane du Roi com» me de sa source. La Police Angloise, qu'on a publiée, parle ainsi au Roi Jacques: » La Jurisdiction ecclé» siastique est Royale, elle est la » portion premiere, principale, in» divisible de votre Couronne & de » de votre dignité. Les Loix ecclé» siastiques sont Loix Royales; » elles ne partent point d'une Puis» sance distincte; elles ne se soutien» nent, elles ne s'apuyent point sur » un autre fondement: la Jurisdic» tion ecclésiastique est une émana» tion du pouvoir souverain, que

» les Archevêques, les Evêques & » & les Juges eccléſiaſtiques exer- » cent dans l'Etat. Dieu vous a com- » mis l'empire, vous en confiez la » portion eccléſiaſtique à d'autres, » & ce ſont les Evêques, qui ſont » dans le Sanctuaire : mais comme » Conſtantin, qui étoit Anglois & » l'honneur de l'Angleterre, le di- » ſoit lui-même, vous êtes l'Evêque » univerſel, établi de Dieu au-dehors » l'Egliſe ; votre devoir eſt de pro- » téger les Miniſtres du Seigneur, » de les défendre, de gouverner, » d'étendre la Religion, & de tra- » vailler ſans ceſſe à affermir la paix, » le repos & la tranquillité de l'E- » gliſe de J. C.

» Selon l'Evêque de Wincheſter, ,, les Conciles n'ont point une Ju- ,, riſdiction diſtincte, ou au-deſſus » de celle du Prince ; ils lui ſont ,, ſoumis en tout, & ils ſont telle- ,, ment formés de droit divin & hu- ,, main, qu'ils aident le Prince de » leurs conſeils pour réculer les ,, bornes de la Foi & de la Religion, ,, quand il juge à propos de les aſ-

» sembler : ils n'ont d'eux-mêmes
„ aucun pouvoir législatif dans un
„ Etat Chrétien, & ne sçauroient
„ s'arroger le droit d'entendre & de
„ terminer les affaires ecclésiasti-
„ ques, malgré le Souverain, ou
„ sans sa participation.

Tokerus continue : » Le Prince
„ a sur moi la Jurisdiction tempo-
„ relle, donc il a la spirituelle;
„ axiome certain, si on l'explique
„ de la Jurisdiction du for extérieur,
„ dont le Souverain a la puissance
„ suprême. L'Evêque d'Elie ne s'en
„ écarte pas : les Jugemens de l'E-
„ glise reçoivent de l'Empereur l'au-
„ torité extérieure.

XVIII. En tant que les Pasteurs concernent le Souverain d'abord de l'usage des Clefs.

Après avoir rendu compte des actes que l'Eglise & ses Pasteurs ont de droit divin & humain, mon projet est d'examiner quels sont ceux qui regardent le Magistrat politique, & la maniere dont on peut les exercer à son égard. Le simple usage des Clefs & le droit divin ne concernent pas moins le Prince que le dernier du Peuple : il est même d'autant plus nécessaire de s'y appliquer que le mal qu'il fait devient plus contagieux. » Malheureux le Prince, dit „ une ancienne maxime, à qui l'on » voile la vérité. Valentinien exhor„ te avec raison S. Ambroise à le „ bien convaincre que la Loi divi„ ne guérit les maladies des ames.

XIX. Sous ce prétexte on défend mal les Assemblées séditieuses que les saintes Lettres abhorrent.

C'est insulter l'Evangile, que de prêter le nom de Clefs aux Tribunaux séculiers ; de produire en public les actions cachées des Princes, ou celles qui sont susceptibles d'une mauvaise interprétation, & sur-tout de les peindre au Peuple, qui n'est ni en droit ni en état d'y remédier, & qui, de plus esclave de la foiblesse humaine, irréconciliable ennemi de ses maîtres, écoute avec avidité, & croit aveuglement le mal qu'on en débite, source trop ordinaire des séditions & du mépris que l'on conçoit pour le Souverain. Un Sage a dit fort à propos, » que les traits » équivoques, lancés sur la conduite » des Princes, servent à troubler le » Peuple.

Au reste la prédication de l'Evangile & l'usage des Clefs different beaucoup. La parole qui se prêche à tous, doit être tellement mani e qu'elle fructifie dans tous; son Ministere est de fronder les vices, sans nommer les pécheurs; c'est une coutume indécente de tourner la Chaire en spectacle, & la voix majestueuse de l'Evangile en fade plaisanterie. Les anciens Romains étoient indignés qu'on souffrît l'éloge du crime, dans un lieu où l'on n'avoit pas la force de le repousser: Ciceron ne le dissimule pas. Dieu a voulu qu'on respectât la vie des Souverains, des Magistrats, & leur réputation; il a voulu que sa Loi leur servît d'azile, tel est le sens de ses paroles: » Peuples n'insultez point, ,, ne maudissez point le Souverain: il est clair que cette défense est plus précise, que celle qui regarde les particuliers.

Un passage de Saint Paul prouve qu'il ne faut pas interpréter cette Loi, ou de la Puissance en elle-même, ou d'un Prince de bonnes mœurs. L'Apôtre ayant invectivé le Grand Pontife Ananias, revêtu du pouvoir ſuprême, parce qu'il violoit ouvertement les Loix, il s'excuſa ſur ce qu'il ignoroit qu'Ananias fût le Grand Prêtre, parce qu'il eſt écrit dans la Loi, » Peuples » ne maudiſſez point le Prince. Les Hébreux conviennent que le nom de Prince dans la Loi divine s'exprimoit par un terme approchant de celui de Juge ſouverain, ou de Chef du Grand Synhédrin à la place de Moïſe : Les Chefs des Synhedrins des deux Paleſtines ſont Princes dans la Loi de Théodoſe & de Valentinien. Les Auteurs, verſés dans la Loi Judaïque, ſçavent que Sabinius, Proconſul de Syrie, outre le Synhedrin de Jéruſalem, ſeul & unique autrefois, en établit quatre autres ayant la même autorité : ils avoient leurs Princes & leurs Chefs.

On donnoit le nom de Prince au Grand Prêtre, & quand il n'y avoit point de Naſi, il le repréſentoit. Les Rabins nous apprennent que le Roi étoit la premiere perſonne de la République des Juifs, que le Naſi occupoit la ſeconde place, & le

Grand Prêtre la troisiéme; de sorte que pendant l'interrégne le Grand Prêtre devenoit la seconde personne, & la premiere, en l'absence du Nasi. Vient ici naturellement un passage célébre de l'Apôtre S. Jude, qui, démasquant certains hérétiques, dit: „ Ils improuvent la domination, & „ ils blasphément contre les Sen- „ tences; comme l'Archange Mi- „ chel, ajoute-t'il, disputoit avec „ le Diable à qui auroit le corps de „ Moïse, il n'osa le maudire; il s'é- „ cria seulement que Dieu le con- „ fonde: on conclut de-là qu'on envisageoit moins la dignité en elle-même, que les personnes placées dans un rang suprême, & qu'on ne respectoit pas moins les Princes d'une vie dissolue, que ceux d'une conduite pure: aussi présente-t'on aux hommes l'exemple du Démon, qui quoique très-méchant fut épargné par l'Ange, à cause de l'excellence de sa nature; pour leur apprendre quels égards méritent ceux que Dieu met au-dessus d'eux. Je n'omettrai point ce Canon du Con-

cile de Tolède: » Ayant refléchi sur
„ les mœurs dépravées du siécle,
„ nous décernons qu'il n'est pas per-
„ mis de maudire le Prince ; car le
„ Créateur a écrit, Peuples ne
„ maudissez pas le Prince ; qui osera
„ le faire, sera puni de l'Excommu-
„ nication ecclésiastique. Optat de
Mileve trace le portrait de Donat,
Chef du schisme d'Afrique. Dans
les accès de sa fureur ordinaire il
s'exhala en ces reproches : » Qu'a
„ de commun l'Empereur avec l'E-
„ glise ? il proféra plusieurs imper-
„ tinences semblables à celles qu'il
„ écrivoit à Grégoire, la tache
„ du Sénat, la honte des Préfets,
„ & d'autres injures, ausquelles
„ Grégoire répondit avec la dou-
„ ceur épiscopale. La teneur de plusieurs autres Lettres est dans la
bouche de tout le monde ; c'étoit
bien peu suivre le précepte de Saint
Paul, que d'insulter les Puissances
& les Rois, pour lesquels au contraire il étoit obligé d'offrir incessamment des prieres à Dieu.

Saul avoit péché mortellement,

Samuël, en Prophéte, lui avoit annoncé la colére de Dieu. Saul exigea de lui cette vénération qu'il lui marquoit devant les Grands du Peuple d'Israël; le Prophéte obéit. Nathan ne reproche point à David son adultere & son homicide en présence du Peuple; il le va chercher au fond de son Palais. S. Jean-Baptiste prit sans doute la même précaution, lorsqu'il fit des reprimandes à Hérode. Les anciens Evêques & les Conciles parlent avec respect aux Empereurs Payens, ennemis de l'Eglise, & à Constantius, plus livré aux Ariens: ils n'attaquent Julien qu'à sa mort. Il est vrai que les Prophétes, inspirés d'enhaut, ont quelquefois franchi ces bornes; mais Dieu qui sacra les Rois par le ministere des Prophétes, qui en fit mourir par Samuël & par d'autres, se servit d'eux pour couvrir d'ignominie les méchans Princes. Rien de plus naturel assurément que de mettre au-dessus des Loix les hommes que Dieu inspire par son esprit.

Simei découvre publiquement le crime de David ; le Prince excuse sa témérité en disant, que Dieu peut-être le lui avoit ordonné. Il montroit qu'il n'y avoit qu'une voye permise de maudire un Prince ; c'est-à-dire, si Dieu le commande expressément : les Prophétes, accusés d'avoir allumé le feu de la sédition, se retrancherent sur ce qu'ils en avoient l'ordre positif de Dieu. On ne voit pas que les Prêtres dont les fonctions étoient ordinaires & réglées, ayent parlé aussi librement aux Rois. L'exemple de Zacharie Joïadas, que l'Evangile nomme fils de Barrachias, est étranger à la question ; son discours ne regardoit pas le Roi, mais tout le Peuple ; & guidé par l'Esprit-Saint, il l'exhortoit à la Pénitence, pour une faute que tous avoient commise. J. C. conseille aux Fidéles insultés par leurs freres, de les reprendre d'abord seuls, de les corriger ensuite en présence d'un petit nombre, & d'en instruire enfin une pieuse Assemblée. Les Sçavans, sur-tout Beze, entendent ici par le terme d'Eglise, non la multitude, mais le Synhedrin. Les Septante appellent toute Assemblée Eglise, & les Rabins Abenesra & Salomon ont remarqué que par ces paroles de Moïse, toute l'Eglise, on doit expliquer le Synhedrin ou l'Assemblée des septante personnes. Qui doute que le Corinthien, coupable d'un inceste, n'en ait reçu le châtiment devant plusieurs? Qui doute qu'on recommande à Timothée de punir les pécheurs en présence des Fidéles, pour leur inspirer de la crainte? Appliquez néanmoins ce passage aux Prêtres pécheurs, que l'Evêque corrigeoit, le Clergé assemblé. A quelques personnes qu'on le donne, il est certain que la qualité limite & restraint ces préceptes universels : » Ne reprenez point avec ai-» greur un vieillard, dit Saint Paul, » avertissez-le comme votre pere, » & les jeunes comme vos freres: Le Souverain & le Magistrat sont plus respectables que l'âge, d'autant que l'usage de la primitive Eglise &

l'obſervation de pluſieurs Auteurs atteſtent, qu'on ne reprenoit point les Evêques devant la multitude; maxime plus juſte à l'égard du Prince, qui, ſelon Conſtantin, eſt l'Evêque commun choiſi de Dieu. Or, comme le Magiſtrat politique ne ſubit aucun châtiment, il n'éprouve point la coërcition; elle émane de lui, & ne s'exerce point contre lui.

L'Hiſtoire d'Ozias ne détruit point cette opinion; toute l'erreur vient de la traduction, la voici: » Le » Grand Prêtre Azarias & tous les » Prêtres le regarderent, & voilà » que ſon front devint lépreux; » ils le chaſſerent du Temple, il fut » contraint de ſortir, parce que » Dieu l'avoit frappé. La Loi divine fermoit l'entrée du Temple aux Lépreux, les Prêtres ſe preſſerent d'éloigner le Roi couvert de lépre; ils lui récitérent la Loi divine, & le mal augmentant, il l'obligea de ſe retirer. Le Prêtre dénonce; Dieu punit.

Voilà l'autorité du droit divin, XX. Les actes

purement canoniques ou tirés de la Loi positive ; en tant qu'ils peuvent concerner le Prince, ne peuvent le regarder malgré lui.

par rapport aux Canons en eux-mêmes, ou confirmés par les Loix : comme leur application est quelquefois utile au Souverain, je ne vois point à quel titre, à quel droit on pourroit l'y soumettre, lorsqu'il s'y oppose, & qu'il les rejette, surtout après avoir établi, que tout Gouvernement fondé sur le consentement, dépend en tout du Magistrat politique, & que toute Jurisdiction lui obéit, & émane de lui. Il est encore certain que le Prince est affranchi des Loix pénales. Harmenopulus confesse, » qu'un Roi coupable n'est pas puni : les Saints Peres ont ainsi développé cette confession de David, » Seigneur, j'ai „ péché devant vous seul. S. Jérome : » Il étoit Roi & ne craignoit „ personne. Saint Ambroise : Comme Roi il n'étoit lié par aucune „ Loi. La puissance des Princes les „ sauve des peines, & les châtimens „ prononcés par les Loix ne les concernent pas. David ne péche donc pas devant les hommes, puisqu'il „ n'étoit pas criminel à leurs yeux.

„ Othon de Frisingue : les Rois, „ seuls placés au-dessus des Loix, & » ne répondant qu'au jugement de „ Dieu, ne sont point assujettis aux „ Loix humaines. David Roi & » Prophéte fournit ce témoignage, » j'ai peché contre vous seul. C'est ce qui a donné lieu à la remarque que fait Balsamon sur le Canon XII. du Concile d'Ancyre, que l'Onction Impériale exempte de la Pénitence, c'est-à-dire de la nécessité d'y satisfaire publiquement : il est cependant vrai que des Princes sont très-applaudis de se soumettre aux Pasteurs, comme Juges publics dans les choses sacrées ; de même qu'ils se rapportent à leurs Cours, ou Parlemens dans les affaires civiles.

„ C'est une maxime que nous „ adoptons, dit Ulpien, que si un „ Particulier, égal, ou d'un rang „ plus élevé, reconnoît la Jurisdic- „ tion d'un tiers, le Juge a le droit „ de prononcer, soit en sa faveur, „ soit contre lui ; mais des Sçavans „ ont démontré que cette soumisſion, toujours ſubordonnée à la volonté du Prince, ne diminuoit rien de ſon pouvoir ſuprême : on demande ordinairement s'il eſt décent qu'un Souverain admette cette eſpéce de Juriſdiction? En prenant l'affirmative il ſera vrai que la diſcipline eccléſiaſtique acquiert une nouvelle force & une nouvelle autorité. On a raiſon de dire, tels ſont les Princes dans un Etat, tels ſont les Sujets : l'exemple eſt l'ordre le plus doux. En ſoutenant la négative on allégue que la baſe de la République eſt l'autorité du Souverain. Ariſtote prétend, » que le mépris eſt la » ruine d'un Etat. A croire ceux qui ont écrit l'Hiſtoire de l'Empereur Henri, & le Cardinal Bennon lui-même, la ſource de ſes malheurs, vint de ce qu'Hildebrand le joua pendant trois jours, qu'il le retint à Canoſſe par un hiver très-rigoureux, faiſant pénitence publique, les pieds nuds, habillé de laine & en ſpectacle aux Anges & aux hommes.

Quelle différence auſſi entre les ſignes d'une vraie pénitence, & les châtimens qui notent d'infamie? Consultez Othon de Frisingue dans l'Histoire de cet Empereur Henri: Je lis, dit-il, & je relis la vie des Rois & des Empereurs Romains, & je n'en trouve aucun avant ce tems qui ait été excommunié par le Pape, ou dépouillé de ses Etats, à moins qu'on ne prenne pour excommunié Philippe, que le Pape mit quelque tems au rang des Pénitens; & l'Empereur Théodose que Saint Ambroise arrêta à la porte de l'Eglise, encore tout couvert du sang qu'il venoit de répandre.

De ces deux exemples, l'Histoire de Philippe est incertaine: les Auteurs les plus estimés font commencer les Empereurs Chrétiens à Constantin; cependant sur le témoignage d'Eusebe, Philippe satisfit volontiers; & Théodose, rare exemple de la modestie Chrétienne, obéit à Saint Ambroise. L'Empereur Henri fut donc le premier Prince que l'on força à une soumission involontaire. Othon de Frisingue n'est pas le seul témoin, Godefroi de

Viterbe ne le cache pas : » Nous
„ ne connoiſſons avant cet Empe-
„ reur aucun Prince excommunié
„ par le Pape. Onufrius Panvinius
ajoute : » Quoique l'on reſpectât les
„ Papes, comme Chefs de la Reli-
„ gion Chrétienne, Vicaires de
„ J. C. & Succeſſeurs de Saint
„ Pierre, leur autorité étoit ren-
„ fermée dans la déclaration & la
„ manutention des dogmes de Foi.
„ Ils étoient en tout Sujets des Em-
„ pereurs, ils étoient à leurs or-
„ dres, ils tenoient d'eux leur élé-
„ vation, & ils n'avoient garde
„ de les juger, ou de rien décer-
„ ner contre eux. Grégoire VII. fut
„ le premier de tous les Papes, qui
„ à peine aſſis ſur la Chaire de Saint
„ Pierre, foula aux pieds l'autorité
„ & la puiſſance de l'Empereur, &
„ s'ouvrit une route inconnue à ſes
„ prédéceſſeurs. Soutenu des armes
„ des Normands, des grands biens
„ de la Comteſſe Matilde, la Prin-
„ ceſſe de l'Italie la plus puiſſante,
„ & profitant habilement des diſ-
„ ſentions inteſtines qui déchiroient
l'Allemagne,

„ l'Allemagne, il osa, je ne dis pas,
„ excommunier, mais priver de son
„ Empire l'Empereur lui-même,
„ qui, s'il ne l'avoit pas nommé,
„ l'avoit du moins confirmé : entre-
„ prise inouie avant ce siécle, car
„ les fables qu'on débite d'Arcadius,
„ d'Anastase, & de Léon Iconoma-
„ que méritent peu d'attention; ce
„ qui fait connoître que les Princes
„ & les Empereurs qui se soustraient
„ avec ou sans raison à ces censures,
„ doivent être abandonnés au Juge-
„ ment divin.

„ Grégoire de Tours le pensoit,
„ quand il dit à Chilpéric : Si vous
„ tombez qui vous relevera? nous
„ avons la voie de remontrance :
„ Si vous persistez dans le crime,
„ qui vous condamnera? hormis ce-
„ lui qui s'appelle la Justice. Hilde-
„ bert Evêque du Mans : le Souve-
„ rain a plus besoin d'avis que de
„ reproches, de conseils que de pré-
„ ceptes, & d'instruction plûtôt que
„ de châtiment. Yves Evêque de
„ Chartres : parce que le Gouver-
„ nement temporel appartient aux

» Princes, & qu'ils sont la tête & la
» base du Peuple, lorsqu'ils abusent
» de la Puissance qui leur est commi-
» se, il ne faut pas les reprendre ai-
» grement ; s'ils ne se rendent point
» aux avis sages des Pasteurs, la seu-
» le ressource est le Jugement divin,
» qui les punira d'autant plus sévé-
» rement qu'ils sont moins exposés
» aux remontrances humaines.

L'Eglise de Liége a embrassé ce sentiment, & je me fais un plaisir d'en transcrire le passage, une portion de ma Patrie étant autrefois du Diocèse de cette Eglise: » Si quel-
» qu'un veut feuilleter l'Ancien & le
» Nouveau Testament & l'Histoire
» des siécles, il sera pleinement con-
» vaincu que les Empereurs ne sçau-
» roient ou que difficilement être
» excommuniés ; la nature du pou-
» voir & celle de l'excommunica-
» tion le prouve. Les personnages
» vertueux sont bien capables de
» les exhorter, les reprendre & les
» corriger ; parce que ceux qui ré-
» présentent J. C. le Roi des Rois,
» sont réservés à son Jugement seul,

Ainsi les Rois de France, depuis plusieurs siécles, conservent le droit de ne pouvoir être excommuniés.

XXI. Comment un Pasteur satisfait sa conscience.

Yves de Chartres apprend comment un Pasteur satisfait à sa conscience, sans cette coërcition dans l'usage des Clefs : qu'on dise au Prince, » je ne veux point vous tromper, l'entrée de l'Eglise visible » tournera à votre perte, & une telle réconciliation ne vous ouvrira » point la porte du Royaume céleste.

XXII. Le droit du Souverain sur ces actes des Pasteurs & des Eglises, sur l'exercice des Clefs, des actes canoniques, & de ceux du droit positif.

Mais quel est le droit & le devoir du Magistrat politique sur les actions que j'ai assignées à l'Eglise, & aux Pasteurs? On sçait que la Jurisdiction du Souverain comprend celles qui remontent à la liberté & à la Loi divine, & qui oseroient préjudicier au prochain. La Puissance absolue est non seulement Juge des actions qui émanent de son pouvoir, mais encore de toutes celles ou moralement bonnes ou moralement mauvaises. En effet, que dans le ménage on ne se gouverne pas selon la Loi du Mariage, qu'un pere ne regle pas bien sa famille, on a recours aux Tribunaux, & le Prince est le vangeur de tous maux; or l'abus des Clefs, l'excommunication injuste, le refus des Sacremens est un mal.

Une Loi Impériale defend aux Evêques d'éloigner de la sainte Table, ou de bannir de l'Eglise sans cause légitime. Justinien dans une Novelle enjoint aux Evêques & aux Prêtres de ne priver personne de la Communion, qu'ils ne justifient que la Religion le prescrit. L'Empereur Maurice écrit à Grégoire le Grand de ne point se séparer de Communion avec Jean, Patriarche de Constantinople. Il s'étoit glissé dans les Gaules un abus, de forcer les Evêques, par la saisie des biens temporels & par d'autres voyes aussi injustes, d'accorder les Sacremens. Les Princes de Hollande ont souvent recommandé aux Prêtres la fréquentation des Sacremens. Ces actions sont donc plus l'objet du Magistrat politique, quoi qu'elles partent des Canons plûtôt que du droit divin ; car sous prétexte d'observer les Canons, il arrive quelquefois qu'on les viole, & les Canons eux-mêmes peuvent aller au-delà des préceptes de la Loi divine. Quoi qu'il en soit, le Magistrat politique n'est pas en état de refuser sa protection aux Sujets qui s'en plaignent ; enfin il est certain, qu'il déploye son pouvoir sur les actions qui viennent de la Loi humaine, qui obligent, & qui emportent la coërcition avec elles. Comme toute Jurisdiction coule du Magistrat politique, elle retourne à lui qui en est la source.

XXIII. L'Origine du droit d'intercéder de l'appel comme d'abus.

Au reste, la plûpart des especes d'actions semblent se confondre en une seule action. Les remedes qu'on y apporte ont differens noms. Les Espagnols disent, intercéder ou opposer. Les Flamands par les termes de rescripts penaux envisagent plus la liberté que la Jurisdiction : tous ces secours pourvoient au salut des particuliers. Les François appellent comme d'abus & donnent tout à la Jurisdiction, quoique dans une signification plus étendue l'appel puisse s'étendre à des actes qui ne sont pas judiciaires, par exemple, les Jurisconsultes employent l'appel sur le rapport d'un Médecin, d'un Arpenteur. L'appel comme d'abus en France est ordinairement porté aux Parlemens, dans les cas où les Ecclésiastiques auroient entrepris sur la Jurisdiction royale, & dans le cas où les Canons reçus en France seroient enfreints; le propre de la Jurisdiction est de juger, ou de déléguer des Juges. Le Souverain qui réunit toute la Jurisdiction en a seul le droit. Amasias & d'autres Prêtres furent nommés Juges par le Roi Josaphat.

XXIV. Les appels ecclésiastiques viennent du Souverain.

Et ce qui établit incontestablement la Jurisdiction du Prince, sont les différens degrés de Jurisdiction qu'il détermine à sa volonté. Pourquoi appelleroit-on des Pasteurs d'Angleterre à tel ou à tel autre Evêque? Pourquoi de tous les Evêques à deux Archevêques seulement? Pourquoi des Synodes Ec-

eccléſiaſtiques aux Conciles Provinciaux ? des Provinciaux aux Nationaux ? Pourquoi ? parce que le dernier degré n'eſt point marqué par le droit naturel ou divin. Le Roi d'Angleterre penſe ſagement qu'il eſt accordé à tout Prince & à tout Etat Chrétien de preſcrire à ſes Sujets la forme extérieure de la Diſcipline Eccléſiaſtque, & celle qui a une liaiſon étroite avec le Gouvernement civil. Les Empereurs Chrétiens ſe conduiſoient autrefois de la ſorte ; l'Egliſe de Conſtantinople tient d'eux ſa prééminence.

Melchiade, Maternus, Reticius furent par eux les Juges du Schiſme d'Afrique. Le Concile de Calcedoine, revêtu de leur Puiſſance, caſſa les Actes du ſecond Concile d'Epheſe.

XXV. La façon d'exercer cette connoiſſance ſuprême par ſoi-même & par les autres.

De même que le Souverain commet ordinairement à des Tribunaux la connoiſſance des affaires civiles, & qu'une Cour ayant prononcé, ſi les Parties veulent faire caſſer l'Arrêt, il en permet rarement la réviſion devant des Commiſſaires délégués; plus rarement aſſemble-t'il dans ſon Conſeil des gens éclairés, pour juger avec eux après tous les autres; & plus rarement encore une Cour étant devenue ſuſpecte, évoque-t-il à lui l'inſtance. De même il étoit d'uſage de traiter des Affaires Eccléſiaſtiques dans des Conciles ordinaires, & de les terminer enſuite dans un particulier tenu exprès, quand on en appelloit, il étoit moins fréquent, cependant utile d'inſtruire le Prince de la Religion & de l'équité des premiers Juges. Conduite de Conſtantin dans la cauſe des Donatiſtes : après deux jugemens d'Evêques, où en deſapprouvant l'appel, il ne refuſe pas d'en prendre connoiſſance, il étoit cependant rare de voir l'Empereur évoquer à ſa perſonne la récuſation du Concile faite ſur des moyens plauſibles, & après en décider avec l'avis d'habiles Théologiens. Le Concile d'Antioche dans le Canon XII. défend de ſe plaindre à l'Empereur, pendant qu'on pourra faire décider l'affaire par un Concile plus nombreux ; mais il ne s'avise pas de dépouiller l'Empereur, si la plainte est déja portée devant lui.

XXVI. Le Souverain est dispensé des peines canoniques & légales.

La modestie des anciens Evêques attribue avec raison au Magistrat politique le pouvoir de connoître d'une excommunication juste ou injuste, & d'en relever quant aux peines du droit positif. Yves Evêque de Chartres, zélé Défenseur de la Puissance ecclésiastique contre les Rois, écrivit aux Evêques : „ Si j'ai „ communiqué ces Fêtes de Pâques „ avec Gervais, que votre Paternité n'en soit ni surprise ni indignée ; la vénération que je porte „ au Roi, & l'autorité de la Loi „ m'y ont engagé ; elle nous apprend que ceux à qui le Prince „ aura rendu ses bonnes graces, & „ qu'il aura admis à sa table, doivent être admis dans l'Assemblée „ des Fidéles ; parce que les Ministres du Seigneur ne proscrivent „ point celui que la piété du Prince reçoit.

Yves ajoute ailleurs, que ce Capitulaire Royal a été confirmé par l'autorité des Evêques; aussi n'est-on plus surpris de la Lettre, que le Pape Jean écrivit à l'Empereur Justinien : „ Je supplie votre Clémen-„ ce, que s'ils abjurent leur erreur, „ s'ils détestent leurs pernicieux „ desseins, & cherchent à rentrer „ dans le sein de l'Eglise, vous dai-„ gniez communiquer avec eux; „ que vous suspendiez les effets de „ votre indignation ; que favorable „ à nos prieres, vous leur fassiez „ goûter les douceurs de votre clé-„ mence. On approuve les Rois de France & leurs Parlemens d'avoir établi & jugé : „ Que les Magis-„ trats publics sont affranchis des „ censures ecclésiastiques, en ce qui „ concerne la Jurisdiction.

Il est défendu au Clergé de Hongrie dans les Actes de l'année 1651. „ de fulminer l'excommunication „ contre les Grands du Royaume, „ sans en avoir prévenu l'Empereur. Une ancienne Loi des Anglois porte : „ qu'on n'excommuniera point „ les Ministres qu'on n'en ait averti

„ le Roi. Nos Souverains lès ont pris pour modéles, témoin l'Empereur Charles V. dans une Constitution de l'année 1540.

XXVII. Le Souverain examine si quelqu'un est justement excommunié.

Le Magistrat politique protége l'usage des Clefs & les peines ordonnés suivant les Loix & les Canons ; c'est l'anathéme impérial, répeté si souvent chez Justinien. Les Princes Chrétiens n'innovent point, en voulant connoître de l'excommunication ; comme elle emporte une ignominie publique, ils ne l'emploient que sur des causes légitimes ; obligés qu'ils sont de s'opposer aux injustes Censures. Car leur devoir essentiel est d'étouffer les differends des particuliers, & de préserver l'Eglise de la tyrannie.

## CHAPITRE X.

### *De l'Election des Pasteurs.*

I. Deux fonctions perpétuelles.

RESte à développer cette portion du pouvoir, qui consiste à assigner les fonctions. Il y a deux

dans l'Eglise, la Prêtrise & le Diaconat; leur difference.

sortes de fonctions perpétuelles dans l'Eglise, celle des Prêtres & celle des Diacres. J'appelle Prêtres avec toute l'ancienne Eglise, les Ministres qui paissent les Brebis avec la parole, les Sacremens & les Clefs, trois fonctions inséparables de droit divin. J'appelle Diacres, ceux qui en quelque sorte sont utiles aux Prêtres: tels étoient autrefois les Lévites, eu égard aux Prêtres de la Loi Judaïque, & les Anagnostes, ou Lecteurs, qui sur le témoignage de l'Evangile & de Philon, étoient dans les Synagogues; & que selon l'Histoire, les Canons & les Peres, l'Eglise a conservés. Car le Clerc, qui est le dépositaire des Lieux saints, s'appelle dans l'Evangile, *Ministre*, nom qui revient à celui de Diacre.

Le Concile de Laodicée nomme Diacre du degré inférieur, celui qu'on appelle ensuite *Soudiacre*. La fonction du ministere la plus laborieuse fut le soin des pauvres. L'Eglise Latine métamorphosa les Prêtres en Senieurs. Les Diacres, à mon avis, sont les Ministres, quoiqu'il y ait des Sçavans, qui ayent mieux aimé innover que de reconnoître le vrai. Pline, si je ne me trompe, excellent Grec, excellent Latin, parlant de la Religion Chrétienne, nomme Ministres ceux que Saint Paul & l'Eglise qualifient d'Administrateurs. Comme les Prêtres pouvoient faire tout ce que faisoient les Lévites, aussi les Prêtres pouvoient exercer les fonctions des Diacres; ceux-ci étant pour aider les Prêtres à conduire les Fidéles. Avant l'établissement des Diacres, Judas Iscariote gardoit l'argent; depuis lui, les Apôtres distribuerent l'aumône aux pauvres, jusqu'à ce qu'au sujet d'une dispute élevée entre les veuves, & sous prétexte des occupations multipliées, ils commirent ce soin à des fidéles.

Cette commission ne fut pas si absolue, que les Prêtres ne veillassent encore sur les pauvres. De-là les Evêques eurent en main les deniers de leur Eglise, & ne rendoient aucun compte, ils en destinoient une partie à leur entretien, à celui de leur Clergé, & chargerent les Prêtres de faire des aumônes du reste, comme on le voit par les Canons appellés Apostoliques 38, 40 & 41, & le 44 du Concile d'Antioche. Les Loix veulent que les *Intronistiques*, que l'Evêque donnoit, soient également reçues & distribuées par l'Archiprêtre, comme par l'Archidiacre. Envain l'Apôtre auroit-il recommandé à l'Evêque d'aimer l'Hospitalité ! envain auroit-on confié la Collecte d'Antioche aux Prêtres de Jerusalem ! Je traiterai d'abord des Prêtres, dont la fonction est la principale & la plus nécessaire ; & s'il est à propos, je dirai ensuite un mot des Diacres.

II. On distingue dans la constitution des Pasteurs la vocation, l'Ordre, l'Election & la Confirmation.

D'abord j'examinerai quatre choses, que les Sçavans n'ont pas assez distinguées. La premiere est le ministére de la parole, l'administration des Sacremens, & l'usage des Clefs, que j'appellerai *Fonction*. La seconde est l'application de la fonction à une certaine personne, ce sera l'Ordre. La troisiéme est la destination de cette personne à un certain lieu & à une certaine Assemblée, c'est l'*Election*. La quatriéme est l'exercice de la fonction par une certaine personne sous la protection & l'autorité publique; je l'appellerai, si l'on veut bien, *Confirmation*: Les Grecs l'expriment par *Confirmation* ou *Caution*

La Fonction & l'Ordre sont bien différents, une comparaison rendra ma pensée. La puissance du mari vient de Dieu, l'application de cette puissance à une personne naît du consentement; il ne donne cependant pas le droit: si le consentement en étoit la source, la liaison conjugale se dissoudroit par le consentement, ou il arriveroit qu'on ne souffriroit plus la supériorité au mari. Maxime erronée, la puissance impériale n'appartient pas aux Electeurs, ils ne la conférent point; mais ils en revêtent une certaine personne. Les hommes avant d'être réunis en République n'ont point en eux le droit de vie & de mort; & le particulier n'a pas celui de se vanger; néanmoins ils le communiquent à un Corps, ou à un Chef. Le ministere de la Parole, l'usage des Clefs, l'administration des Sacremens, descendent immédiatement de Jesus-Christ, & en tirent toute leur force; & comme sa divine Providence conserve l'Eglise, elle pourvoit à ce qu'elle ne manque point de Pasteurs.

Marsile de Padouë a judicieusement marqué la différence qui est entre la seconde chose & la troisiéme, elles sont autant éloignées que de ne pas être Medécin, ou de l'être d'un lieu; d'être Jurisconsulte, ou d'être le Maire d'une Ville; outre qu'elles sont toujours distinctes, elles sont quelquefois séparées. Les Apôtres étoient de vrais Prêtres, ils en prennent le nom, (la puissance supérieure fait disparoître ici l'inférieure,) leurs fonctions n'étoient bornées à aucun lieu. Les Evangelistes étoient des Prêtres, ils n'étoient liés à aucune Ville. Long-tems aprés Pantenus est ordonné par Démétrius, Evêque d'Alexandrie; Frumentius l'est par

Athanase, & tous deux sont envoyés pour prêcher la Foi dans les Indes. Usage encore en vigueur ; plût à Dieu qu'il le fût avec plus de zéle. La défense d'ordonner quelqu'un sans titre, écrite dans le Canon VI. du Concile de Calcédoine, dans les Constitutions de Charlemagne, & rappellée dans le Concile de Plaisance, n'est point de droit divin, elle est de droit positif, & souffre plusieurs exceptions.

Le Canon, selon la note de Balsamon, est la preuve de l'usage contraire. Justinien se souvient après le Concile de Calcédoine des *Périodentaires* dont les anciens Conciles & celui de Laodicée font mention : „ ainsi appellés, dit Zonaras, par „ la circuition & l'instauration des „ Fidéles qui n'ont pas la Loi do„ mestique. Le motif du Concile de Calcédoine fut, qu'il y avoit à craindre, que le grand nombre des Prêtres inutiles, ne devînt à charge à l'Eglise, & que ses revenus ne suffisant point à leur entretien, la dignité de l'Ordre n'en fût avilie. Le premier Canon du Concile de Londres, tenu en 1575, & le 23 d'un autre Concile, assemblé derniérement dans la même Ville, avoient le même motif; ils en exceptent les Membres des Colleges de Cambrigde, d'Oxford, & ceux qui, entrant dans l'Etat ecclésiastique, vivent de leur Patrimoine, lesquels on prévoit être bientôt pourvûs de Bénéfice : » L'Evêque qui ordonnera un » Prêtre sans titre, le nourrira jus» qu'à ce qu'il le place dans quelque » Eglise.

L'Ordre & l'Election ne marchent donc pas toujours ensemble, & quand on les confére en même tems, elles ne font pas la même chose. On voit les Clercs transferés d'un lieu à un autre, & on ne réïtere point l'Ordre, cérémonie nécessaire, si l'Election étoit la même chose que l'Ordre; ou si l'Ordre faisoit partie de l'Election. D'ailleurs l'Election se fait par tout un Peuple, au lieu que l'Ordre est réservé aux Pasteurs, & plus anciennement aux seuls Evêques. Aussi Saint Paul écrivant au premier Evêque d'Ephése, l'avertit de ne point sitôt imposer les mains à un Clerc. Les plus anciens Canons nommés *Apostoliques*, veulent „ qu'un Prêtre soit „ ordonné par un Evêque, & qu'un „ Evêque soit sacré par deux ou „ trois Evêques ; coutume empruntée des Hébreux, si je ne me trompe, puisque suivant les Talmudistes, trois Prêtres ordonnoient les Membres du Grand Sanhedrin, & ce en leur imposant les mains. Il est constant, que cet usage est sacré, & utile à la propagation de la saine doctrine, ne préposant à l'instruction du Peuple que des Sujets, que les Docteurs auroient reconnus être dans les bons sentimens.

La fonction singuliere des Evêques est d'ordonner des Prêtres, non parce qu'ils sont attachés à telle ou à telle Eglise, mais parce qu'ils sont les Ministres de l'Eglise. „ L'Episcopat est un, dit Saint Cyprien, „ chaque Evêque en tient solidaire„ment une portion ; tous universellement veillent sur l'Eglise, aussi admet-on le Baptême d'un Prêtre hors de son Eglise.

Il est indifferent que l'Election précéde l'Ordre ou la suive, quand l'Election précéde, elle est conditionnelle, & les Canons des siécles suivans l'appellent *Postulation.* Saint Paul nomme l'Ordre l'*imposition des mains.* Les Canons les plus anciens, même Apostoliques, disent l'*imposition des mains.* Ceux de Calcédoine déja cités, les Canons Apostoliques 29 & 68, du Concile d'Ancyre 13, de Neocésarée 11, de Trécée 4, d'Antioche 9, 10 & 18, de Laodicée 5, & souvent les Peres Grecs, que Bilson rapporte dans le 13 Canon du Concile de Carthage; il y a dans la version Latine, ,, *trois Evê-* ,, *ques* sacreront un Evêque, dans la version Greque, imposeront les mains; ce Concile le répete au moins en cinq endroits.

Le consentement du Magistrat politique n'est point indifférent à l'ordre des Constitutions de Justinien sur le Sacre des Evêques, & l'Ordination des Prêtres. Des Loix des autres Empereurs prescrivent l'âge & les études des Clercs; l'Eglise les a adoptés, & plût à Dieu, qu'on n'éprouvât pas les malheurs qu'annonce un ancien passage: „ Dites-moi, je vous prie, qui a causé „ si vîte la ruine de votre Républi„ que? C'est que vous aviez de jeu„ nes Orateurs insensés & sans ex„ périence.

La quatriéme chose différe autant de la troisiéme, que l'Eglise particuliere différe de l'Eglise universelle; là se rapporte ce qu'on dit d'Ezéchias, „ qu'il confirmoit les Prê„ tres; là s'applique ce que l'on dit, „ que les Loix & les Armes proté„ gent les Pasteurs; que leur Jurisdiction ou Audience en dérive, que le Trésor public leur assigne des revenus, soit sur des fonds, soit en argent qu'ils ont obtenus; l'exemption des impôts; l'évocation des Juges inférieurs en certaines affaires; par ces motifs on ne disputera pas au Magistrat politique le droit de cette confirmation.

J'avance donc avec certitude que

III. L'Election des Pasteurs appartient à l'Eglise naturellement & muablement.

la *Fonction* appartient à Dieu, l'*ordination* aux Evêques, la *Confirmation* au Souverain, reste l'*Election* indécise, c'est-à-dire, la destination d'une personne à un lieu, d'un lieu à une personne : pour assurer un jugement certain, je reprends une ancienne distinction. Il y a des choses de droit immuable, d'autres justes tant qu'on n'a rien statué de contraire. L'Election d'un Pasteur est de la seconde espece, & l'ouvrage du Clergé, ou des Citoyens d'une Ville. L'Election du Clergé est fondée sur la Loi naturelle, puisqu'il est de l'essence d'une société d'employer tous les moyens propres à sa conservation. L'assignation des fonctions de religion est de ce nombre.

De même que des Négocians ont le droit de choisir un bon Pilote, des Voyageurs un Guide, & un Peuple libre d'élire un Roi; de même si la Loi divine n'a point prescrit une maniere d'élire, si la Loi humaine ne l'a point reglée, chaque Eglise a le choix de son Pasteur; quiconque regarderoit l'Election de droit immuable, le doit démontrer par le droit naturel ou divin positif. Qu'il approfondisse la Loi naturelle, il n'en tirera aucun témoignage, & des exemples apprennent le contraire. Les Peuples qui vivent dans une République aristocratique, ou dans un Royaume héréditaire, n'ont plus le droit d'asseoir un Prince sur le Trône. Ils ont perdu par la Loi civile ce droit que la nature leur avoit accordé, qu'ils cherchent à s'aider de la Loi positive, ils n'en produiront aucune. J'ai observé plus haut, que les exemples ne sont pas des Loix: aussi combien de choses bien faites, qui ne sont pas utiles!

De plus, l'usage a détruit nombre de pratiques, fondées sur des exemples de la primitive Eglise, jusqu'à une portion de la Discipline Apostolique qui ne concernoit pas les préceptes. Les Apôtres instituerent des Diaconesses dans les Eglises. Pline raconte que l'Eglise en avoit de son tems; elle ne les a point perpétués. Béze ne voit pas la nécessité de les rétablir; il avoue que la fonction des Diacres a été perpétuelle depuis l'institution des Apôtres ; cependant il approuve la coutume particuliere de Geneve. Les Apôtres baptisoient par immersion ; aujourd'hui on baptise par aspersion ; & combien de points abrogés, qu'il est inutile de rappeller, étant de principe qu'on prouve les abus, non les Commandemens.

IV. Le Nouveau Testament ne prouve pas que le Peuple a élû les Pasteurs.

A méditer l'Histoire du Nouveau Testament, il ne paroit pas que le Peuple eût part à l'élection de ses Pasteurs ; il en résulte plûtôt que la maniere d'élire demeura indéfinie : je parle des Pasteurs, non des Trésoriers. Les Apôtres avoient grand soin que l'argent qu'ils recevoient ne les rendît pas suspects, ou ne leur attirât pas des reproches. L'Apôtre Saint Paul pouvoit de droit apostolique s'associer S. Luc, & lui confier les Collectes de l'Eglise ; il aima mieux en laisser la disposition aux Eglises, de peur qu'on ne le reprît dans l'administration de fonds si considérables, comme il le dit lui-même. Les Apôtres déférent au Peuple, par le même motif, l'élection des

des Diacres ; dans la crainte qu'on ne se plaignît qu'ils préféroient les Hébreux aux Hellenistes, ou ceux-ci aux autres ; cet usage ne fut pas toujours, il dura autant que le motif : quelque tems après les Apôtres, les Evêques élurent les Diacres, tantôt après en avoir parlé au Peuple, tantôt sans le prévenir.

V. Du tems des Apôtres les Pasteurs ont été élus par le Jugement du S. Esprit.

Je retourne maintenant aux Pasteurs. Dieu le Pere & J. C. élurent les Apôtres : » Je vous ai choisi » douze, dit J. C. Je sçais qui j'ai » choisi. S. Luc annonce que l'Esprit » enseigna les Apôtres ; l'Apôtre » Saint Paul ne reçut pas sa Mission » des hommes, ni par les hommes, » mais de Dieu le Pere & de J. C. J. C. prit encore les Septante Evangélistes, destinés à secourir les Apôtres : cette divine élection pour prêcher la parole céleste, reçût le nom de *Mission* ; car depuis le choix des Septante on pria le Seigneur d'envoyer plusieurs ouvriers à la moisson : » Comment prêcheront-ils, » dit un autre passage, s'ils n'ont » été envoyés ? Le Saint-Esprit promis aux Apôtres, remplaça J. C. monté aux Cieux; il préſida à l'élection des Fidéles, les plus propres aux fonctions ambulatoires ou ſédentaires, qui furent aſſignées par les Apôtres pour conduire les Egliſes à peine formées.

Théodore dit que Timothée fut admis à la fonction ſacrée par révélation divine, ſelon les anciennes prophéties; & comme dit Saint Chryſoſtome, ce ne fut point par le ſuffrage des hommes. Les Evêques de ce ſiécle, ſelon Œcumenius, ſe faiſoient par l'inſpiration du Saint Eſprit & non tumultueuſement. Saint Paul, dans la Lettre au Clergé d'Epheſe, aſſure que le S. Eſprit les a » nommés Conducteurs du Peuple de Dieu. On uſa quelquefois du ſort, pour apprendre au Peuple le Jugement divin. Clément d'Alexandrie, Auteur très-ancien, obſerve de l'Apôtre S. Jean, qu'il jetta le ſort pour connoître ceux que l'Eſprit-Saint avoit élus. Cette coutume d'avoir recours au ſort dans l'élection des Prêtres, n'étoit point nouvelle, les Nations étrangéres l'avoient employée ; elle tiroit sans doute des Noachides son origine.

C'est ce qui fait dire à Platon, dans le sixiéme livre de ses Loix : » Pour les Prêtres, il faudra jetter » au sort, afin d'être plus certaine- » ment instruit de la volonté divine. Abandonnant ainsi l'élection à sa providence, David distribua aux Prêtres les fonctions que le sort leur assignoit. Ciceron rapporteque les habitans de Syracuse jettoient plusieurs noms dans une urne, & donnoient tous les ans au sort le Sacerdoce de Jupiter, la premiere dignité de la République. Tacite atteste l'usage des Romains. Les Prêtres d'Auguste étoient choisis au sort entre les premieres familles de Rome. A l'exemple des Prêtres Titiens, on consultoit aussi le sort pour recevoir les Vierges Vestales.

Les exemples éclairciront l'Histoire de l'Apôtre Saint Mathias, dont plusieurs attribuent l'élévation au suffrage du Peuple : Je n'en découvre aucune trace dans Saint Luc.

Ces termes, ils en proposerent deux, Barsabas, & Mathias, ne conviennent point à la multitude, comme l'a crû S. Chrysostome, mais plûtôt, selon la commune opinion des Peres, aux Apôtres, dont les noms précédoient, & au nom desquels Saint Pierre haranguoit le Peuple. Ce sont eux encore, dont il est dit qu'ils prierent le Seigneur, & jetterent ensuite au sort pour sçavoir lequel des deux Dieu appelloit à l'Apostolat, non lequel seroit le plus agréable à la multitude, du moins s'expliquent-ils ainsi : c'est pourquoi il y faut joindre les paroles suivantes, il fut par suffrage joint au onze Apôtres. Comment avancer que l'on briguoit le vœu du Peuple après que Dieu s'étoit fait entendre? craignoit-on que le choix du Seigneur ne lui déplût? suivant les Actes XIX. 18, on en fit le calcul; il en fut de S. Mathias comme de Judas, il fut agregé au corps des Apôtres, ou comme s'exprime Horace: Il est de notre Corps.

VI. Un passage

Cependant quelques Auteurs ne

se concilient point sur ces deux expressions, adjoint, constituant, termes couchés dans les Actes. Les Apôtres recommanderent à Dieu par des Prieres & des Jeûnes les Fidéles Lycaoniens, après avoir constitué des Prêtres dans chaque Eglise : le Grec de S. Luc en a trompé plusieurs par l'étimologie, & ils l'ont adopté à l'élection du Peuple. Il étoit ordinaire à Athenes & dans les Villes d'Asie de voter en étendant la main, maniere que Ciceron, dans son Oraison pour Flaccus, déclare être peu digne de la sévérité Romaine : » Ce sont-là ces suffrages respecta-» bles que l'autorité ni la raison n'ont » point manifestés, & que le serment » n'a point liés, mais qu'on interpré-» te par une main étendue & par un » cri confus de la multitude assem-» blée.

des actes ne prouve pas l'élection populaire.

Si cette subtilité avoit lieu, il seroit mieux d'entendre le mot *constituer* de l'imposition des mains, ou de l'ordination apostolique ; car le suffrage de l'imposition des mains en dérive. En effet, le Ministre, qui impose les mains, les étend; & les Auteurs contemporains des Apôtres ont souvent employé en ce sens le terme *constituer*; ce n'est pas au reste la maniere des Evangélistes & des Grecs, d'agiter les matieres peu importantes; au contraire, à peine est-il quelque mot dont on ne se serve au-delà de sa signification naturelle; donc, quoique dans les Villes Grecques le vœu exprime proprement l'élection du Peuple, il est sûr que l'usage y comprend toutes les espéces d'élections. Appian l'entend des élections des Magistrats créés par les Empereurs; & les Historiens postérieurs disent que les Empereurs ont constitué leurs enfans Empereurs; Philon croit que Dieu constitua Moïse Roi & Législateur.

Mais il est inutile de feuilleter d'autres Auteurs. Saint Luc dans les Actes nomme les Apôtres témoins constitués de Dieu, ce qui ne s'étoit pas fait sans doute par l'imposition des mains, ni par les suffrages du Peuple: si le dessein de Saint

Luc eût été d'indiquer l'élection du Peuple, il lui auroit plûtôt déféré ce choix qu'à S. Paul & à S. Barnabas. S. Paul dit que les Eglises continuerent S. Luc pour recueillir les aumônes. S Paul & Saint Barnabas firent là ce que Saint Paul voulut ailleurs » que fît Titus, de constituer des » Prêtres dans chaque Ville ; Saint » Paul énonce dans chaque Ville, » Saint Luc dans chaque Eglise ; » Saint Paul dit constituer, Saint Luc » choisir, d'où l'Interprete Syrien exprime bien le *choix* par le mot de *constituer*. Ce que l'Apôtre prescrit à Titus, l'Apôtre le pratique ; éclairé par l'Esprit-Saint, la voix du Peuple ne lui étoit pas nécessaire : il ne s'y prépare pas par le Jeûne & l'Oraison, mais on les observoit entre l'Election & la Bénédiction qui recommande les Fidéles à Dieu ; ensorte qu'il est singulier de l'appliquer à l'Election du Peuple, comme s'il importoit beaucoup que les prieres & les jeûnes du Peuple précédassent l'élection. Le Peuple jeûne & prie le Seigneur, afin que les Electeurs jettent les yeux sur un Prince accompli, sans avoir d'autre part à l'élection.

VII. Ni le précepte d'éviter les faux Docteurs.

Quelques-uns prétendent que de droit divin & immuable le Peuple a l'élection de ses Pasteurs, sur ce que Dieu lui ordonne de fuir les faux Pasteurs. On concluroit de ce principe absurde, que l'élection seroit le partage de la multitude & de chaque membre solidairement; étant autant important à chacun qu'à tous, de se précautionner contre les mauvais Magistrats. On passeroit à un malade de se défier d'un Médecin téméraire, mais on ne conviendroit pas que le Médecin d'une Ville dût nécessairement tenir du Peuple sa Mission.

VIII. L'ancien usage de l'Eglise, d'éprouver les Pasteurs.

Je serois d'avis qu'on laissât au Peuple, avant l'élection consommée, la liberté de proposer contre l'élu les motifs d'exclusion. Saint Paul parlant des Evêques & des Diacres, dit, » qu'ils étoient d'abord éprouvés. Il n'est pas à présumer que demandant aux Diacres ce qu'il désire des Evêques, il ne souhaite que les

Evêques ſoient *éprouvés*, ſur-tout s'étant expliqué, qu'ils doivent être *irrépréhenſibles* ; il le répéte en pluſieurs endroits. Les Athéniens avoient l'*Information* ou l'*examen*. La formule en eſt dans Pollux, liv. VIII. On s'informoit quels étoient leurs peres, leurs ayeuls, leurs ancêtres, quelle étoit leur Tribu, leur cens, leurs biens : on cherchoit dans un Evêque quelles étoient ſes mœurs, ſon ménage, ſes enfans & autres choſes, que Saint Paul requiert dans un Paſteur, & de même dans le Concile de Calcédoine ; ce que Lampridius, Auteur de la Vie d'Alexandre Sévere, a rendu de cett e ſorte : » Lorſque ce Prince avoit à remplacer des Gouverneurs & des Intendans, on publioit leurs noms, » avec injonction de déveiler leurs » défauts, diſant qu'il étoit important de faire pour des Gouverneurs de Provinces ce que les » Chrétiens & les Juifs pratiquoient » pour les Miniſtres qu'ils avoient à » ordonner.

Témoignage non ſuſpect de la

coutume des Chrétiens, voisins du siécle Apostolique; car entre la mort de l'Apôtre S. Jean & l'Empereur Sévere, cent dix ans s'écoulerent à peine. Loin de donner par ce passage l'élection des Prêtres au suffrage du Peuple, on est convaincu du contraire, puisqu'autre chose est d'élire, autre chose est de proposer des difficultés. Sévere déclaroit au Peuple les noms des Gouverneurs, c'est-à-dire, il les choisissoit, mais il eût été inutile de proposer ces sujets au Peuple, si ce Peuple les eût choisis; par la même raison, il n'eût pas été été nécessaire de proposer les Prêtres au Peuple, s'il en avoit déja fait le choix, & il est certain que sous la primitive Eglise, après les Apôtres, le Peuple ne désignoit pas partout ses Pasteurs. Quoiqu'il en eût le droit, souvent il s'en abstenoit; effrayé des suites dangereuses que traîne après lui le suffrage populaire, il s'en réservoit cependant la confirmation, fonction autre que l'élection.

IX. Une Let-

La Lettre de S. Cyprien aux Espagnols, à la bien approfondir, n'a pas un sens différent, quoiqu'elle semble établir l'élection populaire : ce passage ne dit pas simplement que le Peuple a le pouvoir d'élire de dignes Prêtres, il dit de choisir des sujets qui soient dignes d'être élus ou de rejetter ceux qui en sont indignes. L'un ou l'autre suffit pour marquer la pensée de S. Cyprien ; » de ne point donner la Prêtrise à » une personne indigne : il ne veut pas que le Prêtre brigue les suffrages du Peuple, mais qu'il obtienne ce grade, en sa présence ou de son consentement, afin que la voix publique manifeste aux yeux de tous » que le sujet est digne & capable, » ainsi que pour faire connoître au » peuple les crimes des méchans & » la vertu des bons.

tre de Saint Cyprien, loin de prouver la nécessité des Elections populaires, l'a renversé.

Saint Cyprien atteste encore que l'usage de l'Eglise n'étoit pas d'élire un Evêque en présence du Peuple, mais que cela se pratiquoit dans l'Afrique & dans presque toutes les Provinces. D'autres Auteurs ont clairement démontré que les passages qu'il tire de la Loi divine ne prouvent pas la nécessité de la présence du Peuple dans l'élection d'un Evêque ; son motif à peine a-t'il lieu dans l'espéce, où le Pasteur d'une Ville est pris d'entre le Peuple ou d'entre le Clergé de la Ville même.

X. Les Prêtres souvent élus par les Evêques non par le Peuple.

Une autre Lettre de S. Cyprien, que les Sectateurs de l'élection populaire font beaucoup valoir, apprend que le Peuple n'avoit souvent aucune part à l'élection. Dans » les Ordinations du Clergé, nous » avons coutume, mes freres, de » vous consulter avant, & de péser » ensemble les mœurs & les actions » de chacun : pourquoi s'adresser » aujourd'hui aux hommes, puis» que le Ciel se déclare ? Aurelius » notre frére, jeune homme illus» tre, & déja approuvé de Dieu, » en est appellé au divin ministere... » Ensuite je vous apprens, mes » freres, que mes Collegues & moi » l'avons ordonné. Il avoue que sa coutume étoit de prévenir son Peuple ; il ne dit pas qu'il fallût en tout le consulter, sa conduite n'y répondroit pas ; il avoit, de concert avec les Evêques, fait choix d'Aurelius avant d'en parler au Peuple.

On parle ordinairement au Peuple, disoit-il, pour avoir des témoins irréprochables de la vie du sujet ; ici une double confession que S. Cyprien nomme *suffrage divin*, suffisoit à Aurelius en vertu de ce droit. S. Cyprien écrit au Clergé & au Peuple de Carthage de placer Numidicus & Célérinus au nombre des Prêtres : ce mot de l'Evêque Aurelius, assistant au Concile d'Afrique, montre que les Evêques avoient le pouvoir de choisir leurs Prêtres. Un seul Evêque, avec la grace de Dieu, peut faire plusieurs Prêtres. Le Canon 22 du Concile III. de Carthage, insinue qu'on ne présentoit pas toujours les vœux du Peuple. Qu'aucun Fidéle n'entre dans le Clergé qu'il n'ait les suffrages ou des Evêques ou du Peuple.

Deux voyes frayoient le chemin à la Cléricature, le témoignage du Peuple ou l'examen des Evêques. Saint Jerome demande à Rusticus : » Quand vous serez parvenu à un

» âge mûr, & que le Peuple ou l'Evêque vous auront mis au rang » des Clercs; ailleurs, les Evêques » qui ont le pouvoir d'établir des » Prêtres dans chaque Ville.

Le Concile de Laodicée, dont les Canons furent consacrés par un Concile Œcuménique, rejetta les élections populaires: » Le Concile » défend d'abandonner au Peuple » l'élection des Clercs destinés au Sa» cerdoce. Balsamon remarque sur ce Canon, que les Prêtres, pénétrés des suites fâcheuses des élections populaires, les avoient abolies par ce Canon; il en dit autant sur le vingt-sixiéme Canon Apostolique, que les suffrages des Fidéles appelloient au ministere sacré, mais que cet usage a pris fin.

XI. Quelquefois les Evêques ont été élus par le seul Clergé de leur Ville.

Je viens à l'élection des Evêques; matiere d'autant plus importante, que l'Eglise leur est confiée, plus particulierement qu'aux simples Prêtres. Il est vrai que peu après les Apôtres, le Peuple, c'est-à-dire, les Laics & les Clercs en avoient le choix; mais comment en inférer que c'étoit en vertu d'un droit immuable? Sans alléguer ces Evêques désignés au lit de la mort par leurs Prédécesseurs, combien d'Evêques choisis par le Clergé de la Ville, ou par le Concile provincial? Le fameux passage de Saint Jérome favorise beaucoup l'Election du Clergé. ,, Le ,, Clergé d'Alexandrie depuis Saint ,, Marc l'Evangeliste jusqu'à Hera- ,, clas & Denis, a toujours placé sur ,, ce Siége un Sujet de son corps. Saint Grégoire de Nazianze s'explique plus obscurément; il souhaiteroit qu'on s'en rapportât pour l'élection au Clergé seul ou surtout à lui, l'Eglise courroit moins de risque; il ne dissimuloit pas en même tems, que son siécle n'y avoit aucun égard, & que les brigues des Grands ou des Riches & la fantaisie du Peuple, l'emportoient dans les élections.

XII. Quelquefois par les Evêques de la Province.

Le Canon IV. du Concile de Nicée approuve l'Election faite par le Concile Provincial; le Texte Grec ne fait point mention du Peuple, ni Théodoret qui rappelle deux fois ce Canon, ni le premier Concile de Carthage dont le Canon XIII. au rapport de Balsamon, est modelé sur celui de Nicée. Le XIX. d'Antioche est conforme, & ajoute, » Si l'on dispute une telle Election, » la voix unanime de plusieurs Evê» ques prèponderera. Ce n'est pas, qu'on n'assemblât le Peuple en plusieurs Villes du tems du Concile d'Antioche & de Nicée; mais il s'en falloit beaucoup, que cela fût généralement pratiqué: on eut la liberté d'y souscrire jusqu'au Concile de Laodicée, autorisé par un Concile universel. Le Canon XII. retraçant ceux de Nicée & d'Antioche, donne le droit d'élire aux Evêques de la Province, & le XIII. depouille directement la multitude de toute élection du Clergé.

Justinien interdit au Peuple l'élection des Evêques, il n'y appelle que le Clergé & les Premiers de la Ville; & entre plusieurs proposés, il commet le Métropolitain, pour en décider un; ensorte, que faute de bons Sujets, l'élection étoit dévolue au Clergé & aux Premiers de la Ville. Or ces Premiers de la Ville étoient les Magistrats Chefs de Décurions, qui dans les Loix & dans Salvianus & Firmicus sont nommés Principaux ou Peres de la Ville ; ce qui s'exprime en Grec, par rapport au nombre, comme tantôt les cinq Premiers, tantôt les dix Premiers ou Decemvirs, & tantôt les vingt Premiers. La Constitution de Justinien ne subsista pas long-tems ; on revint aux élections des Conciles, usage universel en Orient du tems de Balsamon, à moins que les Patriarches ne nommassent les Métropolitains, & les Empereurs les Patriarches.

XIII. On conclut delà la muabilité dans la façon d'élire.

Dès là l'Ecriture Sainte & l'ancienne Eglise n'ont jamais crû que les élections des Prêtres, ou des Evêques appartenoient immuablement au Peuple ; ceux mêmes qui les ont déférées au Clergé, ne sçauroient être d'un autre sentiment. S'il est de droit divin & immuable, que la multitude choisisse ses Pasteurs, on n'a pû transférer l'élection au Clergé plûtôt qu'à d'autres particuliers ; de plus tous les Compromis, que l'histoire a transmis à la posterité, auroient été nuls, dès que le précepte divin auroit défini » que le Pasteur tiendroit sa mission » du Peuple : en effet cet axiome, » ce que quelqu'un fait par un autre, » il est censé le faire lui-même, a » rapport à ces actions, dont la cau-» se premiere n'est pas définie. On a décidé la question contre Morel, Ministre à Geneve, Ville, où le Peuple a des droits si étendus. Le célebre Beze, défendant ce Décret, soutient, qu'il n'étoit ni essentiel, ni d'une tradition constante, que la multitude fût convoquée, & qu'elle donnât son suffrage ; suffisant seulement de lui permettre de proposer les motifs, qui lui feroient rejetter l'Election, & qu'il seroit bon d'examiner avec attention ; d'ailleurs il charge de l'élection les Ministres & les Grands de la Ville; opinion conforme à la Loi de Justinien, non, que cet arrangement soit de droit divin & immuable ; sur quoi l'établiroit-on ? Après avoir distingué l'Election de l'Ordination, & de la Confirmation, l'Eglise primitive en a autrement agi, elle qui commettoit à l'Evêque l'élection de son Clergé, & celle d'un Evêque aux Evêques de la Province.

XIV. Le droit legislatif de l'Election appartient au Souverain.

Il est par conséquent une maniere d'élire dans les choses que le droit divin n'a point défini, & qui doivent être gouvernées par des Loix générales propres à entrétenir dans l'Eglise l'édification, le bon ordre, & y étouffer toute semence de division : on a vû que, sans altérer ces regles générales, la législation de cette discipline, appartient au Magistrat politique. Bullinger, Auteur d'un profond jugement, après avoir rassemblé plusieurs exemples de l'élection populaire, conclut ainsi: » Je n'ai garde d'inférer, qu'un » Peuple tumultueux a le droit de » nommer son Evêque; il ne seroit » pas plus aisé de décider, s'il vaut » mieux laisser à l'assemblée d'une » Eglise, ou au suffrage d'un petit » nombre le choix d'un Evêque. » Une forme générale ne convien- » droit point à toutes les Eglises. » Chaque Nation a ses droits, ses

» usages, ses reglemens. C'est au » Magistrat politique de veiller, à » ce que les Vocaux n'abusent point » de leurs voix, & à les priver quelquefois du droit de désigner les » Ministres. Il suffiroit de choisir, » sous le bon plaisir du Prince, ou » du Magistrat, un petit nombre » de Sages, qu'ils informeroient » exactement de l'importance des » fonctions d'un Evêque, du génie » du Peuple qu'il auroit à mener, » de l'état de l'Eglise qu'il auroit à » conduire, du caractère, de l'éru- » dition, des moeurs de celui sur » lequel on jetteroit préférablement » les yeux.

Justinien, fondé sur ce droit, fixa une maniere d'élire, un peu différente de l'usage & des anciens Canons. Plusieurs Evêques depuis Nicée tinrent leur élection du Clergé & du Peuple. Les Capitulaires de Charlemagne, de Louis le Debonnaire, & d'autres Rois, employent l'une & l'autre façon d'élire; ensorte que Bucer a bien trouvé : » Que » les Princes pieux ont prescrit la » forme de l'élection.

Au reste le Souverain auroit-il le droit d'élire les Pasteurs ? On ne demande point s'il le doit, ou s'il le doit toujours, on demande s'il péche contre le droit divin, en se mêlant de l'élection. J'ose affirmer avec le grand Marsilius de Padoüe, » Que la Loi divine ne défend point » au Législateur l'institution, la col» lation & la distribution des Offi„ ces ecclésiastiques. Le révoquer en doute, ce seroit taxer d'impiété tant de Princes pieux, que la révolution des siécles a produits. Imprudence d'autant moins pardonnable, qu'il seroit impossible de s'appuyer d'aucune Loi divine, comme plusieurs Auteurs l'ont démontré, ainsi que nous. Je pourrois m'en tenir là, puisque le Prince dispose de tout ce qui n'est pas précepte divin. Cependant il y a encore des raisons & des exemples, qui confirment mon sentiment.

XV. Le Souverain peut sur des causes légitimes, se reserver les Elections.

1°. Le Souverain exerce à juste titre tout acte propre à tout particulier, pourvû que la nature n'en ait point défini la cause. Ce sont les parens qui donnent des gouverneurs aux enfans, des tuteurs aux pupilles, les malades qui choisissent leur Medécin, les Marchands qui désignent des gardes ou directeurs à leur commerce. Mais l'usage de plusieurs Nations laisse la tutelle à la Loi, ou à la volonté du Magistrat; il confie au Gouvernement le soin d'établir les Medécins, de choisir des Maîtres, former la Jeunesse, & enfin de préposer des Sindics aux différens Corps des Marchands, avec défense à toute personne d'exercer ces fonctions.

Comme le pouvoir du Magistrat politique s'applique au bien de chaque particulier, il est encore plus dévoué à l'intérêt public, dont il est la personne : Maxime connue d'un mediocre Politique. Quelquefois aussi des motifs légitimes autorisent les Princes à se reserver l'élection des Pasteurs; combien d'hérésies, qui ont affligé l'Eglise, n'ont été assoupies que par eux? combien de schismes étoient à craindre sans eux? combien de fois le Clergé étoit-il déchiré par les factions, & le Peuple par des divisions ? Les siécles les plus purs en ont fait une triste expérience. Enfin le Souverain seroit quelquefois dans une telle situation, qu'il courroit risque de perdre ses Etats, s'il n'élevoit à l'Episcopat des Sujets fidéles & dévoués. L'Histoire apprend à la postérité les malheurs éprouvés par les Empereurs Allemands, pour s'être laissé dépouiller de ce droit.

XVI. Exemples de la Loi de Nature.

Avant la Loi de Moïse, & depuis elle, les Rois voisins de la Judée, réunissoient en eux le Sacerdoce, & la Loi divine ne s'y opposoit point. Pourquoi douter, qu'ils n'ayent pû alors revêtir un Sujet du Sacerdoce, comme les Rois de Rome créerent des Pontifes & des Flamines ?

XVII. Ceux de la Loi de Moïse.

La Loi de Moïse déclara incapables du Sacerdoce, ceux qui ne seroient pas issus de la famille d'Aaron; & du Minister[illegible] Temple, ceux qui ne seroient pas de la Tribu de Levi. Aussi a-t-on reproché à Jéroboam d'avoir pris des Prêtres hors de la Tribu de Levi, la Loi y étant expresse. Le Roi n'eut plus même le droit d'ordonner les Sacrifices hors de la Ville de Jerusalem, après la construction du Temple; l'assignation des autres fonctions dépendoit de lui. Il distribuoit les Villes & les Bourgades aux Prêtres & aux Lévites. David regla le ministere des Lévites. Les uns annonçoient la Parole, les autres chantoient. Les Prêtres disent, que Dieu ordonnoit aux Chanteurs d'employer les tymbales, les harpes, les psalterions; par tout on attribue à David & à Salomon son successeur la destination des personnes à chaque fonction. Josaphat, Roi, non Prophete, choisit les Prêtres & les Lévites, pour enseigner dans les Villes de la Judée.

Ces exemples ont une liaison intime avec notre question. A entendre quelques Saints Peres, le droit du sang dans la Loi de Moïse, répond à l'imposition des mains dans la Loi Chrétienne. Or, de même qu'un Roi Hébreu destinoit à exercer certaine fonction, & en certain lieu,

lieu, les descendans d'Aaron & les Lévites seulement; de même un Prince Chrétien met du Clergé d'une Ville, ou sur le Trône épiscopal des Clercs qui sont ordonnés, ou qui doivent l'être.

Néhemias, répresentant le Roi de Perse en Judée, dispersa des Lévites en chaque Ville, & rassembla les autres à Jerusalem. Maimonides, le plus sçavant des Hébreux, observa que le Grand Pontife obtenoit sa place moins par succession, que par l'élection du Grand Sanhedrin, quoiqu'elle roulât entre certaines familles; la même chose se faisoit pour le Vicaire du Grand Pontife, qui par cette qualité avoit plus d'espérance au Grand Pontificat qu'aucun droit assuré. Tant que la Monarchie subsista en Israël, les Rois paroissent seuls avoir exercé ce droit du Sanhedrin. Comment interpréteroit-on cet endroit de l'Ecriture: „ Le Roi „ constitua Sadoc Successeur d'Ab- „ jatar ? puisqu'on ne se sert pas d'autres termes, pour dire, que Benaja fut établi pour succéder à Joab dans le commandement des Armées. Les Macédoniens, les Romains, & les Successeurs d'Hérode se réserverent l'Election des Grands Prêtres, abandonnant aux Juifs le Gouvernement intérieur & la liberté de vivre sous leurs Loix.

Les Juifs gémissans à Babylone dans une dure captivité, avoient un Chef appellé Rasgaluth. Jérusalem détruite, ils obéirent à des Patriarches dispersés dans les différentes parties du monde, & les croyant issus de David, ils leur étoient soumis comme à leurs Princes légitimes, suivant que le témoignent Origene, Epiphane, Théodoret & Saint Cyrille. Les Empereurs Romains décoroient ces Patriarches du titre d'*Illustres*. Ils imposoient aux Synagogues une taxe anniversaire, sous le nom de L'OR de la Couronne. Les Empereurs acquirent ce droit à l'extinction des Patriarches. Comme ils agissoient partout en Rois, ils plaçoient à la tête des Synagogues des Chefs des Prêtres, qu'on qualifioit de Premiers, d'Anciens & de Peres. Le Code de Théodose en parle souvent.

XVIII. Des Empereurs Romains sous l'Empire florissant.

On n'est point étonné qu'avant Constantin, les Evêques n'ayent point été élûs par les Empereurs ennemis de l'Eglise ; ces Princes la méprisoient, ou ne daignoient pas s'abaisser jusqu'à en prendre soin. Constantin donna force de Loi au Canon de Nicée, qui décernoit, que les Evêques auroient le droit de l'Election. Ses Successeurs l'ont imité, ou en le renouvellant, ou en ne l'abrogeant pas, & cette Loi fut long-tems en vigueur, parce que les bornes de l'Empire étoient trop reculées, pour que l'Empereur veillât à toutes les Eglises. Ce Canon ne lioit pas les Empereurs, il en recevoit toute sa force ; dès là libre à eux de s'en écarter sur de justes motifs, ou en tout, ou en partie.

Les Législateurs suppriment, ou modifient les Loix, dès que les Politiques conviennent que le Souverain n'est pas censé privé de son droit par des termes géneraux couchés dans une Loi. Les Elections, qui sont l'ouvrage des Evêques, déterminent à croire que le Prince n'a pas nécessairement part à l'Election, & les Canons prouvent que, sous le bon plaisir du Souverain, les Evêques peuvent achever les Elections. On ne veut détruire aucune de ces propositions; mais on demande s'il est permis au Magistrat politique d'élire les Evêques?

Les Empereurs éclairés, & les Saints Evêques en sont d'accord. Théodose tenant le premier Concile de Constantinople, ordonna aux Evêques d'écrire sur des cartes les noms des Sujets les plus dignes, s'en reservant le choix. Rien de moins obscur. Un seul Evêque propose Nectaire, l'Empereur l'agrée, & passe outre, malgré les instances de plusieurs Evêques, qui, vaincus par son opiniatreté, se rendent, & lui témoignent leur obéissance, dans une occasion où la Loi divine ne souffroit point, mais où les Canons étoient enfraints; car, selon les Canons, l'Empereur ne se mêloit point des Elections ; cependant ici l'Empereur élit seul, c'est-à-dire, il nomme ; les Evêques, le Clergé & le Peuple approuvent l'Election. Autre chose est d'*élire*, autre chose d'*app ouver l'El. ction*. Les Evêques donnent leur consentement, parce que c'étoit à eux à imposer les mains à Nectaire, encore Laïc & Cathécumene.

Les Canons devenoient un nouvel obstacle ; ils excluoient un Cathécumene, un Néophyte ; le Clergé & le Peuple souscrivent à l'Election, d'autant que l'approbation leur appartenoit ; on a fait voir combien elle différe de l'Election. Les Evêques supplient l'Empereur de disposer de l'Evêché de Milan, démarche qu'ils n'auroient point hazardée, s'ils l'eussent crû contraire au droit divin. J'ai cité les exemples de Valentinien & de Théodose le jeune, qui ayant cassé l'Election de Proclus, faite par la plus grande partie, le tirerent d'Antioche pour le placer à Constantinople : Théodose fit asseoir Proclus sur le Trône épiſcopal ; tous monumens certains de l'Election de l'Empereur, non de l'Election canonique.

Des raiſons particulieres engagerent quelquefois les Empereurs à évoquer les Elections ; la prudence y eut plus de part que le droit. J'examinerai ſi les Empereurs ſe le croioient permis, avant de conſidérer, s'il étoit expédient de ſe conduire ainſi ; on ne conſulte point les choſes illicites, il y auroit eu de la témerité ou de l'ignorance de prétexter l'inſpiration, ou la révélation dans ces ſiécles de l'Egliſe. L'Empereur Juſtinien créa Papes Hormiſdas & Virgilius, avant que les Papes euſſent été gratifiés de la Souveraineté ; enſorte que ceux qui n'ont imaginé que cette unique reſſource, n'ont point reflêchi au moment auquel cela s'eſt paſſé.

XIX. Exemples des Empereurs d'Orient.

L'Empire d'Orient conſerva cet uſage. Nicephore Phocas, au rapport de Zonaras, ne ſouffroit d'Evêques que ceux qu'il nommoit. Balſamon raconte que de ſon tems les Empereurs, après avoir invoqué la Sainte Trinité, faisoient les Patriarches. Démétrius Chomatenus, Archevêque de Bulgarie, parcourant les droits des Empereurs sur la Religion, dit que c'en est un de présider aux Elections, & de faire d'un Evêque un Métropolitain. Enfin plus la Religion s'est refroidie dans le Clergé, plus la vénération du Peuple a diminué, & plus le Magistrat politique a eu raison de s'approprier les Elections.

XX. Exemples des Rois de France avant Charlemagne.

Passant en Occident, & ouvrant tous les Historiens François, on y lit que les Rois Très-Chrétiens ont souvent, & durant plusieurs siécles, disposé des Evêchés de leur Royaume, sans le Suffrage du Peuple & du Clergé; malgré cela plusieurs ferment les yeux à la lumiere. Présumeroit-on que tant de Princes religieux eussent tenu une conduite si opposée à la Loi divine, & que les Evêques qu'ils introduisoient dans leurs Conseils, que les Conciles qu'ils célébroient fréquemment, n'eussent point crié à l'usurpation? Mais voyons ce qu'on objecte. Cet usage étoit insolite & nouveau; néanmoins j'ai daté son antiquité plus de 25 ans avant le Regne de Charlemagne. Loup de Ferare en attesta l'origine ; il écrivoit sous Charles le Chauve, il ne regarde point comme une nouveauté l'usage où les Rois étoient de pourvoir les plus grands Siéges du sein de leurs Palais.

Brunehaud étoit Régente vers l'an 600. Le Pape Grégoire l'avertit de remplir les Siéges vacans. Ce qu'on dit de la domination temporelle des Papes, qui auroient autorisé les Rois à s'emparer des Elections, a été dissipé plus haut, & n'embrasse nullement les siécles auxquels les François ne dominoient pas en Italie. Le Roi ayant ce droit en France, Charlemagne voulut l'exercer en Italie, pour ne pas être moins Souverain en Italie, qu'il l'étoit en France & en Germanie; ensorte que le Décret de ce Prince, publié sous le Pontificat d'Adrien, au rapport de Goldaste & d'autres, ne regardoit que les seuls Evêques d'Italie, puiſqu'il avoit la nomination bien établie dans ſes autres Etats.

XXI. Cette collation n'eſt point à cauſe de la collation des Fiefs, mais les Fiefs ont été donnés aux Evêques à cauſe de ces uſages.

Envain reclame-t-on le temporel des Evêques, & leur Juriſdiction extérieure. Sous Charlemagne dans les ſiécles plus reculés & plus ſimples, les Evêchés étoient pauvres & modiques : tels du moins les dépeint Onufrius Panvinius, homme d'une recherche & d'une vérité reconnue. Les Evêques contemporains de Charlemagne n'avoient aucune Juriſdiction attachée à leurs Evêchés ; ils l'uſurperent au moment que la Germanie fut démembrée du Royaume de France. Sous la domination des Othons, les Evêques étoient ſi peu les maîtres des Elections & de la Juriſdiction, que les Empereurs les en décorerent dans la vûe de ſe les dévouer inviolablement, & ne craignirent point pour y parvenir, de leur confier le ſoin des Villes les plus importantes.

C'eſt le ſçavant Onufrius qui a écrit ces vérités au milieu de Rome même : » Auſſi-tôt, dit-il, que l'E-
» lection des Evêques fut devenue

„ un droit de l'Empire, comme les
„ Princes séculiers, les Empereurs
„ étoient favorables à la Religion;
„ sans énerver l'Etat, ils comble-
„ rent les Evêques & les Abbés de
„ plus grands honneurs que les au-
„ tres Laïcs, persuadés qu'étant les
„ Ministres de l'Eglise, ils étoient
„ les membres les plus précieux de
„ l'Empire; ils les doterent de biens
„ & d'argent; ils leur donnerent des
„ Châteaux, des Villes, des Bourgs,
„ des Marchés, des Duchés, des
„ Provinces; ils leur accorde-
„ rent des Péages, des Impôts &
„ d'autres droits, qu'ils démem-
„ brerent de l'Empire, soit de leurs
„ propres fonds, soit des fonds
„ étrangers. Ils donnerent aux Evê-
„ ques les successions des Princes
„ morts sans posterité, dont la dé-
„ pouille appartenoit à l'Empire:
„ par-là les Evêques & Abbés d'I-
„ talie, de Germanie, de Gaule &
„ tout l'Occident, sur-tout le Pape,
„ de pauvres qu'ils étoient avant,
„ furent les Princes les plus riches
„ & les plus puissans, parce qu'ils

„ profiterent de ces biens qui „ étoient à l'Empire. Les Empe- „ reurs n'imaginoient point que „ cette libéralité excessive pût ja- „ mais ébranler les droits de l'Em- „ pire ; ils étoient assurés qu'ils dis- „ poseroient de ces places, & que „ les Prélats ne tenteroient aucune „ autre voye pour y être instal- „ lés.

„ Nicolas de Cusa attribue cet „ ouvrage à Otton II. Otton II. „ n'avoit qu'un fils ; il eut peur que „ des Etats aussi vastes ne pussent „ goûter long-tems les douceurs de „ la paix : jaloux de marcher sur „ les traces de son grand-Pere Hen- „ ri premier & de son pere Otton, il „ s'adressa au Clergé que ses Pré- „ décesseurs avoient déja enrichi „ & dont les biens jouissoient d'une „ tranquillité profonde ; c'étoit un „ sacrilége de ravager les Terres „ consacrées à Dieu ; il s'appuya „ sur le Canon du Concile de Ro- „ me, dont il est fait mention dans „ la soixante-trois distinc. au Con- „ cile, qui maintenoit la souverai-

„ neté des Empereurs, qui prescri-
„ voit aux Papes & aux autres Evê-
„ ques de l'Empire de recevoir,
„ après l'élection canonique, l'in-
„ vestiture, ou du moins le consen-
„ tement de l'Empereur: distinc.
» 63. à ces mots, *Nos Sanctorum*.
„ Il ne douta point que l'Empire ne
„ vécut dans un repos tranquille,
„ s'il augmentoit le Domaine de
„ Rome & des autres Siéges, avec
„ une certaine servitude; il com-
„ ptoit en même tems étendre la
„ Religion, & imprimer une plus
„ grande vénération pour elle,
„ quand l'autorité des Saints Evê-
„ ques balanceroit celle des Prin-
„ ces Laïcs; il préparoit des chaî-
„ nes aux pestes publiques; il op-
„ posoit aux ravages, aux sédi-
„ tieux, aux incendiaires, la puis-
„ sance du Clergé; il se flatoit de
„ purger l'Allemagne des Brigands,
„ des petits Tyrans qui subjuguoient
„ les Villes particulieres; & il es-
„ péroit que le Peuple, sécouant
„ un joug aussi dur, recouvreroit
„ sa premiere liberté. Il envisageoit

„ encore le bien de l'Empire ; il „ chargeoit ces Terres aumônées „ à l'Eglise, de Services annuels, „ de rédevances en argent, qui de„ voient augmenter la force de „ l'Empire ; attendu que tous ces „ Domaines de l'Eglise releveroient „ de l'Empire & sans succes„ sion.

Thierry de Niem ajoute qu'Otton Premier jetta les fondemens de cette domination : » Que le grand » Otton & ses Successeurs, Otton II. » & Otton III. accablerent de Do» maines laïcs l'Eglise Romaine, celle » de France & celle d'Allemagne.

XXII. Ce que signifie l'Investiture par l'Anneau & le Bâton.

Il s'en faut bien que la France ait adopté tout ce systême ; quelques Auteurs n'ont point entendu le mot Investiture. Trompés par la signification qu'il a aujourd'hui, ils ont avancé que les Investitures des Evêchés étoient la mise en possession des Fiefs & Domaines ; cette erreur est grossiere, car *vestir* & *investir* sont de vieilles expressions Germaniques, qui signifient la collation de toutes sortes de droits ; d'où chez les Anciens elles embrassent indifféremment les offices civils & ecclésiastiques. Juret remarque que Romain, Evêque de Rouen, vivoit en 623. on lit dans sa Vie: » Les Grands » firent unanimement choix du Saint » Homme; ils supplierent le Roi » de ne point tromper l'espérance » du troupeau, mais de ratifier l'E- » lection divine: le Roi charmé de » cette priere, convoqua les Evê- » ques & les Abbés, & lui mit en » main le Bâton pastoral.

Par ce passage, l'Investiture étoit antérieure d'environ trois cens ans au régne d'Otton I. qui le premier dota les Evêchés; d'ailleurs, si l'on eût caractérisé la Jurisdiction civile par l'Investiture, le Sceptre, ou l'Enseigne, en auroit été le simbole, selon la coutume de ces siécles, non l'Anneau & le Bâton pastoral. Quoique les Princes Chrétiens ne se soient point approprié l'imposition des mains qui fait les Prêtres, ils ont néanmoins pensé qu'il leur appartenoit de lier un Ecclésiastique à une telle Eglise, par l'Anneau, & de lui conférer par le Bâton pastoral la Jurisdiction ecclésiastique, c'est-à-dire, de juger de la Religion avec un pouvoir public.

On présentoit au Roi à son Sacre, le Bâton avec le Sceptre, & ce signe, dit Aimoinus, le chargeoit de défendre l'Eglise: chaque Simbole répondoit à chaque fonction, comme le Livre investissoit le Chanoine. Les siécles suivans virent l'opulence naître de la piété, & cette fille ingrate méditer la ruine de sa mere. Les Empereurs, déchus de leur ancien droit, commencerent à sentir cette indignité de la part des Evêques, qui devoient à leurs bienfaits les biens & les Domaines qu'ils possédoient; mais jamais l'Election n'est venue de l'Investiture, elle étoit avant la libéralité des Rois; de plus, l'accessoire ne sçauroit entraîner le principal, & comme ils ont des droits, à cause de leurs Fiefs, le droit du Magistrat politique n'existe pas moins qu'il existoit autrefois.

L'Investiture n'étoit point un phantôme dans l'Histoire de ces sié- XXIII. L'Investiture comprend le droit d'élire & la liberté d'élire en se réservant la confirmation.

cles, & les Princes n'étoient pas assez insensés pour essuyer tant de guerres & de troubles, pour une vaine cérémonie; la collation des Eglises passoit avec le signe, & la chose signifiée étoit comprise dans le signe. Or, la collation se faisoit de deux façons, ou les Rois nommoient seuls, & sans suffrages, ou ils permettoient d'élire, & se reservoient le droit réel, & non imaginaire, d'approuver, & la liberté de casser; ils le faisoient quelquefois par une Loi qui autorisoit l'élection, comme Charlemagne qui voulut que le Clergé & le Peuple concourussent à l'élection; quelquefois par un privilege, comme le même Charlemagne laissa l'élection au Peuple de Modene. Les Rois de France accorderent cette grace à l'Eglise d'Arras; quelquefois aussi par un Indult, qui, sous les Successeurs de Charlemagne, fut la voie la plus ordinaire.

XXIV. Exemples depuis Charlemagne.

Le Testament de Philippes Auguste s'explique ainsi: »Aussi-tôt que »le Siége Episcopal vaquera, nous

» entendons que le Clergé de l'E-
» glise s'adresse à la Reine & à l'Ar-
» chevêque, pour demander la per-
» mission de procéder à l'élection ;
» ( cet Archevêque étoit celui de
» Reims, nommé Guillaume, à qui
» le Roi, avant son voyage d'Ou-
» tremer, avoit confié la Régence
» du Royaume. ) Saint Louis, dans
» les Lettres-patentes, qui remet-
» tent le Gouvernement entre les
» mains de la Reine Mere, détaille
» les droits régaliens, & n'oublie
» point le pouvoir de conférer les
» Dignités & les Bénéfices ecclésias-
» tiques, de permettre aux Chapi-
» tres & aux Communautés de s'as-
» sembler pour élire.

Le Parlement de Paris, dans des Remontrances très-respectueuses au Roi Louis XI. représente à ce Prince,
» que Louis le Débonnaire exerça
» toujours le droit des Investitures,
» que les droits régaliens lui ont suc-
» cédé, & sur-tout celui de permet-
» tre les élections, le Siége Episco-
pal devenu vacant ; droit que les Anglois appeloient liberté d'élire.

Combien de monumens & d'Auteurs respectables ont appris aux siécles futurs que les Rois de France & leurs Successeurs ont disposé des Evêchés, soit en France, soit en Allemagne, sans en prévenir leur Peuple ou leur Clergé. Grégoire de Tours ne cache pas que Denis fut placé sur le Trône Episcopal par Clovis, premier Roi Chrétien; Ommatius par Clotaire Fils de Clovis; & Saint Quintianus par Théodoric, autre Fils de Clovis, qui ordonna qu'on lui remît tout le pouvoir de l'Eglise.

Le Clergé de Tours, continue Grégoire, parle en ces termes à Caton, que Clotaire lui avoit envoyé: » Nous ne vous recevons » pas de choix, mais sur l'ordre du » Roi. Le Roi Charibert destina à Pascentius l'Evêché de Poitiers. Walramus, Evêque de Naumbourg, dit que dans ces siécles on éleva à l'Episcopat les plus saints & les plus sçavans hommes; au reste, il vaut mieux écouter Onufrius, Auteur de la Vie d'Hildebrand; il n'est point suspect, il étoit dévoué au saint Siége.

» C'étoit un usage qui remontoit » à l'Empereur Charlemagne, & » que l'autorité du Pape Adrien I. » avoit introduit, qu'à la mort de » l'Evêque ou de l'Abbé, le Clergé » ou les Moines assemblés, dépu- » toient à l'Empereur, & déposoient » à ses pieds le Bâton & l'Anneau pas- » toral du Prélat défunt, & le sup- » plioient de le remettre au Suc- » cesseur qu'il devoit choisir: le » Prince, souvent de l'avis de son » Conseil, en gratifioit ou un Mem- » bre du Clergé de la Ville, ou un » Clerc de sa Cour, ou un Chape- » lain ou un de ses domestiques, » selon la dignité du Siége; & à sa » volonté, il l'investissoit par l'An- » neau & le Bâton pastoral du dé- » funt, qu'il accompagnoit de son » diplôme, & il ordonnoit qu'on » le sacrât Evêque ou Abbé; sans » consulter le Clergé ou les Moi- » nes: telle étoit la pratique des » Gaules, de la Germanie & de l'I- » talie, composant alors le monde

» Latin. Les Rois d'Espagne, de
» France & de Hongrie la perpé-
» tuerent ; toutes les Eglises de l'Em-
» pire Chrétien, sur-tout l'Eglise
„ Romaine, l'ont retenue long-
„ tems ; témoins les Papes Jean
„ XIII. Grégoire V. Sylvestre,
„ Clément, Damase, Victor, Ni-
„ colas, que les Empereurs Othon
„ I. & III. Henri III. & IV. mirent
„ sur la Chaire de Saint Pierre, sans
„ les suffrages du Clergé Romain,
„ & qu'ils investirent de leur nou-
„ velle dignité par l'Anneau & le
„ Bâton. Cet Auteur dit ailleurs :
„ L'Empereur conféroit non seule-
„ ment les Evêchés, les Abbayes,
„ & les autres Bénéfices, comme
„ les Prébendes, les Canonicats,
„ les Prépositures, les Décanats,
„ mais encore il faisoit le Pape.
„ La Pragmatique de Férare le
„ repéte : les Empereurs donnoient
„ les Bénéfices dans le monde en-
„ tier.

Voici la teneur du Rescrit de Conrade, touchant l'Eglise d'Utrecht : » Il est constant que l'élec-

„ tion & l'institution d'un Evêque „ est un droit inviolable des Rois des „ Romains & des Empereurs, exercé „ sans interruption par nos Prédé- „ cesseurs, & transmis jusqu'à „ nous.

Le Capitulaire de Charlemagne, sur les élections du Peuple & du Clergé, ne porte aucune atteinte à ce droit, puisque dans toutes les Loix, les droits & le pouvoir du Souverain sont censés tacitement exceptés. Le Clergé & le Peuple élisent donc, à moins que l'usage ne semble déférer l'élection au Prince. Genebrard, ennemi déclaré du pouvoir des Rois, avoue que Charlemagne décidoit de droit des Evêchés, quoique rarement. Loup de Ferare cite pour cet usage Pepin & Charlemagne. Les Defenseurs même de l'autorité du Pape sont obligés de convenir que l'Empereur Charles avoit le droit de donner un Evêque aux Romains, & qu'il avoit décerné que seul il pourvoiroit aux Evêchés & Archevêchés. Sigonius explique ainsi les termes de *louer* &

d'*investir*, couchés dans le Decret. Le Concile d'Aix-la-Chapelle reconnoit ce droit dans le Roi Louis; & j'ai montré plus haut, que les descendans de Charlemagne en avoient usé. Par-là les Historiens comprennent sous le nom d'*Investiture* le droit d'élire & celui de permettre d'élire avec la modification d'approuver ou de casser, & il a existé jusqu'à Hildebrand qui l'a si vivement attaqué. Onufrius Panvinus raconte dans sa Vie, „ que le „ premier de tous les Papes, il mit „ tout en œuvre pour dépouiller „ l'Empereur non-seulement de „ l'élection du Pape, entreprise „ qu'Adrien III. avoit tentée, mais „ de lui enlever le droit qu'il avoit „ d'instituer les Evêques & les Ab„ bés: ce mot instituer rend celui „ d'Investiture.

L'Empereur Henri V. chez l'Abbé de Swarzahensem déclara au Pape & au Concile, » la puissance qu'a„ voit l'Empereur Charles d'instituer „ les Evêques: & Onufrius insinue que les Investitures étoient la collation. L'Empereur lui-même, & des Auteurs dignes de foi ne laissent aucun doute, que l'exercice de ce droit a continué depuis Charles jusqu'à Henri, qui dans un Edit, extorqué par le Pape Pascal, abdiqua les droits régaliens, attachés à l'Empire dès les regnes de Charles, de Louis, d'Othon, d'Henri & de ses Prédécesseurs. L'Edit en fait une exacte énumération : » Il „ vouloit dépouiller le Souverain „ des Investitures, usage en vigueur „ dès le régne de Charles, & qui „ avoit plus de quatre cens ans. „ L'Historien de Westminster, sous „ l'an 1112. appelle ce droit celui „ de donner l'Episcopat. L'Empe„ reur & le Pape Pascal eurent „ cette année un grand différend: „ l'Empereur s'obstinoit à garder le „ droit dont ses Prédécesseurs „ avoient joui pendant trois cens „ ans, sous plus de soixante Papes, „ c'étoit de conférer les Evêchés „ & les Abbayes par le Bâton pasto„ ral.

„ Guillaume, Archevêque de Tyr,

„ souscrit à cet ancien usage : c'é-
„ toit la coutume, dit-il, de remet-
„ tre à l'Empereur l'Anneau & le
„ Bâton du Prélat défunt. Suivant
„ la Pragmatique de Ferare, qui
„ parcourt ces siécles, les Empe-
„ reurs donnoient tous les Bénéfi-
„ ces ecclésiastiques de leurs Etats.
On eut soin de distinguer ces deux droits qui formoient les Investitures, la faculté de choisir le Sujet, & celle de casser l'élection. Les Auteurs qui ont le plus approfondi cette matiere, les ont mis au nombre des droits régaliens. Les passages précédens d'Onufrius en sont garants. Ce Témoin est encore ici nécessaire : » Il est hors de doute
„ que Jean XIII. Successeur de
„ Léon VIII. Grégoire V. & Sylves-
„ tre II. ont occupé la Chaire de
„ S. Pierre par la seule autorité des
„ Empereurs, sans le suffrage du
„ Clergé, ni du Peuple Romain ;
„ & s'il paroit dans l'Histoire que
„ les Empereurs n'ont point eu part
„ à l'élévation des Papes, qui ont
„ tenu le Siége entre Jean XIII. &
Sylvestre

„ Sylvestre II. ou que leur élection „ ait été l'ouvrage seul du Clergé, „ du Sénat & du Peuple Romain; „ c'est qu'absens & éloignés de cette „ Ville ils étoient embarqués dans les „ guerres d'Allemagne, & ils n'é- „ toient pas à portée de donner „ sur le champ un Pape à Rome: „ il est du moins certain que tant „ que les Empereurs, les trois „ Othons sur-tout, demeurerent „ à Rome, ou séjournerent en Ita- „ lie, le Siége vacant, ils nom- » moient le Successeur; & si le » Prince étoit absent au moment » de l'élection, les Papes, que le » Clergé, le Sénat, le Peuple pro- » clamoient, n'osoient se faire sa- » crer qu'ils n'eussent auparavant » obtenu la confirmation de l'Em- » pereur.

Le sçavant du Tillet, dans son Traité des Libertés de l'Eglise Gallicane, remarque, » qu'on voit par „ l'Histoire de Grégoire de Tours „ & d'Aimoinus, que les Rois „ avant Charlemagne remplissoient „ les Evêchés vacans, & que l'E-

„ vêque proposé par le Clergé & „ le Peuple, n'étoit point Evêque „ s'il n'avoit le consentement du „ Prince.

Juret, profond Canoniste, à la Lettre CIV. d'Yves de Chartres, pense, » que quoique le Clergé & „ le Peuple eussent la liberté d'élire, „ il falloit avoir l'attache du Prince. Il offre après nombre d'exemples d'élections cassées ; ensorte qu'il est vrai de dire que le droit d'approuver n'est point imaginaire, comme on s'efforce de le persuader aujourd'hui ; il étoit inséparable de celui d'improuver, & il étoit affranchi de tout jugement étranger.

XXV. L'importance de ce droit.

Le salut de l'Eglise & de l'Etat étoit intéressé à affermir dans le Souverain les Investitures ; il importoit plus de s'attacher des sujets par des bienfaits, que de fermer la porte des dignités à des ennemis. Quand Paul Emile rappelle comment l'Empereur se désista de ce droit, » il observe que la vénéra- „ tion des Peuples pour la Majesté „ Impériale diminua de beaucoup,

„ & qu'il lui coûta plus de la moitié „ de sa puissance. Onufrius ne s'en „ écarte pas : l'Empereur perdit la „ moitié de son pouvoir, & ailleurs „ il s'agissoit alors, ou de le dé- „ pouiller entierement, ou d'assu- „ rer à jamais son autorité : en par- „ lant d'Henri III. l'Empereur re- „ tint opiniâtrement le droit de con- „ férer. Ainsi penserent les Princes qui éleverent leur puissance sur les ruines de l'Empire Romain.

XXVI. Exemples des autres Royaumes, sur-tour de l'Angleterre.

Outre les Rois de France & d'Allemagne, Onufre parle encore des Rois d'Espagne & de Hongrie: le Concile de Toléde, qui défére aux Rois l'élection des Prélats, est une époque certaine de ce droit connu en Espagne avant l'Empereur Charles : » Pourvû, ajoute le Concile, „ que l'Evêque de Toléde, qui les „ consacroit, les trouvât dignes du „ fardeau. Covarruvias & Vasquez font sentir combien cet usage importoit au salut de l'Etat, non que les Princes en soient redevables au Droit Canon, car ils le tiennent de leur Couronne, c'est-à-dire, de la

Loi naturelle. Dans une Monarchie, dont les fondemens sont inébranlables, le Magistrat politique a la législation absolue sur tout ce que la Loi divine n'a point défini, & qui procure aux Sujets une vie tranquille & pieuse.

Martin, & d'autres Chroniques font foi, que cette coutume ne s'est point démentie en Hongrie jusqu'au tems du Pape Paschal. Thierri de
„ Niem raconte de Sigismond,
„ Roi & Empereur, qu'il donna à
„ qui il voulut les Evêchés, les
„ Abbayes, & tous les autres Bé-
„ néfices de la Hongrie. Alexandre, Evêque de Naumbourg, qui combattoit en 1109 les Sectateurs d'Hildebrand, joint à ceux-là les Rois de la Pouille & ceux d'Ecosse. » Le
„ Roi d'Angleterre Henri, le pre-
„ mier depuis la conquête de Guil-
„ laume, donna l'Evêché de Win-
„ chester à Guillaume Giffort, &
„ l'investit sur le champ des Domai-
„ nes de l'Evêché contre les Ca-
„ nons du nouveau Concile. Cet
„ Henri transféra Rodolphe, Evê-

„ que de Londres, à l'Archevêché „ de Cantorbéri, & il l'investit par „ le Bâton & par l'Anneau; &, selon „ Westminster, il protesta constamment qu'il n'abdiqueroit point les „ Investitures quand il lui en coûteroit son Diadême, & accompagna même son serment de paroles menaçantes. Loin d'ici ces gens peu versés dans l'Histoire, ils ne comprennent point que les Investitures ne sont autre chose que la collation des Evêchés; je n'en veux d'autre témoignage que l'autorité du Parlement d'Angleterre, sous le Roi Edouard III. » Notre „ Souverain Seigneur Roi & ses „ Successeurs, auront & conféreront dans le cours de leur regne les Archevêchés & les dignités électives qui sont à leur disposition, & dont leurs Prédécesseurs jouissoient avant qu'on eût „ permis les élections. Puisque les anciens Rois ont prescrit une forme particuliere d'élire, qui étoit de demander permission au Roi avant de procéder, & d'en solliciter le confentement après l'élection, & non autrement. Voilà en Angleterre le droit des Rois de conférer les Evêchés, plus ancien que l'élection du Clergé, suivant le témoignage des Historiens, qui prouvent l'usage des Investitures depuis sept cens ans, c'est-à-dire, depuis Etelrede. Les premiers Rois les ont ensuite remises au Clergé, sous deux conditions que la France avoit imposées, d'obtenir l'agrément du Prince pour élire, & la confirmation après l'élection, laquelle revint toute entiere au Roi dans les siécles suivans. Les Chapitres s'assemblent aujourd'hui pour la forme, & le Roi décide: Un Evêché vaque, le Roi inscrit le nom du sujet qu'il desire dans les Lettres qui permettent l'élection. Burhil, pour appuyer ce droit, prétend, » que les „ Princes ne peuvent désigner les „ Ministres du Seigneur qu'autant „ que les Loix du Royaume le souf- „ frent. Bilson, Evêque de Winchester, qui discute cette matiere avec soin, ne cesse point de répeter:

» Le droit divin n'a marqué aucu-
» ne façon d'élire. Comme les Princes
» font les Chefs du Peuple, & qu'ils
» ont de droit divin & humain la fou-
» veraine adminiftration extérieure
» des chofes facrées & profanes,
» il eft naturel qu'ils difpofent des
» offices eccléfiaftiques, s'ils dai-
» gnent s'en charger. Un autre paf-
fage continue: » On ne révoque
» point en doute que les Princes,
» autres que les Empereurs, ont eu
» dès le berceau de la Religion, la
» puiffance fouveraine dans les élec-
» tions des Evêques, qu'ils ont mê-
» me prévenu les fuffrages du Cler-
» gé & du Peuple des Villes, en leur
» envoyant des fujets de leur propre
» mouvement.

Si ces monumens ne font d'aucune force, que ferviroit d'en amaffer d'autres? A Dieu ne plaife que j'embraffe le parti de ceux qui prodiguent les noms de facriléges à tant de Princes fameux. Les uns ont les premiers profeffé la Foi Chrétienne, & l'ont introduite dans leurs Etats; les autres fe font courageufement opposés à l'ambition des Papes, & quelques-uns ont commencé ou achevé la réforme de l'Eglise. Il s'est trouvé parmi tous ces Princes des modéles de justice & d'érudition; cependant, dira-t'on qu'en conférant les Prélatures de leur Royaume, ils ont attenté au droit divin ?

XXVII. Il en est de même des Prêtres que des Evêques.

Pourquoi séparer les Curés des Evêques ? Seroit-ce à cause que ceux-là habitent les lieux où il n'est pas nécessaire d'établir des Evêques? S'ils ont cela de commun avec les simples Prêtres, qu'ils ne sont au-dessus d'aucun Clergé, ils ont du moins avec les Evêques cette prérogative, qu'ils ne sont soumis à aucun Pasteur; il est plus douteux, s'il faut les ranger dans la Classe des Evêques, ou dans celle des simples Prêtres. Outre que la Prêtrise est inséparable de l'Episcopat, ceux qui donnent l'Episcopat, assignent en même tems le lieu ou la Ville; ensorte, qu'il est aisé de procéder du fort au foible, & du tout à la partie. Les Empereurs & les Rois se sont moins occupés des Curés; ils ont mieux aimé se reposer de ce soin sur les Evêques, qu'ils donnoient de leur propres mouvemens aux Eglises, ou en faveur desquels l'Eglise obtenoit leur agrément.

Aussi les anciens Canons traitent-ils rarement de l'Election des Curés; ils s'en rapportoient absolument aux Evêques. On a cependant des exemples de l'attention des Rois à remplir les plus petits Bénéfices ecclésiastiques. Onufrius convient, que les Empereurs conféroient les Evêchés & les moindres Bénéfices. On lit dans une Lettre du Pape Pélage, que le très-clément Empereur avoit ordonné d'admettre certains Clercs de Centumcelles, aujourd'hui Civita-Vechia, à la Prêtrise ou Diaconat, & au Soudiaconat; à l'égard des Abbayes, elles étoient à la nomination des Rois, & personne n'en doute.

Les Actes publics de Flandres constatent ce droit, & les Princes de Hollande, de Zélande, & de Westfrise sont des témoins irréprochables que, dès la formation de leur

Etat, ils disperſoient dans les Villes & les Paroiſſes des ſujets dignes & capables, à moins qu'un Seigneur particulier n'en revendiquât le droit. Ce patronage univerſel a ſubſiſté juſqu'à la derniere guerre. Quoiqu'il ne ſoit pas ancien, il combat avec force ceux qui ont oſé ſoutenir, que le Peuple choiſiſſoit ſes Curés juſqu'à ces derniers tems de trouble : on produiroit aiſement, s'il étoit néceſſaire, pluſieurs Actes d'Inveſtitures dont les Princes récompenſoient leurs Vaſſaux. Je ne comprends point pourquoi les Inveſtitures ne ſont plus, je n'examine point pourquoi elles ſont ? S'il eſt néceſſaire qu'elles ſoient ? Et comment elles ſont ? Les Etats qui ont facilité la Réforme, n'ont point innové. Le Sénat nomme les Miniſtres dans le Palatinat, & il veille ſur les Egliſes au nom & ſous la protection de l'Electeur.

Les Egliſes de la Réforme de Bâle n'ont, hors la Ville, aucun pouvoir de choiſir leur Paſteur. Elles reçoivent avec ſoumiſſion celui que le

Magiſtrat leur deſtine, ſans l'avoir jamais entendu. Au commencement de la Réforme, pluſieurs Paſteurs approuverent cette vocation, ce qui fit dire à Muſculus : » Qu'un » Paſteur Chrétien n'héſite point » ſur ſa vocation, qu'il ne doute » point qu'elle ſoit légitime, dès » que le Prince ou le Magiſtrat l'ap» pelle à la prédication de l'Evan» gile. La Réforme ne dépouille point du droit divin les Souverains, & les Etats n'ont jamais penſé autrement.

Le Synode s'étant aſſemblé ſans le conſentement des Etats en 1586, le Comte de Zeicheſter qui les gouvernoit, pour les engager à ſouſcrire à ſes déciſions, proteſta le 16 Novembre, que ce conſentement ne préjudicieroit point à l'inſtitution des Paſteurs. Les Etats les reçurent le 9 Décembre ſuivant, avec quelques modifications, dont l'une eſt, que les Etats, la Nobleſſe & les Magiſtrats des Villes & autres, conſerveroient le droit d'inſtituer & de deſtituer les Paſteurs & les Maîtres d'Ecole.

XXVIII. Objection tirée de l'abus du droit.

Je passe aux objections principales. On reproche à des Rois, à des Princes, d'avoir écouté davantage l'avarice & la faveur, soit; quel rapport cela a-t-il avec la question? On n'a point vû que l'abus du droit privât quelqu'un du droit; tout au plus un Sujet en sera déchu par une sentence de son Supérieur: il est encore moins vraisemblable que, sous prétexte d'en abuser, on en sera dépouillé; autrement personne n'auroit un droit certain. D'ailleurs si les Souverains ont confié les premieres dignités à des sujets indignes, le nombre de bons sujets, dont ils ont fait présent à l'Eglise, est au moins aussi considerable. Comme si les Elections populaires n'avoient pas souvent attiré des séditions, des meurtres, des combats, des incendies, & que le Clergé eût été plus exempt de brigues & de factions: que l'on compare les inconveniens de chaque espece d'Election, laquelle préféreroit-on? ou plûtôt, laquelle existeroit-elle?

Genebrard le fléau des Princes,

regarde comme des monſtres les Papes nommés par les Empereurs, tandis que l'Hiſtoire les repréſente comme bons ou médiocres, & qu'elle peint des couleurs les plus noires ceux que le Clergé ou le Peuple ont placé ſur la Chaire de Saint Pierre. Le Magiſtrat politique n'eſt pas ſi aiſé à corrompre, il ne ſe livre pas aveuglement à d'injuſtes préjugés. De plus l'Ordination reſervée aux Paſteurs, & les Remontrances, qui ſont le partage du Peuple, adouciſſent les maux, s'ils ne les étouffent pas, ce qui eſt au-deſſus des forces humaines.

XXIX. Autre tirée des Canons & des Peres.

Reſtent quelques Canons, quelques Paſſages des Peres, qui ſemblent ne pas être de cet avis. Le XXX. Canon apoſtolique parle des Magiſtrats, non des Souverains; de même que le précédent roule ſur la ſimonie, de même celui-ci s'oppoſe à l'intruſion. Les termes le dévéloppent, il interdit toute intruſion, il l'applique à ces Clercs, qui, au défaut d'une Ordination légitime & d'un examen rigoureux de leurs mœurs & de leur doctrine, protégés par les Magistrats, occupent & se maintiennent dans les Eglises par la force. Le Concile de Paris ne condamne point l'Election royale, mais l'Ordination. Il n'attaque point le pouvoir absolu du Prince ; mais il improuve ce qui se fait contre la volonté du Métropolitain & des Evêques de la Province, que l'Ordination regarde.

Le Roi Charibert, sous le regne duquel ce Concile fut assemblé, désigna Pascentius à l'Evêché de Poitiers, les Evêques de la Province le reçurent, & publierent que la disposition contraire d'un autre Canon ne le concernoit pas. En effet, ou ce Canon seroit dressé de concert, & alors le Roi & ses Successeurs pouvoient le casser, surtout de l'avis de leur Parlement (les Loix positives n'étant pas immuables,) ou ce Canon passeroit le Souverain, & dès là il n'est point Loi, & il ne sçauroit entreprendre sur l'autorité du Roi. Depuis que les Princes François se réserverent les Elections des Evêques, ils convoquerent fréquemment des Conciles ; aucuns ne traiterent ce droit d'usurpation ; plusieurs cependant les supplierent d'employer tous leurs soins à l'institution des Evêques ; d'où je conclus que les Evêques de France n'ont découvert dans ce droit rien d'étrange & de contraire aux Loix divines.

Quoiqu'il ne soit pas d'un Protestant de s'appuyer sur le Concile second de Nicée, qui a ordonné le culte des Images, néanmoins ses Canons tiennent le même langage. On a relevé un expression aigre de Saint Athanase, lâchée contre l'Empereur Constantius, qui le persécutoit ; est-il surprenant, qu'il l'ait déchiré ? Son discours est moins vrai, qu'il n'étoit du siécle. Les Peres de ces siécles se sont émancipés à des traits, qui ne soutiendroient pas aujourd'hui un examen sérieux. Saint Athanase, peut-être trop échauffé, ne s'arme point du droit divin ; tout se termine à demander : » Où est le » Canon qui dicte qu'il faut que » l'Evêque, qui doit être sacré, for-

» te du Palais Impérial. Il prouve seulement que le procédé de Constantius n'étoit pas conforme aux Canons, & il avoit raison.

L'autre espece d'Election fondée sur le Concile de Nicée, & infirmée par Constantin, étoit alors en usage. S'il est de justes motifs, qui permettent aux Princes de s'écarter quelquefois des Canons, il n'étoit pas d'un Grand Empereur de les fouler aux pieds, pour étendre l'Héréfie d'Arius. Cette sorte d'Election étoit donc blamable, qui, sans attendre l'Ordination, souffroit que des Evêques s'emparassent des Eglises, (comme il est souvent arrivé,) car les Orthodoxes n'auroient point ordonné d'Ariens, ou de fauteurs d'Ariens. Enfin aucun Pere de l'Eglise n'a prétendu, que le droit divin défendoit aux Rois la nomination des Pasteurs. Les Evêques qui souscrivirent à l'Election de Théodose, & qui déférerent l'Election à Valentinien, pensoient autrement.

XXX. Ce qu'il faut penser des Princes

Je termine ici les exemples des Etats, qui ont embrassé la vraie

Religion. A l'égard des Princes infidéles, l'Eglise ne les importunera point pour lui chercher des Pasteurs; seroit-il prudent d'espérer que ses ennemis prendroient sa défense ? » Quand elle se répondroit du succès » il seroit honteux & deshonnorant » qu'elle fût jugée sur des choses in- » justes, & non sur des choses saintes. Ces Princes, au reste, en révendiquant ce droit, se creuseroient un abîme plus profond. Que s'ils avoient cependant résolu de ne souffrir de Pasteurs, ou d'Evêques, que ceux qu'ils nommeroient, en laissant au moins à l'Eglise la Confirmation, & l'Ordination aux Evêques; je ne crois pas qu'il soit d'un Chrétien de rejetter des hommes capables, parce que leur Election seroit l'ouvrage des Infidéles. Dieu opére de bonnes œuvres par le ministere des méchans. Je ne blamerai point les Eglises de Thrace, de Syrie, d'Egypte, qui reçoivent du Sultan leurs Patriarches & leurs Evêques. Barlaam, Evêque de Cyr, dit, que cette soumission des Chrê-

infidéles.

tiens n'eſt pas nouvelle : » Chaque » Evêque, dit-il, dépend de ſon » Prince ; celui de Bulgarie eſt ſoumis au Roi de Bulgarie ; celui de » Tribal a ſon Souverain ; le Roi » d'Arménie a dans ſes Etats le Patriarche d'Antioche ; le Roi impie » d'Egypte aſſervit Jeruſalem & » Alexandrie. Aucun d'eux n'eſt » admis ſans l'approbation, le décret & le conſentement de ſon » Prince ſéculier. Il faut accepter » celui que le Prince veut, lors même que le Clergé & le Peuple, à » qui l'Election appartient, n'applaudiroit point à ſon choix : comme s'il n'étoit pas plus avantageux de tenir de la main d'un Prince infidéle un bon Evêque, agréable au Peuple, ordonné par les Evêques, que d'eſſuyer par un refus la deſtruction des Egliſes. Eſdras ne refuſa pas d'Artaxercès, Prince Payen, la commiſſion de rétablir en Judée le Culte divin.

XXXI. Quelle eſt la meilleu-

Au reſte, je n'ai hazardé ces obſervations, que dans le deſſein d'exciter quelque Auteur à traiter plus au long la matiere ; mais revenons à nos Princes Chrétiens, je suis bien aise d'avertir le Lecteur que mon objet dans ce Chapitre est de développer ce qui est permis au Souverain, & non de guider ses démarches, en reprenant les tems les plus reculés, ou en se rapprochant des nôtres. La maniere d'élire n'a jamais été invariable, soit que l'on compte les siécles, ou que l'on parcoure les Histoires des différens Etats, soit que l'on considere les années, ou qu'on se borne à la pratique de chaque Ville ; de sorte, qu'il n'y a rien encore de certain dans une matiere que la Loi divine a laissé incertaine.

re façon d'élire.

Quand une fois le droit sera constaté, que la dispute ne roulera que sur la façon d'élire la plus avantageuse à l'Eglise, de bonnes raisons soutiendront chaque parti. Saint Cyprien & ses Contemporains ne connoissent que l'Election du Peuple. Les Peres de Nicée n'adoptent que les Elections des Evêques.

Théodose, Valentinien, Charlemagne ne soupçonnent aucun danger, en se reposant sur la volonté des Princes. Pour nous, nous sommes sur le retour de l'Eglise; & après avoir approfondi ces opinions différentes, il n'en est aucune, qui n'ait ses inconveniens; par conséquent, il seroit impossible de prescrire quelque chose de certain.

XXXII. Le Souverain doit au moins retenir le droit de casser une Election faite.

Si cependant on me pressoit, je serois volontiers de l'avis de l'Empereur Justinien, avec la modification de ne point jetter les yeux sur un sujet desagréable au Pape, & d'assurer au Magistat politique le pouvoir de casser une Election, qui porteroit préjudice à l'Eglise ou à la République. Les anciens Empereurs & les Rois de France l'ont souvent exercé. De peur que le grand nombre de monumens ne me mene trop loin, feuilletez les Histoires, les Conciles, les Décrets des Papes. J'en extrairai peu de chose. Le Patriarche Sisemius étant décedé, la plûpart des Suffrages demandoient, que Proclus lui succédât au Siége de

Constantinople ; les Empereurs casserent son Election.

L'Histoire des Papes rapporte que le Pape proclamé n'étoit point installé, que le Diplôme de son Election n'eut été envoyé à la Ville Royale, c'est-à-dire, à Constantinople, selon l'ancien usage. J'ai parlé plus haut des Empereurs François. Voici l'aveu du Pape aux Empereurs Lothaire & Louis; il faut que la confirmation de l'Empereur précede la consécration du Pape. Une Lettre de l'Empereur, écrite à un Métropolitain, contient ces mots, » comme l'ancien usage le dicte. » Selon un Passage de Platine, il ne » suffit pas au Pape d'avoir le Suffra- » ge du Clergé, à moins que l'Em- » pereur n'approuve son Election.

Il est arrivé quelquefois, que les Princes balançoient. Jean, Roi d'Angleterre, déclara nulle l'Election d'Etienne à l'Archevêché de Cantorbery. C'est se tromper, que de confondre le droit du Magistrat politique, & le consentement des Magistrats particuliers de chaque

Ville, qui concourent à l'Election, selon les Loix, & les Canons avec le Clergé & le Peuple ; ils différent beaucoup. La volonté du Magistrat politique est au-dessus de l'Election, le consentement du Magistrat fait partie de l'Election. Ce droit est propre au Magistrat politique, parce qu'il a le pouvoir absolu. Les Magistrats le tiennent de la Loi positive, non en tant qu'ils sont Magistrats, mais en tant qu'ils sont la portion de la Ville la plus distinguée. Le Suffrage du Magistrat est pour la Ville qu'il habite ; le pouvoir du Magistrat politique n'est point borné aux Villes où il a sa Cour, comme Constantinople, Paris, Londres ; il enveloppe toutes les Villes de son Empire selon l'usage.

L'Empereur de Constantinople l'étendoit à Rome, à Milan ; le Roi de France à Roüen, à Poitiers, à Tusculum, à Réati ; le Roi d'Angleterre à Cambridge, à Yorck ; enfin le plus grand nombre peut l'emporter sur les Magistrats. Le Magistrat politique n'eſt point contrebalancé. Auſſi le Pape Calixte, tandis qu'il dépouilloit l'Empereur Henri des Inveſtitures, il lui permettoit d'aſſiſter aux Elections, & de protéger la plus ſaine partie dans une ſédition. L'Empereur déchû de ſon droit de Souveraineté, fut réduit au rang des Magiſtrats ordinaires. Certainement le Magiſtrat politique, qui permet aux autres d'élire, ne ſçauroit abdiquer le droit d'approuver ou d'infirmer.

XXXIII. Et d'exclure un Paſteur, s'il le faut.

Son autorité va encore jusqu'à exiler, après l'Election, l'Evêque de ſon Diocèſe. Dès que des gens peuvent s'arroger ce droit, il ne ſçauroit être démembré de la Magiſtrature politique. Salomon ôta à Abiatar le ſouverain Pontificat. Bellarmin confeſſe, que les Empereurs ont plus d'une fois dépoſé des Papes; la raiſon eſt ſenſible: le Souverain a le pouvoir de bannir un Sujet d'une Ville ou d'une Province; il a néceſſairement celui de lui interdire les fonctions dans cette Ville & cette Province; il a l'autorité sur le tout, il l'a donc sur la partie ; ce n'est pas seulement à titre de châtiment, mais à titre de caution. Par exemple, le Peuple dans un tumulte, mettra son Evêque à sa tête, il n'a peut-être aucune part à la sédition ; si le Prince n'étoit pas le maître, l'édifice d'un Etat écrouleroit bientôt ; c'est une erreur de ne donner qu'à celui qui élit, le droit de refuser. Le Souverain est toujours libre de le faire par des Actes publics & particuliers, pour lesquels il ne choisit point les personnes, soit par négociation, soit par conduction, comme je l'ai prouvé dans le Chapitre de la Jurisdiction, & comme plusieurs exemples le démontrent. Les Empereurs ont déposé plus de huit Papes, tantôt au moyen de Conciles, & tantôt sans Conciles ; cependant plusieurs d'entr'eux étoient montés sur la Chaire de Saint Pierre par les Suffrages du Clergé & du Peuple Romain.

CHAPI-

## CHAPITRE XI.

### *Des Fonctions non absolument nécessaires dans l'Eglise.*

I. Combien il importe dans le Gouvernement ecclésiastique de connoître les choses nécessaires & non nécessaires.

POur entretenir l'union de l'Eglise, il est indispensable de distinguer les Points définis de droit divin, & ceux qui ne le sont pas, quoique la discipline ou l'usage soient différens; elle n'est point censée divisée, tant, qu'aucun des deux côtés n'a pas en sa faveur l'autorité du précepte divin; c'est pourquoi je me suis appliqué à démontrer, que le droit divin ne condamne point la forme d'élire, que plusieurs Princes & Rois vertueux ont introduite; non que je les propose pour modéles, les autres manieres d'élire peuvent être plus utiles, plus conformes aux moeurs des Nations, à la situation de quelques Eglises, & plus respectables par leur antiquité; mais en la proscrivant trop légerement, je serois en butte à ces Souverains, & à cesEglises chez qui elle se pratique.

Je ſuivrai pour les fonctions eccléſiaſtiques la même méthode que j'ai ſuivie dans les Elections. Quelques Egliſes Réformées de ce ſiécle les ont gardées, d'autres les ont rejettées ; preuve nouvelle que le droit divin n'a rien ſtatué de poſitif ſur cette matiere, & que quelqu'oppoſé que ſemble la diſcipline, elle ne doit point altérer l'union des Fidéles. Cette diſſertation développera les droits du Magiſtrat politique. C'eſt lui que regarde la néceſſité d'exécuter les préceptes divins. On eſt aſſez maître de choiſir dans les autres choſes. La Diſcipline eccléſiaſtique ſuit preſque la Police de la Ville, ſuivant la réflexion d'un des plus grands Rois d'Angleterre. La principale queſtion que les Proteſtans ont coutume de traiter, eſt la Suprématie des Evêques, & la fonction de ces Clercs, qui n'étant point Paſteurs, parce qu'ils ne prêchent, ni n'adminiſtrent les Sacremens, ſont néanmoins aſſis au rang des Paſteurs, & reçoivent de quelques-uns le nom de *Prêtres*. Je n'en parlerai qu'autant que le but de ce Traité le permettra.

Les Auteurs ont si souvent & si longuement manié ces questions, qu'il seroit difficile d'y suppléer; entre autres, le fameux Beze, qui avoit à défendre le Gouvernement de Geneve, n'a rien épargné de favorable à ces sortes de Desservans; il a rassemblé avec toute la sagacité possible tous les monumens qui pouvoient faire contre les Evêques; tandis que l'Evêque de Winchester, & Saravia, Sectateurs outrés de l'Eglise Anglicane, ont soutenu avec vigueur le parti des Evêques contre ces Prêtres. Je renvoye à leurs Ouvrages ceux qui voudroient approfondir cette matiere. Pour moi, qui n'ai en vue que de me resserrer, au lieu de m'étendre, je me contenterai d'un petit nombre de définitions, qui sont ou avouées des deux côtés, ou si évidentes, que les plus obstinés n'oseroient les revoquer en doute.

II. On explique le terme d'Evêque.

D'abord je parlerai des Evêques, & je prêterai à ce terme la signification, que les Conciles, soit universels, soit nationaux, & tous les Peres lui ont consacrés; les titres n'étoient point différens sous les Apôtres, quoique les fonctions fussent distinctes. » Les fonctions des Apôtres „ & le Presbitere s'appellent minis„ tere, inspection, parce que c'est „ un usage assez ordinaire d'atta„ cher à une espéce le nom du gen„ re, comme dans l'adoption, la „ connoissance & les autres termes „ du droit. Ainsi le mot Evêque „ de sa nature signifie tout Inspec„ teur, tout Préposé. S. Jerome „ l'appelle un Surveillant, les Sep„ tante un Gouverneur, ils quali„ fioient ainsi leurs Magistrats : chez „ les Athéniens, le Préteur de de„ hors; chez les Romains, Ediles „ Municipaux, & Ciceron se dit „ Evêque de la Campanie.

Les Apôtres & les Hommes Apostoliques, selon l'usage des Hellénistes, prodiguerent le nom d'*Evêques* à tous les Pasteurs de l'Eglise; cependant il n'étoit pas moins propre à tous les Pasteurs du troupeau, qu'à ceux qui, choisis d'entr'eux, sembloient veiller sur tous les autres ; on consume donc inutilement le tems, en voulant démontrer que le mot *Evêque* étoit commun à tous les Pasteurs, puisque sa signification est encore plus étendue ; c'est même battre l'air, que de s'efforcer de prouver qu'il y a des fonctions commmunes à tous les Pasteurs, par exemple, le ministere de la parole, l'administration des Sacremens, & quelques autres : on ne considére point ici en quoi elles se rapprochent, mais le rang qui les distingue. D'autres enfin poussent le fanatisme jusqu'à implorer le témoignage des Peres pour avancer que les Evêques n'ont rien au-dessus des simples Prêtres; tous les Evêques sont d'un mérite égal ; comme si on disoit, tous les Sénateurs Romains étoient égaux aux Consuls, parce que les deux Consuls avoient la même dignité ; réfuter de telles absurdités, ce seroit indigner un Lecteur.

1°. L'Episcopat, c'est-à-dire, la Prééminence d'un Pasteur, n'est

III. L'Episcopat, ainsi entendu ne répugne point au droit divin.

point contraire au droit divin. Celui qui ne souscrira point à cette proposition, ou plûtôt qui osera taxer de folie & d'impiété l'ancienne Eglise, doit sans doute établir son sentiment; le passage qui favoriseroit son opinion, est celui-ci de Saint Mathieu : » Quiconque voudra „ être grand parmi vous, soit vo- „ tre Serviteur; ou cet autre de S. Marc: » Quiconque voudra être „ le premier, soit votre Serviteur. Il ne bannit point les rangs, ni la prééminence d'entre les Pasteurs; il leur annonce seulement, » qu'ils „ exercent un ministere, non un „ pouvoir; témoin ce qui précéde: „ les Princes des Nations domi- „ nent, & les Grands ont la puissan- „ ce; vous n'êtes pas de même vous. Il seroit plus naturel d'interpréter, par ces mots l'éminence & la suprématie: ce que S. Mathieu & S. Marc viennent de dire, est » rendu dans Saint Luc par celui qui » est le plus grand entre vous, & qui » vous conduit, est votre conducteur: ajoutez à cela que J. C. dit que le

Fils de l'Homme n'eſt pas venu pour être ſervi, mais pour ſervir; ce précepte du miniſtere n'empêche pourtant point, que celui-là ſoit plus grand que ceux qu'il ſert.

» Vous m'appellez, pourſuit-il, „ Maître & Seigneur, & vous avez „ raiſon, car je le ſuis: Si donc „ je vous ai lavé les pieds, moi qui „ ſuis votre Seigneur & Maître, „ vous devez vous les laver les uns „ aux autres. Comment J. C. auroit-il improuvé la diſtinction des fonctions eccléſiaſtiques, lui qui établit ſeptante Evangéliſtes du ſecond ordre, & d'un degré infé- „ rieur, comme parle S. Jerome; „ ou au-deſſous de la dignité des „ Apôtres, comme l'annonce Cal- „ vin. J. C. montant au Ciel, laiſſa aux hommes des Apôtres, des Evangéliſtes, des Prophétes, des Paſteurs, des Docteurs, dont les fonctions & les rangs étoient définis. Les Apôtres eurent la premiere place dans l'Egliſe, les Prophétes eurent la ſeconde, & les Docteurs enſuite. L'ordre des

Diacres, institué par les Apôtres, confirme que J. C. n'avoit point ordonné l'égalité des fonctions ecclésiastiques. Voilà ma premiere proposition d'une vérité réconnue, & reçue de Zanchius, de Chemnitius, d'Hammingius, de Calvin, de Melancton, de Bucer, de Béze même qui est obligé d'avouer qu'on ne peut, ni qu'on ne doit blamer le choix de tout un Clergé pour placer un Prêtre à sa tête.

IV. Il a été reçu par l'Eglise universelle.

2°. Ma seconde maxime est que l'Episcopat est répandu dans toute l'Eglise; témoins les Conciles universels dont les gens vertueux respectent l'autorité; témoins les Conciles nationaux & provinciaux, qui portent les signes certains de la préséance Episcopale; témoins tous les Peres sans exception, & dont celui qui donne le moins à l'Episcopat, est Saint Jérome qui ne fut point Evêque, mais Prêtre; son suffrage est d'un grand poids. On a décerné par tout l'univers, qu'un Prêtre pris de „ chaque Clergé auroit la premiere „ place, & veilleroit sur chaque

„ Eglise ; les hérétiques atteftent „ cette coutume générale ; ceux même qui en ont attaqué les Dogmes, ont confervé cet ufage. Voici le langage que tient l'Auteur des Homélies fur S. Mathieu : » Pour„ quoi ces chofes ? parce qu'elles „ viennent de J. C. Les héréfies, „ malgré leur féparation, ont „ des Eglifes, des Ecritures, des „ Evêques, des Ordres, des Mi„ niftres, des Clercs, le Baptême, „ l'Euchariftie & ; les autres Dog„ mes. Toute l'Eglife a condamné „ l'héréfie d'Aërius, qui prêchoit „ qu'il n'y avoit aucune différence „ entre l'Evêque & le Prêtre. Quel„ qu'un ayant écrit à Saint Jérome „ que l'Evêque & le Prêtre étoient „ égaux, il lui répondit, qu'il n'é„ toit pas inftruit, & que c'étoit „ faire naufrage au port. Zanchius reconnoît auffi fur ce point le confentement de toute l'Eglife.

V. Il remonte dès le tems des Apôtres.

3°. L'Epifcopat a commencé aux Apôtres ; il fuffit de feuilleter les catalogues des Evêques dans Saint Irenée, Eufébe, Socrate, Théodoret & les autres qui remontent au ſiécle des Apôtres. Ce ſeroit être opiniâtre & imprudent que de ne pas croire tant d'Auteurs ſi unis dans un fait hiſtorique, comme ſi on doutoit, malgré toutes les Hiſtoires Romaines, que le Conſulat de Rome dût ſa naiſſance à l'exil des Tarquins. Je reviens à S. Jérome, il rapporte que les Prêtres d'Alexandrie, depuis S. Marc l'Evangeliſte, ont placé ſur ce Siége un d'entre eux.

Saint Marc décéda la huitiéme année de Néron. Son Succeſſeur du vivant de l'Apôtre S. Jean fut Anianus, enſuite Abilius, & après celui-ci Cerdon. S. Jean vivoit encore lorſque Simon occupoit le Siége de Jéruſalem après l'Apôtre S. Jacques. Linus, Anaclet, Clément ſuccédérent à Rome aux Apôtres Saint Pierre & Saint Paul; Evodius & Saint Ignace rempliſſoient le Siége d'Antioche: cette antiquité eſt reſpectable. Saint Ignace qui étoit contemporain des Apôtres, Juſtin Martyr, & Saint Irenée qui l'ont immédiatement suivis, en rendent des témoignages incontestables; il est inutile de les rapporter. Saint Cyprien dit, » que depuis long-tems on a établi » des Evêques dans toutes les Pro» vinces & dans toutes les Villes.

VI. Il a été approuvé par un Jugement divin

4°. Le droit divin a approuvé l'Episcopat, ou selon Bucer, il a paru au S. Esprit qu'un d'entre les Prêtres devoit être particulierement chargé du soin de l'Eglise. L'Apocalypse le confirme: J. C. enjoint à Saint Paul d'écrire aux sept Anges des Eglises d'Asie: c'est ne pas entendre le sens de l'Ecriture que d'expliquer par le terme d'*Ange* chacune de ces Eglises. Ces Chandeliers, dit J. C. sont les Eglises, & les Etoiles sont les Anges des sept Eglises. Jusqu'où n'entraîne point le goût de la contradiction, quand on confond ce que le Saint-Esprit a si clairement distingué! Il est vrai que tout Pasteur peut mériter le nom d'Ange; mais aussi il est évident qu'en cette occasion il étoit adressé à un de chaque Eglise.

Concluroit-on de-là qu'il n'y a

qu'un Prêtre dans une Ville? je ne l'imagine pas. Du tems de S. Paul, plusieurs Prêtres administroient l'Eglise d'Ephese; pourquoi donc adresser les Lettres à un de chaque Eglise, si aucun n'avoit une fonction singuliere & éminente? On loue sous le nom d'Ange, le Préposé de l'Eglise, selon Saint Augustin. Les Anges président aux Eglises, suivant Saint Jérome. Veut-on des modernes? voici Bullinger: „ L'Epitre céleste est adressée à l'Ange de l'Eglise de Smyrne, c'est-à-dire à son Pasteur. L'Histoire nous „ apprend que l'Ange ou l'Evêque „ de Smyrne étoit alors S. Polycarpe, placé sur ce Siége de la „ main des Apôtres, sacré Evêque par Saint Jean, & mort après „ quatre-vingt-six ans de travaux. La réflexion de Bullinger sur S. Polycarpe est vraie; S. Irenée la confirme. » S. Polycarpe tient non-seulement des Apôtres sa Doctrine, „ il a conversé avec des Fidéles qui „ avoient vû J.C. mais il a été choisi „ par les Apôtres Evêque de Smyr-

„ ne en Asie, où je l'ai vû dans ma „ jeunesse : Tertullien marque, la „ tradition de Smyrne est que Saint „ Jean lui a donné Saint Polycarpe „ pour Evêque ; & ailleurs nous „ avons des Egises Filles de Saint „ Jean, & quoique Marcion ait re- „ jetté son Apocalypse, on com- „ mencera toujours à lui la liste des „ Evêques. Marlorat croit que Saint „ Jean fonda l'Eglise d'Ephese, à „ cause de sa célébrité ; il ne parle „ point au Peuple, mais au Chef du Clergé, c'est-à-dire à l'Evêque. L'autorité de Beze ou de Rainold sera peut-être mieux reçue ; la vérité leur a arraché cet aveu. Beze remarque, à l'Ange, ou au Président, „ qu'il étoit nécessaire d'aver- „ tir sur-tout de ces choses, pour „ qu'il en fît part à ses Collégues „ & à toute l'Eglise : & Rainold, „ quoique le Clergé d'Ephese ait „ beaucoup de Prêtres & de Pas- „ teurs, cependant ils étoient pré- „ sidés par un seul, que le Sauveur „ nomme l'Ange de l'Eglise, & „ auquel il écrit ce que les autres

„ devoient apprendre par ſa bouche.

En effet, ſi Dion Pruſæus a eu raiſon de traiter les Princes de *Génies de leurs Etats*, ſi l'Ecriture les honore du nom d'*Anges* : ce nom ne convient-il pas, par un droit éminent, au Prince des Prêtres ? J. C. écrivant aux Evêques, comme les premiers du Clergé, a certainement approuvé leur prééminence ; les anciens manuſcrits Grecs du Nouveau Teſtament portent ces mots à la fin: » On écrit de Rome à Timothée, le » premier Evêque d'Epheſe, lorſque » Saint Paul parut pour la ſeconde » fois devant l'Empereur Néron. On ne ſçauroit ici entendre un ſimple Prêtre par le mot d'Evêque, non-ſeulement parce que les Egliſes ne comptoient pas leurs ſucceſſions par les Prêtres, mais encore parce qu'avant Timothée l'Egliſe d'Epheſe avoit des Prêtres. Ces mêmes manuſcrits, dans la Lettre à Titus, laiſſent lire, de la Ville de Nicopolis on écrit à Titus, premier Evêque de Créte. L'Auteur, vulgairement appellé Ambroise, ne donne pas d'autre titre à Timothée ; voici ses paroles: » L'Apôtre dit qu'il a consacré Evêque le Prêtre Timothée; » parce que les premiers Prêtres se „ nommoient Evêques ; ensorte „ qu'à la mort de l'Evêque le Doyen succédoit ; mais étant arrivé „ que les plus anciens Prêtres se „ trouvoient indignes de cette place » le Concile changea l'usage, & ordonna qu'on feroit attention au » mérite & non à l'ancienneté, de „ peur que les Prêtres indignes „ n'occupassent le Siége Episcopal, & ne devinssent le scandale „ de l'Eglise.

Cet Auteur reconnoit que l'Apôtre fixoit un rang entre les Prêtres. Les anciens monumens militent contre les Sçavans qui inférent de ce passage une Présidence circulaire : le discours de S. Ambroise ne la favorise pas. Les Evêques s'éloignant, c'est-à-dire, mourant ou abdiquant les Prêtres qui tournoient étoient toute autre chose, & n'avoient aucun rapport avec la preéminence inséparable du Grand Prêtre & des autres Evêques de son rang. Ambroise insinue que dans l'institution d'un Evêque on examinoit l'ordre du Tableau, ou plûtôt l'ancienneté des fonctions ; quoiqu'aucun ancien n'ait embrassé cette opinion, elle n'est pas hors de vraisemblance, en l'adoptant à quelques Eglises particulieres.

Les Constitutions de Justinien portent que les Archimandrites des Moines furent au commencement élûs selon l'ordre. S. Jerome, sur la pratique de l'Eglise d'Alexandrie, empêche qu'on ne pense ainsi de toutes les Eglises ; il dit sur Timothée : » Il instruisit Timothée, déja „ Evêque, comment il devoit gou„ verner son Eglise. Sur Tite : l'Apô„ tre consacra Tite Apôtre, & l'a„ vertit de veiller à son Eglise. Epiphane, Eusébe, S. Chrysostome, Œcumenius, Théodoret, Théophylacte, Primasius y sont conformes. Le Concile Œcuménique de Calcédoine s'énonce de la sorte dans l'Action onziéme. On a ordonné à Ephese vingt-sept Evêques depuis Saint Timothée jusqu'à présent.

L'antiquité n'auroit point prévû le systême de quelques-uns qui avancent avec hardiesse, que les Evangélistes n'ont pû être Evêques ; tandis qu'ils parcouroient les Provinces ils étoient Evangélistes ; mais dès qu'ils se fixoient dans des Villes, où ils trouvoient une moisson abondante, y étant sans doute à la tête du Clergé, ils y remplissoient les fonctions d'Evêques : aussi l'antiquité a-t'elle judicieusement pensé que les Apôtres ont été Evêqnes des Villes, dans lesquelles ils ont fait un plus long séjour, ou pour parler plus correctement dans lesquelles ils ont siégé. S. Luc se sert de cette expression significative, pour marquer le tems que S. Paul demeura chez les Corinthiens.

On lit encore que les Apôtres ont fait Evêques d'autres Fidéles que Tite & Timothée. S. Ignace écrivant à la Ville d'Antioche, dit, parlant d'Evodius : » Il est le premier „ que les Apôtres ayent élevé aux

„ fonctions, que nous remplissons.
Il est inutile d'expliquer ces fonctions de S. Ignace, puisque partout il distingue l'Evêque des Prêtres, & qu'il le leur prépose : » Il les avertit ailleurs de ne rien agiter sans „ l'Evêque, & d'obéir à l'ordre des „ Prêtres ; il dit encore, pour que „ l'ordre des Prêtres soit digne de „ Dieu, il faut qu'il soit aussi inti- „ mément lié à son Evêque que les „ cordes le sont à la Guitarre : il de- „ mande dans un autre endroit, „ Qu'est-ce qu'un Evêque ? si ce „ n'est celui qui a l'autorité & le „ pouvoir absolu ; il est le maître de „ tout, autant que le peut être un „ homme qui se modéle sur les Ver- „ tus de J. C. Quel est l'ordre des „ Prêtres ? c'est un Conseil sacré, „ qui consulte & qui siége avec l'E- „ vêque ; & il écrit à ceux d'Antio- „ che : Prêtres, paissez le troupeau „ qui vous est confié, afin que Dieu „ fasse voir que vous devez gouver- „ ner. Ce S. Ignace étoit le même qui vit J. C. en chair, qui vécut avec les Apôtres, & fut Evêque d'Antioche après Evodius.

Mais avant que les Evêques eussent singuliérement obtenu ce nom, quel autre donnoit-on à cette Prééminence si ancienne & approuvée de Jesus Christ, & que Saint Jerome se persuade s'être introduite dans la huitiéme année de Néron ? Les anciens Peres font entendre qu'on les appelloit *Apôtres*. On voit des traces obscures de cette opinion chez Saint Cyprien & chez les Auteurs de son siécle. Quand Saint Paul avance, qu'il n'est pas au-dessous des *Grands Apôtres*, on présume qu'il y avoit des Apôtres d'un degré inférieur. Théodoret interpréte ainsi le Passage où Saint Paul nomme Epaphroditus *Apôtre* de la Ville de Philippe. Mais plus vraisemblablement, ce titre vient des Juifs Hellénistes, car les Dixmeurs & les Collecteurs avoient le nom d'*Apôtres* chez les Hébreux Hellénistes.

VII. Les Evêques nommés Anges, Apôtres.

La Constitution d'Arcadius & d'Honorius le prend dans cette signification, lorsqu'elle rappelle, que leur devoir étoit de remettre au Grand Prêtre les ſommes levées dans chaque Synagogue. Saint Paul, en ajoutant au nom d'*Apôtre*, le terme de *Miniſtre de mes affaires*, déclare, que les Habitans de Philippe lui avoient envoyé Epaphroditus avec de l'argent ; & dans un autre endroit, il nomme Apôtres des Egliſes, les Fidéles qui accompagnoient Tite. Suivant l'Apocaylpſe, on diſoit plus anciennement Ange, & enſuite on a dit *Evêque*. Il y a apparence, que l'uſage a eu beaucoup de part à ces dénominations. Ces Lettres étoient écrites en ſtile vulgaire, elles expliquoient l'emblême des étoiles par le nom d'*Anges* ; cependant il paroit que le terme de Préſident étoit plus ſimple. Juſtin Martyr, dans ſa ſeconde Apologie, donne ce titre à l'Evêque.

VIII. L'Epiſcopat peut ſe tirer de la Loi naturelle & du Pontificat Moſaïque.

Quel ſeroit le modéle, ſur lequel l'Egliſe a fondé l'éminence de ſon Epiſcopat ? On ſçait que les Prêtres des Gentils avoient des rangs. C'étoit l'uſage des Grecs ; & l'ancienne diſcipline des Druides, copiée ſur celle des Grecs, en eſt un témoignage non ſuſpect : » Les Druides » ont un Chef, dit Céſar, qui a la ſou» veraine autorité. Thucydide nous apprend quelle préſéance avoient dans les choſes ſacrées les Villes Métropoles. Il dit en parlant des habitans de Corcyre, Colonie des Corinthiens : » Ils ne leur rendoient » point des honneurs ordinaires » dans les Aſſemblées générales ; & » ils ne permettoient point qu'un » Corinthien préſidât aux Sacrifi» ces, comme le ſouffroient les au» tres Colonies. Un ancien Scoliaſte ſur ce Paſſage remarque : » Que » la coutume étoit de tirer le Grand » Prêtre de la Ville Métropole. Strabon décore du titre de Grand un Prêtre des Cattes ; & Marcellinus, un Prêtre des Bourguignons.

Dieu, Auteur de la République des Juifs, approuva cet uſage, en mettant à la tête des Prêtres un d'entr'eux avec la ſouveraine autorité, quoiqu'il fût en pluſieurs occaſions la figure de Jeſus-Chriſt. Ce point ne fut pas cependant l'unique objet du Pontificat; car la dignité du Sacerdoce ne contribua pas moins au bon ordre, que la Puissance Royale, qui a en quelque sorte résidé en Jesus Christ. Je croirois ce modéle suffissant, si je n'étois convaincu, que le Gouvernement de l'Eglise, n'est pas tant formé sur celui du Temple de Jerusalem, que sur celui des Synagogues.

Elles étoient dispersées sans aucun pouvoir, de même l'Eglise de Jesus Christ n'en a point. Par tout où les Apôtres abordoient, ils voyoient des Synagogues bien reglées, depuis la transmigration de Babylone, & lorsque les Juifs, qui les composoient, recevoient l'Evangile qui leur étoit prêché par préférence, on ne touchoit point à une discipline, que plusieurs siécles avoient respectée, & à laquelle les Gentils se soumetoient volontiers. Or il est évident qu'il y avoit un Chef qui présidoit à chaque Synagogue. Le mot Grec le rend par le Prince de la Synagogue, ou le Prince tout court; il est souvent dans l'Evangile & dans les Actes des Apôtres, ensorte que par tout il désigne un Prince de la Synagogue. L'article XIII. des Actes étend sa signification, il comprend & celui qui, chez les Hébreux étoit *Prince de la Synagogue*, & ceux qui s'appelloient *Pasteurs*, mot venu du Syriaque. Aussi les Maîtres Hébreux établissent un Prince dans chaque Synagogue, lequel répond à l'Evêque, & ensuite des *Pasteurs*, dont l'Eglise Chrétienne a perpétué le nom & les fonctions. C'étoit la même chose que les Aumoniers qui ont du rapport avec les Diacres. Les Pasteurs, confondus dans ce passage avec le Chef de la Synagogue, s'y nomment *Princes des Prêtres*.

Souvent le Grand Prêtre, & les plus anciens Prêtres ont dans le Nouveau Testament le titre de *Princes des Prêtres*. Jérémie les appelle *les Anciens des Prêtres*. Le nom d'*Archisynagogue* est répeté dans le Code de Théodose pour les distinguer des *Peres de la Synagogue*, que les autres Loix nomment *Majeurs* ou *An-*

*ciens*. Justinien dans une Novelle qualifie ces *Archisynagogues* d'*Archipherekites*, & les distingue des *Prêtres* des Juifs. *Archipherekites* est un mot Syro-Grec. Le Texte Hébreu s'en sert d'un autre. Saint Luc Act. VIII. 32. l'entend des Pasteurs, parce que ce mot Grec a le son du mot Hébreu. Un Archipherekites est celui que Constantius dit être *Président de la Loi* : comme Philon parle de l'Evêque des Esséniens. Ces Archipherekites avoient au-dessus d'eux des *Primats*, qui gouvernoient dans l'une & l'autre Palestines, & c'en étoit d'autres dans les autres Provinces, comme on le voit dans les Constitutions des Empereurs. Cette courte Dissertation suffit pour éclaircir l'origine des Evêques.

IX. L'Eglise a tiré bien de l'utilité de l'Episcopat.

L'Histoire de tous les siécles annonce les avantages que l'Eglise a tiré de l'Episcopat ; témoin Saint Jerome, l'homme de l'antiquité le moins aveugle sur le chapitre des Evêques : » On a décerné dans tout » l'Univers, que pour prévenir les » desor-

» desordres & les Schismes, on pla-
» ceroit un d'entre les Prêtres à la
» tête des Clergés ; il dit ailleurs :
» Le bien de l'Eglise reside dans la
» dignité du Souverain Prêtre, c'est-
» à-dire, de l'Evêque ; si les Fidé-
» les d'un avis unanime ne lui assu-
» rent point un pouvoir particulier,
» l'Eglise essuyera autant de Schis-
» mes qu'elle aura de Prêtres. Saint Cyprien ne se lasse point de le répéter.

» Quelle a été, & quelle est la
» source des divisions & des hére-
» sies ? Nulle autre que le mépris,
» que quelques brouillions font de
» l'Evêque, qui est un, & à la tête
» de l'Eglise. Pourquoi, continue-
» t-il dans un autre endroit, cher-
» cher ailleurs l'origine des héré-
» sies, & des troubles, qui ont dé-
» chiré l'Eglise ? Elle nait de l'obéis-
» sance qu'on refuse au Prêtre du
» Seigneur, du défaut d'Evêques
» dans l'Eglise, & de Juges à la
» place de Jesus Christ. L'élevation d'un ne préservoit pas seulement chaque Clergé de Schisme, mais,

ſelon Saint Cyprien, toute l'Egliſe étoit liée étroitement par l'union de ces Prêtres ; car le commerce qu'entretenoient entr'eux ces Evêques, maintenoit partout la concorde, & cela par leur prééminence.

X. L'Epiſcopat n'eſt pas de précepte divin.

S'il eſt des maximes qui aſſurent la ſupériorité des Evêques, il en eſt d'autres, qui, ſans combattre les premieres, établiſſent l'égalité des Paſteurs. 1°. La dignité épiſcopale n'eſt pas de précepte divin ; cette propoſition eſt d'autant plus certaine, que le contraire n'eſt pas démontré. Jeſus Chriſt ne l'a ordonnée nulle part, il y ſouſcrit à la vérité dans l'Apocalypſe ; mais ce conſentement n'eſt point un précepte. L'Epiſcopat eſt d'Inſtitution Apoſtolique, parce que les Apôtres ont ordonné, ou approuvé pluſieurs Evêques ; mais on ne lit point qu'ils ayent enjoint, qu'il y eût de tels Evêques dans chaque Egliſe : cette diſtinction réſout la queſtion née entre Saint Jerome & Aérius. Saint Jerome ſoutient, » que les

» Evêques sont au-dessus des » Prêtres, plûtôt par coutume, que » par l'ordre du Seigneur. Aussi Saint Augustin prétend-t-il : » Que » l'Evêque a, par honneur, une » place distinguée, que l'usage an- » cien de l'Eglise lui a assignée. Les Peres en convenant de cette coutume, ne rejettent point l'Institution Apostolique. Saint Augustin au contraire assure, que ce qui se pratique dans l'Eglise, sans avoir été établi par les Conciles, & qui cependant a toujours été suivi, est censé avec raison venir de l'autorité des Apôtres.

Au reste, l'Institution Apostolique n'est pas un précepte divin. On regle plusieurs points avec la liberté d'innover. L'Eglise sous les Apôtres avoit décerné, que le Peuple répondroit *Amen* à haute voix, & que celui qui enseigne auroit la tête découverte, ces pratiques sont éteintes en plusieurs endroits. De plus, les Apôtres instituerent un si petit nombre d'Evêques, que plusieurs Villes n'en eurent point. Epiphane l'avoue : » Il falloit des Prêtres & » des Diacres, leurs fonctions suffi- » soient au gouvernement des ame; » & à la discipline ecclésiastiques » s'il ne se trouvoit point de Clerc » digne de l'Episcopat, la Ville en » étoit privée ; si elle en demandoit, » & qu'elle en fournit de capable, » on l'établissoit. Les autres Eglises, » suivant Saint Jerome, étoient ad- » ministrées par le Clergé.

XI. On n'a pas observé universellement qu'un présidât à chaque Ville, & à qui appartient le droit d'ordonner.

On n'avoit point universellement résolu, qu'il y auroit un Evêque dans chaque Ville; on l'a déja fait voir dans le siécle des Apôtres. Depuis cela on a placé plusieurs Evêques dans une seule Ville, à l'imitation des Juifs, qui avoient autant de Chefs que de Synagogues. Or il y avoit souvent plusieurs Synagogues dans la même Ville, ou comme parle Philon, plusieurs lieux destinés à la priere; ce qui a fait dire au Satirique : » Dans quelle Synagogue » vous chercher ? Par exemple, à Jerusalem, on voyoit la Synagogue des Libertins, celle des Cyrenéens, celle des Alexandrins. Les Corinthiens vers ce même tems avoient deux Chefs de Synagogue, Crispus & Sosthenes. Epiphane dit : » Que la Ville d'Alexandrie fut la » premiere, qui se détermina à » n'obéir qu'à un seul Evêque. Autrefois Alexandrie n'eut point deux Evêques comme les autres Villes. Le Canon VIII. de Nicée définit, qu'il n'y ait point deux Evêques dans une Ville. Les circonstances ont quelquefois fait éluder l'exécution de ce Canon. Il conservoit la Dignité Episcopale aux Evêques, qui abandonnoient la Secte des Cathares, & qui rentroient dans le sein de l'Eglise.

Le Concile d'Ephése, après l'Election de Théodore, accorde à Eustache l'honneur de l'Episcopat; du moins cela paroît par une Lettre écrite au Concile de Pamphilie. Dans le Colloque, tenu devant Marcellinus, les Catholiques offrirent cette prérogative aux Donatistes, s'ils rentroient dans la Communion : » chacun de nous peut céder la » place éminente, que nous don-

» nons ordinairement à l'Evêque
» étranger. Valerius Evêque d'Hippone, s'associa Saint Augustin, & quoique ce dernier ait rejetté cette action, sur ce qu'il ignoroit la défense des Canons, on peut présumer, qu'elle n'étoit point insolite, encore moins opposée aux préceptes divins.

De plus, les Chaires Episcopales, vaquoient des mois & des années entieres. Le Clergé, dit Saint Jerome, en avoit alors le Gouvernement. Les Prêtres, ajoute Saint Ignace, paissoient le Troupeau; combien de Lettres Saint Cyprien n'adressa-t-il pas au Clergé de Rome? Combien de Réponses n'en reçut-il pas sur les Affaires de l'Eglise les plus importantes? Tous les anciens Peres protestent, que hors l'Ordination, il n'est aucune fonction propre à l'Evêque, qu'un Prêtre ne puisse remplir. S. Chrysostome raisonne de la sorte sur ces deux grades; ils different peu. » Les Prê-
» tres ont le pouvoir d'enseigner,
» & les premieres places. Les Evê-

» ques n'ont de particulier que » l'Ordination, ou l'Imposition des » mains. Par cette fonction seule, » ils paroissent être au-dessus des » Prêtres. Saint Jerome pense de » même. Que fait l'Evêque, excepté » l'Ordination, que le Prêtre ne » puisse faire ? Quoique le sentiment des Peres interdise aux Prêtres l'Ordination, & que nombre de Conciles universels ou particuliers l'ayent ainsi statué, rien n'empêche de croire que les Prêtres peuvent ordonner sans appeller l'Evêque. En effet, le IV. Concile de Carthage insinue, que les Prêtres concouroient quelquefois à l'Ordination: » Au moment que l'Evêque » benit le Prêtre, & qu'il lui impose » les mains sur la tête, que tous les » Prêtres assistans ayent aussi leurs » mains sur sa tête auprès de celles » de l'Evêque. Je n'oserois m'autoriser d'un passage de Paulin sur cette imposition des mains des Prêtres, je sçais que Saint Jerome, Saint Ambroise & les autres Peres, ainsi que Calvin, le Chef de la Réforme, n'entendent pas là le Presbitérat, mais la fonction à laquelle Timothée fût élevé. Aussi un homme qui aura étudié les Conciles & les Peres, n'ignorera pas, que le Presbitérat est un nom d'Office comme l'Episcopat & le Diaconat; & S. Paul ayant imposé les mains à Timothée, il n'étoit ni nécessaire ni décent, que les Prêtres s'unissent pour l'associer à l'Apostolat, & le combler de toutes les vertus. Mais comment refuser aux Prêtres l'Ordination dans les endroits où il n'y a point d'Evêque? puisqu'entre les Scholastiques, l'Auxerrois* en convient, car les reglemens, qui ont pour but le bon ordre, ont leur exception. Un an» cien Concile de Carthage permet» toit aux Prêtres de reconcilier les » Pénitens en cas de nécessité, & » ailleurs d'imposer les mains aux » Baptisés. De plus comme nous l'avons déja remarqué, placera-t-on avec les Evêques ou avec les simples Prêtres, ceux qui n'ont point de Prêtres au-dessous d'eux, ni d'Evêques au-dessus? Saint Ambroise

* Guillaume d'Auxerre.

dit de Timothée, il étoit Evêque, parce qu'il n'avoit personne au-dessus de lui. La forme d'un Gouvernement a beaucoup de rapport à cette question. Le Sénat sans Roi a une autorité qu'il n'exerce pas sous un Roi, attendu qu'un Sénat sans Roi est presque Roi.

XII. Des raisons fortes empêcherent qu'en plusieurs lieux on ne plaçât d'Evêques.

Ce siécle vit plusieurs Villes se passer d'Evêques pour quelques années, & ce sur des motifs indispensables. Beze paroit regarder ces motifs comme passagers, & déclare, qu'il n'est pas de ceux qui croyent, qu'il ne faudroit pas rappeller l'ancienne discipline si les abus en étoient écartés. On peut regarder comme le premier de ces motifs la disette de sujets dignes de cet auguste Ministere; car si l'Eglise dès son berceau jugea à propos de ne point pourvoir d'Evêques nombre de Villes, comme le dit Saint Epiphane, pourquoi, ayant à peine dissipé les ténébres épaisses, que l'ignorance avoit repandues, n'auroit-elle pas suivi la même route, surtout dans les endroits où l'on ne voyoit plus de ces anciens Evêques qui maintenoient la vérité révelée ?

2°. Le relachement de l'Ordre Episcopal devint un second motif. L'Historien Socrate se plaignoit autrefois, que quelques Evêques ses contemporains avilissoient le Sacerdoce & avoient perdu toute leur autorité. Hierax se plaignoit dans Isidore de Peluse, que la douceur & la modestie s'étoient tournées en tyrannie. Saint Grégoire de Nazianze condamne ouvertement l'ambition des Evêques, & il veut qu'on interrompe dans des Villes la succession des Evêques, si on n'y abolit pas l'Episcopat : » Plût à » Dieu que la vertu seule donnât la » préséance, les honneurs & l'auto- » rité ; le Concile d'Ephese craint, » que la fumée de la dignité mon- » daine ne serve à la décoration du » Sacrifice. Les Conciles d'Afrique y sont conformes.

Cependant l'ambition du Clergé n'avoit pas jetté d'aussi profondes racines depuis les Apôtres jusqu'à ces siécles, que depuis ces siécles jusqu'au tems de nos Peres; ensorte qu'on pût desespérer de guérir cette maladie, si l'on ne coupoit les membres cangrénés. Je n'abrogerois pas de bons usages, parce qu'on en abuse; mais il ne seroit pas nouveau d'en suspendre l'exécution quand l'abus est insensiblement devenu l'usage. Le serpent d'airain auroit pû subsister, sans devenir l'objet de la superstition; néanmoins Ezéchias qui vit le penchant du Peuple, le fit mettre en poudre pour soustraire aux yeux des Juifs un sujet de superstition.

Les Evêques avoient terni l'éclat & affoibli la vénération, que les Fidéles portoient à la Dignité Episcopale; le nom seul leur étoit odieux; n'est-il pas des occasions, où il faut se prêter aux préjugés? Témoins les Romains, qui dégoutés des Tarquins, jugerent de ne souffrir à Rome aucun Roi.

En troisiéme lieu dans les tems de trouble, sous le nom de Juges de la Loi, ils devoient non seulement étouffer les secrets mouvemens de l'ambition, mais encore en dissiper jusqu'aux moindres soupçons. Quoiqu'on y ait rémedié, en éteignant l'Episcopat, on n'a pû échapper à la calomnie Que n'auroit-on point inventé, si l'espoir d'un rang plus élevé, eût concouru au changement de Doctrine ?

Une raison particuliere a fait que la Réforme s'est abstenu de l'Episcopat. Dieu suscita de Grands Hommes, d'un genie vaste, d'une érudition profonde, également accrédités chez eux & chez les Nations voisines. Ils étoient en petit nombre, mais capables de faire face à tout : leur réputation suppléa aisement à ce qui leur manquoit du côté de l'Episcopat. Il faut reconnoitre avec Zanchius, que ceux-là furent plus Evêques, quoiqu'ils n'en eussent pas le nom, que ceux dont ils foudroyoient l'Episcopat.

Je rappelle ce que j'ai avancé quelque part, que la discipline ecclésiastique s'est modelée sur la Police civile. Dans l'Empire Romain les Evêques étoient à l'instar des Commandans, les Métropolitains ressembloient aux Gouverneurs des Provinces, & les Exarques Patriarches ou Primats étoient à l'imitation des Princes Vicaires des Empereurs. Je ne suis donc pas surpris, qu'un Peuple accoutumé plûtôt au Gouvernement des Grands qu'à celui d'un seul, confiât plus volontiers le Gouvernement de l'Eglise au Clergé qu'à l'Evêque. Ce préjugé excuse les Eglises qui n'ont point d'Evêques, pourvû qu'elles s'abstiennent de combattre les autres saines pratiques & qu'elles ne perdent pas de vue ces maximes que Beze recommande fort : » Tout » précepte divin est essentiel au sa- » lut, il fut nécessaire, il l'est, il le » sera, qu'un du Clergé ait la pre- » miere place & les honneurs, qu'il » veille au Gouvernement, & qu'il » ait en main l'autorité que la Loi » divine y a attachée.

XIII. Les Prêtres à tems furent inconnus à l'ancienne Eglise.

Je passe à ces Adjoints, qui tirés d'entre le Peuple sécondoient les Pasteurs. Leur ministere duroit un an ou deux. Ils avoient le titre de Prêtre, sans avoir la Prédication ni l'administration des Sacremens. 1°. Je crois que les Apôtres & la primitive Eglise ne s'en sont point servis : aucun Auteur, que je sache, n'a avancé que ces Prêtres à tems existoient déja, encore moins l'a-t-on prouvé. Tertullien écrivant contre les Hérétiques, » pour marquer » combien leurs Ordinations témé- » raires, inconstantes, & légeres » suivoient peu la méthode de l'an- » cienne Eglise, ajoutoit, aujour- » d'hui Prêtre & demain Laïc.

Ce passage découvre que les Prêtres à tems étoient alors inconnus à l'Eglise Catholique : quelques-uns prétendent qu'il est indifférent à l'essence de la fonction qn'elle soit ou perpétuelle ou momentanée ; si cela est vrai, il faut s'étonner de ne trouver chez aucune Nation de ces Pasteurs annuels chargés des fonctions sacrées. Si ce raisonnement est absurde, quelle en est la raison ? Sinon que, comme les dons de Dieu ne se reçoivent point à regret, c'est-à-dire, avec envie de s'en défaire, de même les fonctions établies de

Dieu doivent être durables, puisqu'elles sont pour les besoins continuels de l'Eglise. » Celui qui tenant » le soc de la charue regarde » derriere lui, n'est pas propre au » Royaume de Dieu, c'est-à-dire, au ministere de l'Eglise, ces différens changemens des Anciens sont plûtôt l'usage de la prudence humaine, que la suite de la Loi divine.

XIV. L'ancienne Eglise par le terme de Prêtre n'a point entendu dans l'Eglise d'autres que les Pasteurs.

2°. L'ancienne Eglise n'a compris sous le nom de Prêtres que les Pasteurs chargés de la parole & de l'administration des Sacremens. Je ne m'arrête point au terme Latin de *Senieurs* ou Anciens, qui quelquefois s'adopte à l'âge, & assez souvent à la Magistrature; je parle du mot Grec, qui traduit en Latin, signifie toujours la fonction & la dignité pastorale; car les Auteurs Grecs, qui usent du terme de Prêtre marquent par tout l'âge ou la Magistrature. Je ne parle pas encore du passage de Saint Paul, qui regarde plus la question du droit divin; je dirai cependant par la suite quelque chose des Senieurs de l'Ancien Testament.

De tous les Peres, de tous les Livres qui ont traité du Gouvernement de l'Eglise, aucun ne donne la dignité du Sacerdoce qu'aux Pasteurs : s'il y eût eu de deux sortes de Prêtres, on auroit dû faire mention, non pas une fois, mais cent, mais mille, surtout dans ces Canons qui ont tracé le plan de la Hierarchie ecclésiastique, & on auroit déterré dans quelqu'endroit la maniere d'élire ces Prêtres qui ne sont pas Pasteurs. Combien de passages au contraire répétent que tous les Prêtres ont le droit de paître le troupeau, de baptiser, d'administrer les Sacremens ; ils rapprochent les Prêtres des Evêques, & les appellent Successeurs des Apôtres. Combien s'étendent-ils sur les Pénitences des Prêtres : c'étoit pour eux un châtiment d'être chassés du Clergé, d'être pour un tems réduits à la Communion des Laïcs, & d'être assujetis à une discipline plus rigoureuse.

Les Loix qui affranchissent les Prêtres du Barreau & des Charges

publiques, & les Constitutions qui défendent de reconnoître d'autres Prêtres que les Pasteurs, existent encore. Saint Ignace, qui le premier des Peres parle du Presbitérat, range partout les Prêtres au-dessus des Diacres, & les distingue des Laïcs; il nomme même le Presbitérat l'union des Apôtres de J. C. il étoit sans doute persuadé que les Prêtres avoient succédé aux Apôtres dans le Ministere de la parole, la dispensation des Misteres, & l'usage des Clefs, & il leur prodigua les noms de Conseillers, de Sénateurs des Evêques: ensorte qu'il est singulier que quelques-uns ayent si mal interpreté ce passage. Au reste, rien n'égale la confiance d'un Auteur qui a cru depuis peu trouver dans le Concile de Nicée des Prêtres non Pasteurs; il cite le Canon XVII. » Le S. Concile Géné-
„ ral a été informé, que les Diacres
„ de quelques Villes donnoient l'Eu-
„ charistie aux Prêtres, quoique la
„ pratique de l'Eglise interdise la
„ distribution de J. C. à ceux à qui

„ elle a refusé le pouvoir de la con-
„ sacrer.

La lecture de ce Canon présente-t'elle l'idée des Prêtres non-Pasteurs, tandis qu'il recommande expressément aux Diacres de ne point siéger parmi les Prêtres ? S. Jerome, reprenant l'abus condamné par ce Canon, s'écrie : » C'est pousser l'im-
„ pudence bien loin que de préférer
„ les Diacres aux Prêtres, je veux
„ dire aux Evêques. Comment ?
„ le Ministre des Veuves & des
„ aumônes auroit le front de précé-
„ der le Ministre qui consacre le
„ Corps & le Sang de J. C. D'autres se rejettent sur l'Histoire du Prêtre Pénitencier, dont ils désapprouvent l'abrogation, qu'ils canonisent cependant, lorsqu'ils attaquent la Confession auriculaire ; d'où on a inféré que le Prêtre Pénitencier n'étoit pas Pasteur. Et où les Peres ont-ils pensé que l'usage des Clefs pût être détaché du Ministere de la parole, & de l'administration des Sacremens ? Certainement J. C. a confié les Clefs à ceux qu'il a revêtus

du pouvoir de prêcher & de baptiser : » Que l'homme ne sépare pas » ce que Dieu a uni.

» Saint Ambroise dit, parlant du » droit de lier & de délier, cette fonc„ tion appartient aux Prêtres seuls. „ Nous autres Prêtres, poursuit-il, „ nous avons tous reçu les Clefs » du Royaume des Cieux, par l'A„ pôtre Saint Pierre. Saint Jerome „ assure de ceux qui ont succédé „ aux Apôtres, que munis des „ Clefs, ils jugent avant le jour „ du Jugement : il n'est pas aisé, „ continue-t'il, d'être à la place „ de Saint Paul, & d'occuper celle „ de Saint Pierre. Saint Chrysosto„ tome ajoute: ce lien enchaîne l'ame „ des Prêtres. Les Peres regardoient comme Pasteurs les Prêtres qui avoient la parole & les Sacremens; terme inusité dans le Nouveau Testament, mais autorisé par la Loi divine. Dieu, chez Isaïe, prédisant la vocation des Payens par l'Evangile, annonçoit, » que de ces Na» tions, il choisiroit des Prêtres & » des Lévites.

L'exercice des Clefs, & le pouvoir d'absoudre les Pénitens, appartient, de l'aveu de tous les Peres, aux seuls Pasteurs dépositaires de la parole & des Sacremens ; par consequent les Prêtres, chargés d'absoudre les Pénitens, ne sont point autres que ceux que le Nouveau Testament nomme Pasteurs. Or de même que le mot de Prêtre désignant la fonction ecclésiastique, est chez les Peres uniquement consacré aux Pasteurs ; de même le terme latin Senieur ne s'applique qu'à eux. » Tertul» lien, traitant de l'usage des Clefs, » dit: On juge, comme étant certains „ de la présence de Dieu, & comme „ avançant le Jugement dernier ; si „ un Pécheur a tellement péché, „ qu'il mérite de ne point assister „ aux Prieres, aux Assemblées des „ Fidéles, & de rompre tout com„ merce avec lui, des Senieurs ap„ prouvés, président à ces délibé„ rations, leurs vertus, non l'ar„ gent, leur méritent cet honneur, „ car la chose de Dieu ne s'achete „ point.

Calvin lui-même avoue que les seuls Pasteurs formoient le Clergé de ces siécles. Tertullien, traduisant le Texte Grec, appelle Senieurs ceux qui avoient l'exercice des Clefs : en Grec, on les nommoit Prêtres, terme qui, ayant d'abord caractérisé l'âge, exprima ensuite les Dignités séculiéres, & resta enfin aux fonctions ecclésiastiques. Le mot Sénat a la même origine en Latin & en Grec. Firmilien, Evêque de Césarée, décrivant à Saint Cyprien les Conciles provinciaux, composés d'Evêques & de Pasteurs : » Cette raison, dit-il, nous oblige » d'assembler tous les ans des Se» nieurs & des Prêtres pour regler » l'Eglise commise à nos soins. Saint » Ambroise remarque deux degrés » de Senieurs, l'Evêque & les Prê» tres, & il les oppose aux Laïcs : » il ne faut pas, observe-t'il, que » nos Juges Clercs fréquentent les » maisons des Veuves & des Vier» ges, si ce n'est pour les visiter ; ils » y accompagneront les Senieurs, » c'est-à-dire, l'Evêque ou les Prê-

» tres, si le sujet est de conséquen-
» ce.

Il est donc inutile de donner sujet à la critique des Laïcs: feuilletez les Actes de tous les Conciles, vous n'y lirez aucun nom de Senieurs, qui n'auront point été Pasteurs: on commença même à appeller les Pasteurs les *Ainés*, terme uniquement propre à l'âge, à l'imitation d'un mot Grec. Firmilien dénote clairement les Pasteurs, quand il dit: » les pre-
» mieres places de l'Eglise sont oc-
» cupées par les aînés qui ont le
» pouvoir de baptiser, d'imposer les mains, & d'ordonner: ainsi ces mots Majeurs, Senieurs embrassent également l'âge, la Magistrature, & le Sacerdoce. Grégoire de Tours qualifie de Majeurs les Gouverneurs pour le Roi Childebert. La Novelle de Léon & de Majorien traite les premiers d'une Ville de Senieurs. L'Ordonnance de Marcellinus adresse aux Senieurs des lieux l'ordre de réprimer les Assemblées secrettes.

Dans les Fiefs, le Senieur est celui qui a des Vassaux; d'où vient le nom de Maître, commun aux Italiens, aux Espagnols & aux François : on ne s'est pas seulement servi du mot Senieur pour les Pasteurs & les Magistrats ; on en a encore décoré l'Assemblée des Prêtres que Saint Ignace appelle la sainte Assemblée des Prêtres, c'est-à-dire, de ces Prêtres qu'il a d'abord égalés aux Evêques, & par le conseil desquels l'Eglise étoit gouvernée. De même Tertullien appelle le Clergé l'Ordre: » L'autorité de l'Eglise a posé les bornes qui séparent l'Ordre & » le Peuple. Il est vrai que les Auteurs ecclésiastiques ont souvent donné le nom de Senieur à l'âge plûtôt qu'à la dignité : comme il est hors de doute que les Evêques consultoient leurs Eglises dans leurs affaires importantes, conduite utile & toujours nécessaire, lorsqu'elle étoit agitée de persécutions, & qu'elle étoit menacée d'un schisme. Aussi pour appaiser les murmures que le ministere de tous les jours avoit élevés, on assembla les Disciples. Le bruit s'étant répandu à l'arrivée de Saint Paul à Jerusalem, qu'il enseignoit qu'on ne devoit plus obéir à la Loi de Moïse, quoique tous les Prêtres fussent présens, on résolut selon l'usage d'assembler la multitude.

» Je n'ai pu vous écrire de mon » chef, dit Saint Cyprien, m'étant » imposé la Loi dès le commence- » ment de mon Episcopat (ce terme » dénote une chose arbitraire,) de » ne rien statuer sans le Conseil de » mon Clergé, & le consentement » de mon Peuple. Il prévenoit son Peuple sur l'ordination des Clercs, sur la séparation ou la réception des Pécheurs : ce n'étoit pas toujours ce Peuple composé de femmes & de jeunes gens, c'étoit les plus anciens d'entre les Peres de famille, & ceux d'un jugement mûr ; ce que peut-être Saint Paul appelle la plûpart ; ils représentoient donc le Peuple.

Dans les Actes de la Justification de Félix & de Cécilien il est parlé des Evêques, des Prêtres, des Diacres, des Senieurs ; on dit ensuite: appellez

» Appellez ceux qui font corps avec
» les Clercs & les Senieurs du Peu-
» ple. Il y avoit donc des Senieurs non Clercs, mais Laïcs : ces deux espéces sont toujours opposées chez les Peres. On a tort d'entendre ce terme de travers, il n'a rien de honteux, il est plûtôt indispensable, pour ne point confondre les Senieurs du Clergé avec les Senieurs du Peuple. Les Peres, dont l'autorité suffit pour consacrer certaines expressions, l'ont employé & l'ont emprunté des Prophétes qui avoient coutume de distinguer les Prêtres & le Peuple : c'est pourquoi on a raison de mettre au rang des Laïcs tous les Ministres de l'Eglise, qui n'ont point l'administration des di-
» vins misteres. S. Augustin écrit au
» Clergé & aux Senieurs de l'Eglise
» d'Hippone. Il est dit dans Grégoi-
» re de Tours, en présence des
» Evêques, du Clergé & des Senieurs.
Je conviens qu'en cette occasion le mot Senieur pourroit désigner les Magistrats ; car parmi les Lettres de Saint Grégoire, une est inscrite

» au Clergé, à l'Ordre & au Peuple » de Ravenne, ou l'Ordre est, comme le sçavent les moins habiles, l'Assemblée des Senieurs. Saint Léon dans une Lettre distingue par la suscription les Clercs de l'Assemblée, de l'Ordre & du Peuple. Ce Pape met sur une autre Lettre, au Clergé, aux personnes constituées en dignité, & au Peuple.

Or, de même qu'il n'est pas clair si plusieurs passages entendent par le mot Senieur, les Magistrats ou les personnes d'un âge mûr; de même on hésite ailleurs, s'il désigne les Prêtres ou les personnes avancées en âge. S. Grégoire, par exemple, veut qu'on informe devant les Senieurs de l'Eglise de l'accusation intentée contre un Clerc. S. Augustin fait mention de ceux qui pour la crapule, le vol, ou autres vices, sont reprimandés par les Anciens; & Optat remarque que les ornemens de l'Eglise étoient sous la garde des Senieurs fidéles: ces exemples regardent également les Prêtres & les Laïcs. Un Auteur anonyme me fournira un passage célébre, tiré des Commentaires sur les Epitres de Saint Paul, attribués à S. Ambroise. » Les Nations ont toujours „ honoré la vieillesse d'une profon- „ de vénération. La Synagogue & „ l'Eglise depuis ont eu des Vieil- „ lards, sans le conseil desquels „ rien ne se faisoit dans l'Eglise : „ j'ignore pourquoi cette pratique „ est éteinte, peut-être que la divi- „ sion des Docteurs, ou plûtôt leur „ orgueil y a beaucoup de part, „ parce qu'ils vouloient seuls être „ estimés quelque chose.

Pour développer la pensée de l'Auteur, il est bon d'examiner quels étoient les Senieurs de la Synagogue : étoient-ils des Magistrats ? formoient-ils les Juges de la Synagogue ? comme Saint Mathieu le donne à entendre, » ils vous flagelle- „ ront dans leurs Synagogues. Je n'ose le croire; quoique on l'ait relevé plusieurs fonctions des Magistrats Juifs, que par similitude on a prêté aux Prêtres des Chrétiens. » Cet Auteur rapporte que l'usage

„ de la Synagogue avoit distribué » les places, que les Senieurs les » plus distingués parleroient assis sur » des chaises, les suivans sur des » bancs, & les derniers à terre sur » des nattes. Je crains que le mot distingués n'ait furtivement passé de la glose dans le texte; puisque Philon le décrit de la sorte: » Arrivés » dans le lieu saint ils sont rangés par » ordre, les jeunes après les vieux, » donc les plus âgés siégeoient les » premiers. Il est à présumer, que la primitive Eglise ne s'en est point écartée. S. Jacques semble l'adopter, quand il reprimande ceux qui déférent aux riches l'honneur des premieres places, tandis que les pauvres, reculés au bas de l'Eglise, sont quelquefois obligés de se tenir debout: de plus, il étoit permis à tout homme, instruit de la Loi, d'interpréter les Saintes Lettres dans les Synagogues; les Juifs l'étudioient presque tous, excepté les Ouvriers. Les Protestans se sont en cela modelés sur eux. Suivant cette liberté, J. C. enseigna dans les Synagogues, & après lui les Apôtres firent de même ; on le voit ſurtout dans Saint Luc, Chap. IV. & dans les Actes, Chap. XIII. Dans le premier endroit on préſente un Livre à J. C. dans l'autre on prie Saint Paul & Saint Barnabas, quoiqu'inconnus, de parler au Peuple. Si perſonne, ſoit étranger, ſoit du Peuple, ne ſe levoit, alors quelques-uns des anciens qu'on nommoit *Peres Majeurs* de la Synagogue, ou & par excellence Senieurs, interprétoient la Loi ; & quand ceux-ci n'étoient pas préparés, c'étoit au Chef de la Synagogue à faire cette fonction.

Tels furent les premiers ſiécles de l'Egliſe ; l'Apôtre permet de prêcher au Peuple, à ceux qui avoien le don de Prophétie ; chaque Aſſemblée en avoit deux ou trois. Les autres examinoient leur Doctrine ; mais ce don, étant devenu plus rare, à peine hors les Paſteurs, ſe trouvoit-il quelqu'un capable d'inſtruire les Fidéles. On lit, à la vérité, qu'Origene & d'autres Clercs, non Prêtres, ont enſeigné dans l'Egliſe; mais outre que ces exemples ſont en petit nombre, ils ne l'ont jamais fait que par une permiſſion particuliere de l'Evêque.

L'Evêque de Céſarée, repris d'avoir ſouffert Origene dans la Chaire de Vérité, donna trois exemples de cette diſpenſe, & conclut que cela ſe pratiquoit ailleurs, quoiqu'il n'en fût pas aſſuré; il paroît par-là qu'il y avoit déja de la différence entre les Interprétes de la Synagogue & les Prédicateurs de l'Evangile. La Synagogue admettoit tous ceux qui s'offroient; l'Egliſe vouloit des gens ſurs & irréprochables; & comme dit Tertullien, autoriſés par les ſuffrages. On éliſoit les Juges du Grand Sanhedrin, on ne nommoit point les Interprétes de la Loi: la différence eſt ſenſible; non-ſeulement le miniſtere de la parole eſt plus eſſentiel que n'étoit l'expoſition de la Loi, mais encore l'Egliſe donne aux Prédicateurs l'administration des saints Misteres, inconnus à la Synagogue. Tous les sacrifices s'offroient en un seul Temple, hors la Pâque, que chaque pere à la tête de sa famille célébroit en sa maison, & non à la Synagogue. La Loi de Moïse n'avoit point prescrit de circoncire à la Synagogue, & d'y appeller certains Ministres. Ainsi l'on peut être en suspens sur les Senieurs de l'Eglise qu'entend le faux S. Ambroise : seroient-ce ceux qui répondent aux plus prudens de la Synagogue, qui sont les Vieillards, comme Justinien, dans la cent trente-troisiéme Novelle, nomme *Senieurs* les principaux des Moines ? seroit-ce ceux que Philon pense être les Prêtres les plus âgés ?

Si le faux S. Ambroise embrasse le premier sens, lui & S. Jérome se rapprochent : le premier dit, » que » l'Eglise n'ordonnoit rien sans l'a-„ vis des Senieurs ; le second, que „ l'Eglise étoit gouvernée par l'avis „ unanime des Prêtres. Saint Jérome parle là de ces Prêtres, qu'on qualifia d'abord d'Evêques, & entre lesquels ensuite on prit les Evêques. S'il préfére le dernier sens, son discours ayant plus de rapport à l'âge qu'à la fonction, il sera du sentiment que je viens d'exposer; je veux dire, que les Vieillards représentant le Peuple avoient coutume d'être convoqués dans les affaires graves, comme pour l'Ordination, pour l'Absolution des Pécheurs; car il est plus naturel de penser qu'on ait discontinué d'inviter le Peuple, ou la plus saine portion du Peuple, que de soutenir que les Evêques ont tout attiré à eux; entreprise, qui cependant a peu-à-peu étouffé l'ancien usage.

Il est maintenant aisé de se convaincre que les Ecrivains Ecclésiastiques ont indifféremment appliqué le nom de Prêtres, ou de Senieurs, soit aux *Vieillards*, autant qu'ils étoient dans l'Eglise, soit aux *Magistrats* qui en sont une portion, soit aux *Pasteurs* : instruction pour ceux qui expliqueront témérairement, & sans des motifs puissans, les passages de l'Ecriture-Sainte qui parlent des Prêtres, autrement que les Peres, contemporains des Apôtres, & mieux instruits de la vraie signification de ce terme.

XV. Les Assesseurs, que quelques-uns appellent Prêtres, ne sont pas de droit divin.

3°. Il est tems de développer les Oracles que les Saintes Ecritures ont dictés. Ces Assesseurs, choisis pour aider les Pasteurs, ne sont pas d'institution divine : penser autrement, ce seroit tacitement reprocher à l'Eglise d'avoir pendant plusieurs siécles éludé le précepte divin, reproche que je me garderai bien de lui faire : aussi l'opinion contraire n'a-t'elle aucune vraisemblance ; quoique les Sçavans l'ayent déja renversée. L'exécution de mon projet veut que je repéte ce qui a été si habilement manié, & que j'y joigne des réflexions, qui répandront un nouveau jour sur cette question.

Le premier passage qu'on oppose, est tiré de S. Mathieu, où J. C. parle ainsi : *b* Dites à l'Eglise. On conclut de-là que J. C. a prescrit l'établissement d'un Sanhedrin, composé de Prêtres & de Citoyens pour veiller au Gouvernement de l'Eglise. C'est ainsi qu'on compose les Sanhedrins ecclésiastiques : les anciens & les modernes ont différemment commenté les paroles de J. C. Comme il seroit long de copier leurs observations, je dirai ce que j'en pense, & cela les renfermera presque toutes. Il ne faut pas aisément désespérer du salut d'un homme qui nous aura nui, il est des degrés de correction; l'aller d'abord trouver sans témoins, & tâcher de le ramener, s'il est possible; si cette démarche n'a aucun succès, se faire escorter d'un, deux, ou trois amis, aux instances desquels peut-être il fléchira.

J. C. jusqu'à présent ne donne pas un conseil inconnu aux Juifs. Le Livre, nommé Musar, expose, s'il ne veut pas se reconcilier, par la médiation de deux ou trois amis, qu'on l'abandonne à lui-même, car il est incorrigible. Ce Livre ajoute dans un endroit un nouveau degré: » Si l'autorité d'amis n'a aucun effet, » qu'on lui en fasse l'affront devant » plusieurs. J. C. dont la clémence ne sçait point se lasser, & à laquelle il veut que nous nous conformions, loin de désapprouver ces tentatives, nous invite à tout tenter, avant que de regarder cet homme comme incorrigible ; » mais après cela, dit-il, » qu'il vous soit comme un Payen » & un Publicain, c'est-à-dire, qu'il » vous soit *Etranger*. L'Evangile » unit souvent les Publicains & les » Pécheurs. Les Gentils y sont ap» pellés les Pécheurs. J. C. dit que » les Juifs le mettront dans les mains » des Pécheurs. Avant de perdre toute espérance, si les amis ne peuvent rien obtenir, J. C. demande qu'on traduise cet obstiné devant un petit nombre de gens pieux, dont le poids & l'autorité le raménent au Salut, ou par les reprimandes de plusieurs, comme dit Saint Paul : ainsi dans le Musar il est dit, plusieurs, J. C. dit l'Eglise, & Saint Paul met la plûpart : ce mot *Eglise* chez les Septante ne désigne pas une nombreuse Assemblée ; Saint Paul même la restraint à une famille de personnes pieuses ; comment imaginer après cela que le passage de Saint Mathieu ait trait à la question ?

En effet l'Assemblée des Pasteurs & des non Pasteurs peut exister sans ces Adjoints ; l'induction que l'on tire du Sénat des Juifs est aussi foible; les Synagogues des Juifs étoient les unes des écoles, dit Philon, les autres des Tribunaux : on lisoit & on expliquoit dans les premieres les Lettres sacrées, » pour exciter les » Juifs, continue Philon, à l'amour » de Dieu, de la vertu & du Pro» chain : ces trois mots de S. Paul, Piété, Sagesse & Justice y répondent : là on ne rendoit point la Justice, mais dans les Tribunaux, où les Juges connoissoient également des choses sacrées & profanes, & dont le jugement étoit fondé sur la Loi ; car chez les Peuples Hébreux la Religion & la Police n'étoient point séparées. Ces Juges habitoient en partie dans les Villes particulieres, & en partie dans la Capitale ; celles-là avoient les petits Sanhedrins, celle-ci renfermoit le grand, pour marquer la prééminence. L'institution des petits Sanhedrins est dans l'Exode XVIII. 21. & Deuter. I. 13. on nommoit les Juges Senieurs, c'est-à-dire, Sénateurs.

Ils connoissoient des assassinats, Deuter. XIV. 12. ils informoient d'un assassinat commis en cachette, Deuter. XXI. 6. ils jugeoient un fils rebelle, Deuter. XXI. 19. ils accordoient un azile à qui avoit tué un homme par mégarde, Josué XX. 7. Comme ces Jugemens émanent de la puissance souveraine, je suis étonné qu'un Sçavant les emploie, pour prouver que l'Eglise a retenu ces Assemblées, tandis qu'il est constant que l'Eglise & les Apôtres n'ont jamais été revêtus de la puissance souveraine. Quand J. C. prédit à ses Disciples, qu'ils seroient fouettés, c'étoit de ces Senieurs que devoit émaner la Sentence.

Il ne reste plus dans les Villes aucunes traces, aucuns vestiges de ce Sanhedrin ecclésiastique; il est vrai que les Prêtres ou les Lévites versés dans la Loi, assistoient à ces Assemblées. L'Historien Joseph le remarque. Le Deut. XX. le dit : „ Toute affaire civile & criminelle » se portoit devant ces Prêtres; c'est-à-dire, aucun procès ne sera jugé qu'en leur présence. Moïse dit, en parlant des Lévites : » ils enseigneront vos Jugemens à Jacob, & „ votre Loi à Israël ; & Josaphat, „ rétablissant les Juges des Villes, „ ne fait mention que d'une seule „ espéce.

Par raport au grand Sanhedrin quelques-uns en comptent deux, l'un Laic, l'autre, Ecclésiastique. Ils fondent leur opinion sur des témoignages respectables mais trop récens, & sur des preuves trop foibles. 1°. Quels sont les Auteurs de l'Histoire Juive les plus dignes de foi ? Sans doute les Juifs eux-mêmes, comme les Historiens Grecs dans l'Histoire Grecque, les Romains dans la Romaine. Joseph commente avec soin un passage du Deut. Chap. XVII. & un des Paralip. XIX. sur lesquels se fondent ceux qui comptent deux Tribunaux. Voici celui du Deut. » Si les Juges n'osent décider les » affaires portées devant eux, dé-

» fiance assez ordinaire chez les
» hommes, qu'ils renvoyent la
» cause à Jerusalem, & que le Pon-
» tife, les Prophétes & le Sénat
» assemblés, prononcent cequi leur
» paroitra juste.

J'ai cité plus haut un morceau de Philon, qui décrivant le Jugement de Moïse sur un affaire importante, ajoute: » Que les Prêtres siégeoient.
» Joseph dans l'Histoire des Parali-
» pomenes, raconte que Josaphat prit des Juges d'entre les Prêtres, les
» Lévites & les Grands, à qui il re-
» commanda de dispenser la Justice
» avec soin; que si quelques Juges
» des Tribunaux établis dans les au-
» tres Villes (où il y avoit aupara-
» vant de ces Jurisdictions inférieu-
» res) les consultoient, ils devoient
» promptement y satisfaire, parce
» qu'il étoit juste de composer de
» Juges éclairés, le Tribunal d'une
» Ville, où Dieu avoit bâti son
» Temple, & le Roi son Palais: il
» mit à la tête le Prêtre Amazias &
» Sabadias, qui étoit de la Tribu de
» Juda, c'est-à-dire, il les déclara
» Collegues.

Ce passage désigne bien clairement une Assemblée qui jugeoit & qui donnoit des consultations aux autres Juges, dans laquelle on voyoit le Grand Prêtre & des Prêtres, & un Grand tiré de la Nation. L'Historien Joseph nomme les Prêtres les Surveillans & les Juges de toutes les affaires. Leur pouvoir n'étoit donc pas limité aux seules affaires ecclésiastiques, les Maîtres Hébreux sçavans dans ces matieres, prétendent que le grand Sanhedrin connoissoit de tous les procès qu'on instruisoit devant lui, sur-tout, & privativement à tout autre Tribunal; il se reservoit la connoissance de la Paix, de la Guerre, des impôts, de la superstition, du souverain Pontife, des maladies & des crimes des Prêtres & des faux Prophétes.

J. C. semble le confirmer, lorsqu'il dit, » qu'un Prophéte ne sçauroit mourir qu'à Jerusalem. Les Hébreux ajoutent que le nombre de ces Sénateurs étoit de soixante-dix, outre le Président, & qu'ils étoient établis par l'impoſition des mains, tant ceux qui étoient du Grand Sanhedrin, que ceux qui habitoient les Villes d'Iſraël. L'art XI. des Nombres, & l'art. XVII. du Deut. ſe rapportent à eux. Maimonides extrait des anciens Thalmuldiſtes que ce Sanhedrin, étoit pour la plûpart de Prêtres & de Lévites, parce que cette Tribu fourniſſoit plus de gens habiles dans la Loi, attendu qu'elle étoit toute leur étude & toute leur occupation.

Le Grand Prêtre y avoit ſa place, à moins qu'il ne fût encore incapable de prendre les opinions : l'uſage des ſiécles poſtérieurs parle en faveur de ces monumens, il ſerviroit du moins de conjectures, ſi le contraire n'étoit clairement avéré, & ſi les Juifs n'avoient pas été de tout tems, comme ils le ſont aujourd'hui, jaloux de maintenir les anciennes coutumes. Eſdras, à la tête du Sanhedrin, menace les contumaces de la perte de leurs biens, & d'être bannis de l'Aſſemblée : ce Sanhedrin décerne la même peine contre les Disciples de J. C. Il fit emprisonner J. C. le fit crucifier, fit fouetter les Apôtres, il donna tout pouvoir à S. Paul de charger de chaînes les Chrétiens, de les jetter en prison & de les faire fouetter. Pour lever jusqu'au plus leger scrupule, ceux enfin, qui dans l'Ecriture Sainte, chez Joseph, chez les Thalmuldistes, sont les principaux Prêtres & les Senieurs du Peuple, avec le nom de Sénat, sont ceux qui informent sur le fait de Religion, contre J. C. & les Apôtres : dès-là il est aisé de comprendre que la Religion, & le pouvoir souverain leur étoient également confiés. Il est vrai que l'on croit qu'ils ont confondu un peu tard, & par un abus des anciens usages ; mais, & je l'ai prouvé plus haut il seroit dangereux de se porter à ce systême, s'il n'est pas évidamment démontré.

C'est donc le moment d'examiner si les Saintes Lettres combattent l'opinion de tous les Juifs, & l'usage qui a prévalu. Personne n'ignore que chez les Hébreux les

Vieillards ou les Prêtres étoient regardés comme des hommes vénérables par leur âge & par leurs mœurs. Le Peuple d'Israël même, pendant son exil, ne manqua pas de tels personnages; aussi Moïse & Aaron, inspirés d'en haut, convoquent en Egypte tous les Vieillards: ce n'étoit point une Assemblée ordinaire, mais la qualité seule y donnoit entrée, & ces Vieillards représentoient la Nation.

Le beau-pere de Moïse rapporte qu'il n'avoit point établi sur tout le Peuple les Septante, mais d'autres Magistrats, sous le nom de *Chiliarques*, *d'Hecatontarques*, & qu'il s'étoit réservé la connoissance des affaires les plus importantes. Moïse étoit prêt de monter sur la montagne, lorsque Dieu lui ordonna de prendre Aaron, Nadab, Abiu & septante entre les Vieillards. Dieu ne forme pas encore ici une Assemblée; Aaron ne convoque point les septante Vieillards, pour leur remettre le pouvoir & la puissance de faire des Loix. On choisit septante entre les Vieillards, pour des fonctions momentanées, & pour accompagner Moïse.

Le nombre de septante fut toujours en vénération chez les Juifs; le Patriarche Jacob en avoit conduit autant en Egypte. L'Ecriture dit si clairement qu'ils n'étoient pas Juges, qu'il n'est pas possible d'en douter. Moïse, sur le point de partir, tint ce discours au Peuple de Dieu: » Demeurez jusqu'à mon retour, » Aaron & Hur resteront parmi » vous, adressez-vous à eux dans » vos différends: il dit à eux, non à vous, substituant, pour juger le Peuple, Aaron & Hur, non les septante Vieillards. Dieu parla ainsi à Moïse, accablé du poids des affaires: » Prenez septante Vieillards » d'Israël que vous sçavez être les » Senieurs du Peuple & ses Sages: il obéit donc, & ces Vieillards furent appellés *Prêtres*, aussi-tôt que ce Conseil eut été composé. Je ne suis point surpris que le Grand Prêtre Aaron, quelques Prêtres & quelques Lévites ayent eu place dans ce nouveau Tribunal : » ils portoient avec » Moïse le fardeau du Peuple : je veux dire, ils étoient à la tête de l'Etat. L'art. XVII. du Deut. les a en vûe, quand il dit que les affaires étoient ordinairement portées devant le Roi, ou le Grand Conseil. Les Auteurs qui croyent deux Sanhedrins, n'oublient point cette particule disjonctive du Deut. qui ne » se soumetra point aux Prêtres ou » aux Juges ? il est étonnant qu'ils ayent fait plus d'attention à ce disjonctif qu'au conjonctif qui précéde: » Vous irez trouver les Prêtres & „ les Lévites & le Juge qui sera de „ service. Pourquoi enfin l'Ecriture s'énonceroit-elle ainsi ? » Vous ju» gerez du Sang, de toute affaire » & de toutes sortes de blessures ; c'est-à-dire, de tous les différends les plus graves.

Toutes ces affaires s'instruisoient devant les Prêtres, les Lévites, le Juge : aucune partie n'étoit du ressort des Prêtres & des Lévites, & l'autre du ressort du Juge. » Les Prê» tres, dit Ezechiel, assisteront pour

» juger conformément à ma Loi. C'est ne rien dire que d'avancer que les Prêtres jugeoient le droit, & les Juges le fait. ( Outre qu'on ne résout point la difficulté, cette proposition n'établiroit qu'un Sanhedrin ; ) car tout Juge doit juger du fait & du droit : aussi la formule du Sanhedrin, dans les affaires criminelles, étoit : » Il est digne de mort, » ou il n'est pas digne de mort. Or celui-là ne pouvoit la prononcer qu'il ne sçût la Loi, & auquel les informations n'eussent dévoilé le crime. La Loi donne l'espéce, le témoignage, l'avis; le Juge décide; juger autrement ce n'est pas être Juge, c'est être le ministre d'une volonté étrangére.

Pour expliquer la particule disjonctive, il faut remarquer que les Magistrats, qui entroient dans le Sénat, avoient des Départemens particuliers. Le Sénat de Rome contenoit les Pontifes, les Consuls; les Pontifes commandoient aux Flamines & regloient la Religion. Les Consuls gouvernoient & faisoient arrêter les Citoyens : ils avoient la Police extérieure ; ils étoient tous soumis au Sénat, & le Sénat ne commandoit aux Citoyens que par la voie des Consuls & des autres Magistrats.

De même le Sanhedrin des Juifs avoit le Gouvernement & la Religion ; mais quelqu'un veilloit particulierement à la Religion, & ce pouvoir regardoit le Grand Prêtre, tandis que le Juge faisoit la Police: par-là on obéissoit à l'un & à l'autre, l'un au Temple, l'autre au Camp. On punissoit avec raison celui qui résistoit aux Décrets des deux Puissances qui tenoient la main à l'exécution des décisions du Sénat, sans qu'il y eût deux Sénats.

L'Histoire du Roi Josaphat observe, qu'après avoir donné des Juges aux Villes : » Josaphat érigea à » Jerusalem un Conseil de Lévites, » de Prêtres, & de Peres de famille » d'Israël, pour apprendre au Peu» ple les préceptes du Seigneur, & » terminer les procès, ( il choisit des Lévites, des Prêtres & des Peres de famille ) qui ſont dans l'Evangile ; les Princes des Prêtres & les Senieurs du Peuple ; » de retour à Jeruſalem, » il les avertit d'avoir devant les » yeux la crainte du Seigneur, la » Foi, un cœur pur, de juger tou» tes les affaires que leurs freres des » autres Villes porteroient devant » eux, ſoit qu'elles touchaſſent l'in» térieur des familles, ſoit qu'elles » intéreſſaſſent la Loi, le précepte, » les Statuts & les Jugemens. Nulle eſpéce n'eſt oubliée ni diviſée ; il repéte au Peuple, » de ne point aban» donner Dieu, de peur que ſa co» lere ne s'étende ſur eux & leurs » Freres : comportez-vous de la ſor» te, & vous ne pécherez point.

Ces témoignages réunis établiſſent ſi nettement une ſeule Aſſemblée, qu'il me ſeroit difficile d'exprimer mieux ma penſée ; le paſſage ſuivant la combattroit-il ? » Ama„ zias votre Prêtre pour ce qui con„ cerne la Religion, & Zabadias, „ Fils d'Iſmaël, Conducteur & Chef „ de la Maiſon de Juda dans ce qui „ regarde le Gouvernement ; & les » Lévites

„ Lévites préposés, sont devant „ vous ; rassurez-vous, travaillez, „ Dieu vous secondera : voilà d'où on prétend faire deux Sanhedrins.

L'argument seroit plus conséquent, si l'on disoit, qui sont ceux qu'Amazias commande pour la Religion? qui sont ceux à qui Sabadias commande pour le Gouvernement? à qui les Lévites doivent-ils obéir? & de qui exécutent-ils les Décrets? L'Ecriture-Sainte les met souvent dans ce devoir ; tout cela n'est qu'un Sanhedrin. Rendons la chose plus sensible ; d'abord les Paralipomenes se sont deux fois servis de cette » expression XXVI. Asbias & sa fa» mille veillent sur le Pays qui est au „ Couchant du Jourdain, pour en„ tretenir la Religion & le Gouver„ nement Royal. Gerias & sa fa„ mille ont les Rubinites, les Ga„ dites, & une partie des Manassi„ tes, pour y affermir le culte di„ vin & le Gouvernement Royal. Ces Juges unissent le civil & le sacré : pourquoi le Sanhedrin, qui représente la Nation, ne les embrasseroit-il pas?

X

Je veux bien que les choſes de Dieu ſoient la Religion, & que les choſes du Prince ſoient le Gouvernement extérieur; quoiqu'il ſoit plus conforme à l'Ecriture-Sainte de comprendre ſous les choſes de Dieu, tout ce que la Loi de Dieu a défini, & ce qu'on doit juger par la Loi: „ C'eſt le Jugement de Dieu, dit „ Moïſe aux Juges; vous tenez la „ place de Dieu, ajoute Joſaphat „ aux Juges des Villes: le Peuple, „ continue Moïſe, eſt venu à moi „ pour conſulter Dieu, c'eſt-à-dire, „ pour recevoir le Jugement de „ Dieu; & ailleurs, que le témoin „ & le coupable ſe préſentent tous „ deux devant Dieu: Moïſe l'interpréte, devant les Prêtres & les „ Juges, non, comme quelques-uns, „ devant ceux qui ſeroient ces jours-„ là.

Telles ſont les choſes de Dieu; celles du Roi, ſont toutes les choſes que la Loi divine n'a pas définies: de ce genre eſt l'examen de ce qu'il eſt à propos de faire ou non; c'eſt pourquoi le Prêtre étant plus verſé dans la Loi; le Laïc plus au fait de la police; le Sénat pouvoit & devoit avoir plus de confiance en Amazias, dans la Police, & en Sabadias, dans le Gouvernement.

L'Historien Joseph les appelle *Collegues*. L'Histoire d'Esdras est remarquable : ce Prince, chargé par le Roi de Perse de rendre aux Juifs la liberté de vivre sous leurs Loix, reçut ordre d'établir un Conseil de gens les plus versés dans la Loi divine, pour décider les différends des particuliers, & punir de mort, d'exil, ou de peines arbitraires, les coupables de leze-majesté royale & divine : cet endroit distingue la Loi divine & Royale, & leur donne les mêmes Juges : cependant la Loi de Dieu & du Roi n'est pas autre que les choses de Dieu & du Roi.

Enfin l'exemple de Jéremie, dont la cause fut instruite devant les Grands & les Senieurs du Peuple, n'annonce point que les Prêtres ne jugeoient point dans le Sanhedrin : ils étoient ses Accusateurs; pouvoient-ils être ses Juges? Au reste, combien de Prêtres n'étoient point du Sanhedrin.

XVI. Ce que signifie dans le Nouveau Testament le terme Prêtres.

Je passe au terme de *Prêtres*, dont le Nouveau Testament, au rapport de quelques-uns, qualifie les Clercs qui soulageoient les Pasteurs. Je n'y souscris point: je découvre trois significations différentes dans le Nouveau Testament, les mêmes que les Peres ont expliquées; la premiere qui dénote l'*âge*, lorsqu'on compare les *Vieillards* avec les *jeunes*, 1. Tim. 5. v. 1. La seconde qui caractérise la *Puissance* ou le *Pouvoir*, lorsqu'on nomme les Hébreux qui siégent au grand & petit Sanhedrin: la troisiéme qui est propre aux Prédicateurs de l'Evangile; je n'en connois point de quatriéme. On demanderoit volontiers, pourquoi les Apôtres ont appellé *Prêtres* les Pasteurs qu'ils établissoient; seroit-ce parce qu'ils partageoient le Ministere avec les Vieillards? Seroit-ce parceque les Maîtres de la Synagogue portoient ce nom par excellence? seroit-ce, (j'en doute,) par comparaison, aux Maîtres des Juifs? J. C. en formant le

Gouvernement de l'Eglise, pour montrer qu'il étoit Roi, & pour effacer en même tems des esprits des Hommes ces idées d'un Royaume terrestre, arrangea sur la République des Juifs, le Gouvernement de son Eglise, quoiqu'elle n'eût aucun pouvoir extérieur, & il l'éleva par-là à l'espérance d'un Royaume céleste. Un seul Roi occupoit le Trône d'Israël; J. C. est le seul Monarque de son l'Eglise. Douze Phylarques partageoient le Royaume des Hébreux; J. C. choisit douze Apôtres, & dans la crainte qu'on ne comprît pas son dessein, il leur promit douze Trônes, sur lesquels ils devoient juger les douze Tribus d'Israël. Le grand Sanhedrin étoit de septante personnes; il y eut septante Evangélistes. Les Juges des Villes avoient le troisiéme rang chez les Hébreux; leur nom Hébreu revient au mot Grec Evêque; les Prêtres suivent immédiatement les Apôtres & les Evangélistes: le nom de leurs Chefs, interprété par le Grec, étoit Senieurs; les Chefs des

Prêtres sont les Evêques: ces Juges avoient au-dessous d'eux des Ministres appellés Diacres; l'Eglise les a conservés, les a placés au-dessous des Prêtres. Les Apôtres détaillent en plusieurs endroits les fonctions des Prêtres. S. Paul convoque à Milet les Prêtres d'Ephese, & leur apprend „ qu'ils sont élûs pour paître le trou„ peau de J. C. S. Jacques recom„ mande aux malades de faire venir „ les Prêtres pour prier sur eux, & „ & les oindre au nom de Dieu. S. „ Pierre, qui étoit Prêtre, traite les „ Prêtres de Collégues en fonctions: „ ils étoient donc Pasteurs, & le „ Symbole de leur vocation étoit „ l'imposition des mains; témoin ce qu'on a dit de Thimotée, de penser que les autres endroits qui parlent des Prêtres, sans les décrire, entendent des Prêtres d'une autre espéce: ce seroit hazarder des conjectures mal fondées, à moins que l'arrangement des termes ne force à abandonner la signification ordinaire.

Un seul passage de Saint Paul servira de prétexte plausible à ceux qui veulent créer des Prêtres non Pasteurs. Les Prêtres éminents ac-„ quierent un double honneur, sur-„ tout ceux qui ont la parole & „ l'instruction. On infére de ce mot *sur-tout*, qu'il y avoit, du tems de l'Apôtre, des Prêtres qui présidoient & qui n'étoient point chargés de la parole & de l'instruction. Si cela eût été, quelqu'autre monument parleroit de cette espéce de Prêtres ; ils ne paroissent nulle part : comme l'antiquité a précieusement transmis l'origine des Diacres, elle n'auroit point oublié la naissance & l'auteur de ces Prêtres, & elle n'auroit point effleuré une partie essentielle du Gouvernement ecclésiastique dans un endroit, où il n'étoit point question des différens genres de fonctions ecclésiastiques.

Du moins les Peres de l'Eglise, voisins du siécle des Apôtres, ne l'auroient point laissé ignorer : habiles dans leur langue, ils n'auroient point échappé l'explication d'un terme que l'on prend de cette sorte à cause de la construction des mots.

Dès qu'aucun Interpréte, jusqu'à présent, n'a conçu de cette maniere le passage de Saint Paul; peut-être se rapporteroit-il aux passages de l'Ecriture-Sainte. L'idée de S. Paul est de rendre aux Prêtres un double honneur, ce qui précéde dévoile quel est cet honneur; ensuite de respecter les Veuves, c'est-à-dire, de subvenir à leurs besoins. Il enjoint d'honorer les Veuves qui sont vraiement Veuves, qui n'ont ni enfans ni parens en état de les entretenir; si elles en ont, il ne veut point qu'elles soient à charge à l'Eglise: après avoir pourvû au soulagement des Veuves, il exhorte à fournir aux Prêtres pour vivre honnêtement: le mot *honneur* en prépare le motif; car il est écrit: » Vous ne „ lierez point la bouche au bœuf qui „ foule le bled; il avoit quelque part „ employé ce passage: Qui est-ce „ qui combat à ses frais? qui plante „ la vigne & ne goûte pas de ses „ fruits? qui paît le troupeau & ne „ se nourrit pas de son lait? Est-ce „ comme homme que je parle ainsi?

„ la Loi ne le dit-elle pas ? car il est
„ écrit, vous ne lierez point la
„ bouche au bœuf qui foule le bled ;
„ ensuite il ajoute : Si nous semons
„ les choses spirituelles, n'est-il pas
„ juste de recueillir les corporelles ?

S. Chrysostome, S. Jérome, S. Ambroise, Calvin, Bullinger, reconnoissent de bonne foi que l'Apôtre exhortoit les Fidéles à contribuer à la vie & à l'entretien des Prêtres ; mais on ne voit pas & on n'a jamais vû que l'Eglise se soit chargée de la subsistance de ces Assesseurs. Présumera-t'on que Saint Paul, qui épargnoit les Eglises pauvres alors, ait eu intention de les accabler d'un poids inutile ? aussi n'eut'il pas été prudent de produire ces Adjoints dans un moment, où il prescrivoit la nourriture des Prêtres : plusieurs ont assez bien expliqué ces paroles de S. Paul. La glose la plus simple est celle-ci : non-seulement l'entretien est dû à tous les Prêtres, qui paissent le troupeau, mais il l'est sur-tout à ceux, qui ayant tout quitté, se livrent tout entiers à la prédication, à la propagation de la Foi, & n'épargnent aucuns travaux : ce Commentaire n'introduit point deux genres de Prêtres; mais il diſtingue différens degrés de travaux. Beze & tant d'autres conviennent que ce terme *travailler* ne déſigne pas toute ſorte d'ouvrages, mais un travail extrêmement pénible.

Saint Paul dit qu'il n'a pas donné des ſoins ordinaires à l'Evangile, mais infinis; il ajoute qu'il a ſouffert les fatigues, la faim, la ſoif, les veilles & toutes ſortes d'incommodités. J. C. écrivant à l'Evêque d'Epheſe, je connois vos œuvres, il ajoute, comme quelque choſe de plus fort, & votre travail. Saint Paul s'approprie ſouvent le mot *travailler*; il en honore même quelques ſaintes femmes qui avoient quitté leurs biens pour l'Evangile, & qui parcouroient le pays.

La ſaine raiſon dicte que ces Prêtres, qui n'ont d'occupation que l'Evangile, & qui affrontent en le prêchant tous les dangers, méritent plus que les autres ; S. Paul ne le dissimule point dans sa Lettre aux Thessaloniciens: »Nous vous prions, ,, mes Freres, de reconnoître ceux ,, qui travaillent parmi vous, qui ,, sont la cause de vos progrès, par ,, leurs prédications fréquentes, ,, afin que votre charité s'étende ,, plus sur eux, à cause de leurs tra- ,, vaux. L'illusion des nouveaux Interprétes est de se jetter dans l'emphase ; car alors ils abusent, ils se trompent également sur les paroles de S. Paul aux Corinthiens, touchant la Cêne. » Que chaque hom- ,, me s'éprouve soi-même. Ils insistent sur le mot *soi-même*, comme ,, ne signifiant rien, mais bien celui ,, de *s'éprouver*, & que le mot soi- ,, même n'est pas placé distinctive- » ment, mais déclarativement : le premier membre du premier passage n'auroit pas souffert ces termes dans la parole & l'instruction comme le second, parce qu'ils s'accordent avec le travail, & non avec la préséance. Je vais donner des façons de parler, que personne ne recusera :

„ Les Maîtres qui se dévouent à l'é-
„ ducation de la jeunesse, sont uti-
„ les à la République ; ceux-là sur-
„ tout, qui sont nuit & jour oc-
„ cupés à former le cœur & l'esprit.
„ Les Médecins qui ont soin de no-
„ tre santé doivent nous être bien
„ chers ; ceux-là sur-tout qui n'é-
„ pargnent ni attention ni peines,
„ pour sa conservation & son réta-
„ blissement.

En rapprochant la façon de parler de Saint Paul, tout quadrera ; les autres passages sont moins forts & tombent d'eux-mêmes, Rom. XII. On proportionne la récompense aux actions & aux dons, sans inférer des fonctions différentes : comme le même peut avoir compassion & donner, rien n'empêche qu'il ne soit Orateur & Directeur : il paroît par ces deux passages que les Pasteurs conduisoient & présidoient, Heb. XIII. 7. S. Paul détaille aux Corinthiens différentes fonctions & plusieurs dons propres à la même fonction. Or, dès que la puissance & le don de guérir ne demandent point des fonctions diverses, la charité & la direction n'en veulent pas plus, ils servent d'ornemens & de secours au devoir Pastoral.

XVII. L'Eglise ou le Souverain ont pû instituer des Assesseurs pour les Pasteurs.

Il est aisé de comprendre quel a été mon dessein, en m'étendant sur ces Prêtres Assesseurs, il est clair qu'ils ne sont pas de droit divin: observation d'autant plus importante, qu'elle disculpe l'ancienne Eglise & la Réforme qui ne les connoissent pas. Je ne cacherai pourtant point les avantages de cet établissement. 1°. Le Magistrat politique a pû les créer, ou bien l'Eglise, lorsque le Prince ne se mêloit pas de ce qui la regardoit, ou qu'il en remettoit le soin à l'Eglise même. Comme il a le pouvoir de veiller sur les actions des Pasteurs, étant hors d'état de remplir ce devoir par lui-même, il a été le maître de nommer des Prêtres qui feroient corps avec le Clergé, & de leur communiquer telle portion du pouvoir qu'il jugeoit nécessaire. Le Chapitre suivant approfondira cette matiere: de son côté la Loi divine n'a point défendu à l'Eglise les offices propres à la conservation, & à l'édification de l'Ordre: elle a cette liberté tant que le Magistrat politique ne l'arrête point : la preuve est inutile, & il seroit difficile de produire une Loi divine contraire.

XVIII. L'Ecriture Sainte prouve que cela ne déplaît point à Dieu.

28. L'Ecriture-Sainte ne témoigne point que cette institution déplût à Dieu. 1°. Le Magistrat politique ne s'y est point opposé, témoin l'Assemblée du Sanhedrin des Juifs, où siégeoient avec des Prêtres, des Laïcs choisis d'entre le Peuple, & qui décidoient des affaires civiles & sacrées, comme je l'ai expliqué plus haut : dès que le Nouveau Testament ne l'a point proscrite, il est tout naturel d'imaginer que la Jurisdiction sur la Religion, c'est-à-dire, le Jugement public joint avec le pouvoir, peut être partagé entre les Pasteurs, & quelqu'un de la Nation; sur-tout si les Pasteurs conservent la portion la plus précieuse. Comme Amazias avoit plus d'autorité dans la Religion que Sabadias, c'est dans cet esprit que l'Electeur Palatin a établi un Sénat ecclésiastique, composé de Pasteurs & de sages Magistrats, qui gouvernent l'Eglise & l'Etat. 2°. L'Eglise ne

l'a point combattu : il étoit permis à l'Eglise de Corinthe, même sans pressentir l'autorité apostolique, de nommer des Juges pour discuter les contestations particulieres : l'Apôtre même reprend les Corintbiens de n'avoir point déja fait ce qu'il les conseille de faire. Si l'Eglise en a profité, pour éviter les procès, pourquoi n'en profiteroit-elle pas, pour prévenir les maux de l'Oligarchie? outre cela, n'est-il pas souvent à propos de consulter tous les Fidéles sur les affaires de l'Eglise? pourquoi n'associeroit-elle pas aux Pasteurs des Laïcs qui délibéreroient quelles affaires devroient être communiquées à l'Eglise? elle a encore choisi ceux qui leveroient, & distribueroient l'argent en son nom. Les Pasteurs ayant l'inspection sur les Diacres, l'Eglise a pû donner des Associés aux Pasteurs, de crainte que quelqu'un ne blamât le pouvoir illimité qu'ils ont, dit l'Apôtre. Enfin l'Eglise d'Antioche députa des Fidéles pour assister au Synode des Apôtres, & du Clergé de Jerusalem, & pour attester que la parole de Dieu, & non des vûes humaines, animoit & dirigeoit leurs délibérations.

XIX. Les exemples de la pieuse antiquité prouvent cet usage.

3°. Il est des exemples dans l'antiquité, qui sans constater cet usage, en approchent en quelque sorte. De la part du Magistrat politique, il est sûr que les Empereurs nommoient des Juges & des Sénateurs qui avoient place dans les Conciles, & qui y exerçoient la Police. De plus, on comptoit leurs voix quand il étoit question de déposer des Evêques, ou d'agiter d'autres matieres importantes; témoin la déposition de Photin & de Dioscore: s'ils se comportoient de la sorte au milieu des Conciles, pourquoi n'auroient-ils pas ce droit dans les différens Clergés? tandis que, proportion gardée, le Clergé a autant d'autorité dans son territoire, qu'un Concile universel dans l'Empire Romain.

Les Empereurs accordoient des Défenseurs Laïcs aux Eglises qui en demandoient; leurs devoirs étoient d'étouffer toutes les dissentions qui s'élevoient dans l'Eglise, & entre les Pasteurs ; de reprimer tout ce que la violence & l'avarice oseroient tenter : ils sont placés dans la nouvelle Constitution 56. dans le Canon 201. du Concile de Calcédoine, dans le Canon 76. du Concile de Carthage, dans la Réponse de Maxence au Pape Hormisdas & ailleurs. Les siécles suivans les ont qualifié d'*Avoués* des Eglises : les Métropolitains avoient coutume d'envoyer aux Eglises des Curateurs, qui examinoient avec les Evêques les comptes des Trésoriers Ecclésiastiques.

De la part de l'Eglise, je repéte ce que j'ai avancé plus haut, on ne consultoit pas toujours la multitude, mais quelquefois les anciens. Or, puisqu'il étoit libre d'enlever à la multitude la connoissance des affaires, pour les traduire devant les anciens, le nombre en étant beaucoup augmenté, on a pû n'en choisir qu'un petit nombre, sur-tout quand la multitude n'a point reclamé. Combien de fois dans l'élection des Pasteurs, ce qui appartenoit à la multitude a-t'il été remis par compromis à la décision d'un petit nombre ?

L'Histoire d'un grand Concile prouve, & le Pape Nicolas n'a osé le nier, que les Laïcs siégeoient au Concile, & y avoient leurs voix; monumens confirmés par Melancton, Panorme & Gerson : en effet, quel motif ôteroit aux Laïcs le soin des Eglises particulieres ? n'a-t'on pas vû dans l'ancienne Eglise des Matrones qui formoient les Femmes à une vie reglée & exemplaire, & qui avoient le titre d'*Anciennes*, & la premiere place à l'Eglise entre les Femmes ? Elles subsisterent jusqu'au Concile de Laodicée, qui les supprima par le onziéme Canon. Balsamon le remarque. S. Paul les a en vûe, quand il peint des Femmes de mœurs irréprochables, non livrées au vin, ni à la médisance, sçavantes dans le bien, & qui apprenoient aux jeunes Femmes à aimer leurs maris & leurs enfans. Fulgentius Ferrandus, dans son Breviaire des Canons, prétend que S. Paul les a nommées les plus Anciennes d'entre les Femmes Miniſtres. Le Concile de Nicée les appelle des Femmes recherchées dans leur habillement. Si des Femmes incapables d'aucune fonction de l'Egliſe, ont mérité de l'Egliſe d'être les Directrices des autres Femmes, eut-il été défendu aux Fidéles de prendre, outre les Paſteurs, des ſujets qui, hors les fonctions paſtorales, ſe ſeroient acquitté avec plus de diligence de ce qui eſt non-ſeulement permis à tout Chrétien, mais ordonné d'obſerver? Si les unes avoient le nom d'Anciennes, les autres par la même raiſon avoient celui d'Anciens.

Le devoir des Economes & des Aſſiſtans de l'Egliſe Anglicane n'eſt pas autre que celui de ces Aſſeſſeurs: ils empêchent qu'on n'interrompe le Service divin, & qu'un Excommunié n'y aſſiſte; ils exhortent les Libertins, & quand ils perſéverent dans leurs débauches, ils donnent leurs noms à l'Evêque. L'Egliſe choiſit ces perſonnes.

4°. Les Aſſeſſeurs ſont d'une grande utilité. A conſidérer le Magiſtrat

XX. Ne mépriser pas l'utilité de ces Assesseurs.

politique, il lui faut dans les Assemblées, des Pasteurs, des yeux, des oreilles, pour examiner si tout s'y passe selon la Foi & les Canons. A considérer le bien des Eglises, il est nécessaire qu'elles ayent bonne opinion de leurs Pasteurs; chose qui arrivera si ces surveillans éclairent toutes leurs démarches.

XXI. Cependant sous de certaines conditions.

Suivant ces notions générales on ne sçauroit blamer l'établissement de ces Assesseurs, que l'on peut appeller Prêtres à tems, ou Prêtres Laïcs, & qui sont encore en usage en plusieurs Pays, pourvû qu'on y apporte ces modifications: 1°. de ne point soutenir qu'ils sont de droit divin, proposition qui tourneroit à la honte de l'ancienne Eglise, & à la ruine de la présente. 2°. De ne leur point prêter les Clefs de l'Evangile, que J.C. a confiées aux seuls Pasteurs, & qu'il n'est pas permis de donner à d'autres: ils n'ont que le conseil par rapport à l'excommunication, en tant qu'elle est l'ouvrage des Pasteurs, & en tant que l'excommunication est dévolue au Peuple, qui doit bannir tout coupable de son sein; ils peuvent dresser un Décret pour la faire ratifier par le Peuple. 3°. De ne point revêtir de ce Ministere des gens incapables de gouverner l'Eglise, & de terminer les différends : cette démarche seroit funeste & indécente à l'Eglise ; elle ouvriroit la voie à l'Oligarchie. 4°. On doit prendre garde aussi que ces Assesseurs n'exercent pas plus de Jurisdiction extérieure que la Puissance souveraine & que les Loix publiques ne leur en attribuent. 5°. Qu'ils soient bien convaincus que leurs fonctions sont dépendantes du pouvoir souverain, & ne sont point de la nature de celles des Pasteurs qui sont instituées par J. C. mais du nombre des établissemens humains, & par conséquent sujets au changement : ces deux modifications inconnues, ou négligées, il s'ensuit de grands troubles dans les Etats : des gens habiles l'ont prévû, & la Hollande l'éprouve tous les jours.

Plusieurs, prévenus que cette administration est de droit divin, vont jusqu'à refuser, ou à n'accorder au Magistrat politique qu'une Jurisdiction limitée sur l'Eglise ; persuadés que Dieu a pourvû abondamment aux Pasteurs & aux autres Ministres, ils opposent perpétuellement la volonté divine à la politique humaine. Ce double empire indépendant nourrit les factions, & ceux-là les fomentent sans cesse, qui aiment le trouble dans l'Etat & dans l'Eglise : notre Patrie ressent les tristes effets de cette vérité depuis plus de trente ans.

J'avoue que cette expérience m'a inspiré le dessein de traiter la question. A Geneve ( Ville qui a produit les plus grands Défenseurs de la Réforme, si elle n'a pas eu la gloire de donner les premiers ) le petit Sénat a le choix de ces Anciens sur le Conseil des Pasteurs : non-seulement ils sont tirés du Sénat, mais d'entre les Sénateurs ; sçavoir, deux du petit Sénat, & dix, tant du Sénat des soixante que du Sénat des deux cens. L'élection achevée, elle est soumise à l'examen des deux cens, & quoique ces Senieurs élûs n'ayent aucune Jurisdiction, ils prêtent serment à la République: c'est être aveugle, que de ne pas appercevoir les maux que les Genevois rédoutoient, en pésant toutes les formalités de cette Election.

## CHAPITRE XII.

*Comment le Magistrat politique substitue & délégue en ce qui concerne la Religion.*

I. Le Souverain a besoin de Vicaires dans la Religion.

IL ne suffit pas au Magistrat politique de connoître ses droits, s'il n'apprend comment il en doit user; il s'acquitte par lui-même d'une partie de ses devoirs, tandis que des sujets choisis remplissent l'autre. J'ai expliqué plus haut jusqu'à quel point il devoit écouter les Conseils de Ministres éclairés dans la portion qu'il exerce par lui-même, je ne me lasserai point de répéter que les Empereurs Chrétiens, ensuite les Rois de

France & les autres Princes ont toujours eu auprès d'eux des Pasteurs vertueux, par l'avis desquels ils n'ont pas moins bien réglé la discipline de l'Eglise, qu'ils ont administré le Gouvernement politique, sur les conseils de leurs autres Ministres ; mais attendu que le Magistrat politique, dont la puissance embrasse tout, ne sçauroit pourvoir à tout par lui même, il lui est nécessaire d'emprunter des secours étrangers.

» Le fardeau pesant, dit un Au„ teur sage, que porte le Monarque „ de l'univers, veut de l'aide; beau„ coup d'affaires demandent beau„ coup de secours. Les Ecoles de „ Jurisprudence rétentissent de cette „ question ; quelle est la portion du „ pouvoir souverain que le Magis„ trat politique peut confier ? Je n'entreprendrai point de la discuter; elle n'est pas même de mon projet: il en est qu'il n'est pas possible de détacher du Souverain ; il en est qu'il ne seroit pas prudent de communiquer à cause de leur importance.

De

De la premiere espéce est la correction des Réglemens de ses Prédécesseurs, de casser les Arrêts injustes, sinon par appel, du moins par supplication, & d'annuller les élections funestes à la République & à l'Eglise; de la seconde espéce est la protection de la Religion, l'élection & la déposition des Evêques, que le Magistrat politique s'est ordinairement reservé, quoiqu'il ne l'ait pas toujours fait; des circonstances ont souvent exigé que le soin de la Religion fût déposé entre les mains de certains Sujets, soit Princes, soit Universités. Conduite que les Perses, les Macédoniens, les Romains ont tenuë envers les Juifs & les autres Nations tributaires, à qui ils ont abandonné la discipline de leur Religion. On sçait aussi que les Empereurs n'ont pas toujours nommé les Evêques de Rome & de Constantinople.

II. Le soin de la Religion quelquefois accordé aux Sujets.

Il y a deux manieres de commettre son droit, la substitution & la délégation: la substitution est le mandat, qui est en vertu d'une Loi ou

III. Des Vicaires, les uns substitués, les autres délégués.

d'un privilége; la délégation est une grace spéciale.

IV. On a coutume de substituer tantôt les Pasteurs seuls, tantôt avec les Laïcs, tantôt les Laïcs seuls.

Le Magistrat politique avoit coutume de se substituer des Evêques; de cette source coule le droit de faire des Canons, avec force de Loi, de déposer les Pasteurs, d'excommunier les Fidéles: tous droits que l'on vient de voir communiqués aux Conciles & au Clergé. On puise encore dans les Diplomes des Empereurs & des Rois le droit du Clergé & des Chapitres pour procéder aux élections: monumens de la piété des anciens Princes & des Empereurs, qui se persuadoient sans doute, que les Ministres versés dans les choses sacrées, entre les mains desquels J. C. avoit déposé le ministere évangélique, dispenseroient avec fidélité cette portion du Gouvernement. Plût à Dieu que le succès n'eût pas été contraire à leurs pieuses intentions!

Il est bon de prévenir ceux qui ne pensent pas que les Pasteurs sont les Vicaires du Magistrat politique; pour dissiper cette erreur, ils n'ont qu'à consulter la raison, le droit & l'Histoire : d'ailleurs on trouve que les Princes associoient aux soins de l'Eglise les Laïcs vertueux & sçavans, non sans quelque exemple de l'autorité divine. J'ai fait voir précédemment que le Grand Sanhedrin, composé de septante personnes, occupés à veiller sur le Gouvernement & sur la Religion, étoit composé de Prêtres, de Lévites & de Senieurs tirés du Peuple. Il est certain que le Grand Prêtre disoit le premier son avis dans les affaires ecclésiastiques, & même dans les autres, si je ne me trompe; ensorte cependant que le Vicaire du Roi, nommé *Nasi*, présidoit & recueilloit les voix : le Sénat du Palatinat a été formé sur ce modéle. Les Loix attestent cette union de Magistrats avec des Evêques : telle est la Novelle de Justinien XVII. chap. XI. il l'adresse au Gouverneur de la Province : » Ne souffrez point que per» sonne souleve votre Province, » sous prétexte de Religion & d'hé» résie, ni qu'il enseigne aucun nou-

» veau dogme. Vous veillerez uti-
» lement aux Finances & à la Po-
» lice ; & vous ne permettrez point
» qu'à l'occasion de la Religion on
» entreprenne rien contre nos régle-
» mens : si ce qu'on vous demande
» regarde les Canons, disposez &
» décidez de concert avec le Métro-
» politain de la Province, soit que
» ce soit des Evêques, ou autres qui
» soient dans le doute, afin de don-
» ner à la cause de Dieu une issue
» heureuse & prompte, qui conser-
» ve la Foi orthodoxe, qui soit avan-
» tageuse à nos Finances, & qui
» affermisse la tranquillité de nos Su-
» jets.

On sçait que les Conciles, les Sénateurs & les Juges, que les Empereurs désignoient, ont eu part à la déposition des Evêques. La Sentence qui dégrade Photin, fut prononcée par les Evêques & les Sénateurs ; leurs noms sont dans Epiphane. L'Empereur Valentinien commit des Sénateurs & des Prêtres du Conseil secret, pour connoître de l'affaire de l'Evêque Sixte III. Le Concile de Calcédoine confirme cette coutume dans la cause de Dioscore & dans celle des Evêques du Diocèse de Tyr: car on n'attribue pas moins aux Magistrats qu'aux Evêques la déposition & le rétablissement des Evêques. Quelquefois lest Magistrats ont été appellés seulemen pour prévenir le tumulte & la violence. Le Comte Candidien, le Bouclier de l'Eglise, assista au Concile d'Ephèse, & décida avec les Peres du Concile: la Loi de Justinien unit les Juges au Clergé de la Ville, pour élire l'Evêque. Théodoret dit, » que cet usage n'est point de » ce siécle, puisqu'à la mort de S. A» thanase, on éleva Pierre sur le Siège d'Alexandrie, par la voix unani» me du Clergé & des Magistrats. Les schismes & les divisions des Evêques obligerent de remettre le soin de la Religion aux Magistrats, même sans le communiquer aux Evêques. Elien, Proconsul d'Afrique, délégué par Constantin, jugea seul les Donatistes; Marcellin, Ministre d'Honorius les jugea seul aussi : entre les Patrices de Constantinople, un étoit spécialement chargé des affaires de l'Eglise, d'où la fonction a tiré son nom : les Parlemens de France en connoissent, par l'Appel comme d'abus ; les Conseils d'Espagne par la voie de l'opposition ; les Cours de Hollande par les Mandats Pénaux. Enfin, il n'est plus douteux que les Laïcs seuls ont souvent élû les Pasteurs, en conservant aux Evêques l'Ordination & l'approbation ; telle est l'origine du droit de Patronage, qui est non-seulement reçu en France, mais en Angleterre & dans le Palatinat : telle est la base des Canons d'Angleterre & des Constitutions des Palatins.

V. Le droit de Patronage est ancien, & même du droit Roïal.

Comme je ne taxe point d'indiscrétion le zele de certains esprits, qui craignent qu'à la faveur de ce droit on n'altére la tranquillité de l'Eglise, je ne puis de même souffrir le systême dangereux de ceux qui ont hazardé que ce droit émane du Pape. L'Empereur Justinien étoit Orthodoxe, & son régne n'est pas si ancien. Je vais rapporter sa Loi qui établit ce droit : » Si un Laic » bâtit une maison & y place des » Ecclésiastiques ; si lui ou ses hé» ritiers destinent des revenus à » leur entretien, & qu'ils fassent » choix des sujets capables, il faut » les ordonner ; mais si les Canons » empêchent qu'ils ne soient promûs » aux Ordres, comme indignes, » c'est à l'Evêque alors d'y faire en» trer qui il jugera meilleur.

Cette Loi est de 541, tems auquel les Papes étoient les Evêques des Empereurs, & étoient nommés par eux : une autre Constitution de cet Empereur de l'an 555 est adressée à l'Evêque de Constantinople. Elle accorde aux Fondateurs des Eglises, ou à ceux qui les doteront, la présentation des Clercs, pourvû que l'Evêque les approuve, après les avoir examiné. L'an 553. le Concile de Tolède dressa ce Canon : » Nous décernons » que les Fondateurs des Eglises » veilleront sur elles pendant leur » vie, qu'ils en auront la principale

» inspection, & qu'ils présente-
» ront à l'Evêque des sujets capa-
» bles pour les administrer; que si
» l'Evêque, au mépris des Fonda-
» teurs, ose conférer, qu'il sache
» que sa collation est nulle, & qu'à
» sa honte on y maintiendra ceux
» que les Fondateurs auront choisis.
Les Constitutions de Charlemagne, que Ansegise a recueillies en
» 827, contiennent ces mots : Lors-
» que les Patrons Laïcs présentent
» aux Evêques des Clercs d'une vie
» irreprochable, & d'une bonne doc-
» trine, rien ne les doit faire rejetter.

Loin de resserrer ce droit dans les Bénéfices Cures, les Empereurs de Germanie ont gratifié les Ducs de Baviere & de Saxe de celui de pourvoir aux Evêchés, attendu qu'il appartient à l'Empereur seul d'investir les Evêques, ainsi qu'Helmodus l'a autrefois soutenu. Ce pouvoir tire son origine de la Constitution & de la concession des Empereurs & des Rois, & c'est une pure émanation du Magistrat politique; il ne vient point de la libéralité des Papes, c'eſt pourquoi les Auteurs qui l'on maintenu & interpreté, n'ont rien eu tant à cœur que de perſuader le Public, que les Bénéfices ſont le Patrimoine du Pape. Panorme eſt à la tête de ces Auteurs : j'ame mieux l'avoir à combattre en cette matiere, que de l'avoir pour ſectateur. Covarruvias & Duaren l'ont repris; Covar. p. 2. Rel. chap. Poſſeſ. §. 10. nom. 2. Duar. l. 3. nom. de Eccle. Mini. chap. 11. D'autres Juriſconſultes l'ont auſſi refuté, & les Sçavans de ces ſiécles & du nôtre n'ont point ſouſcrit en ce point aux prétentions du Clergé.

VI. De l'ancien uſage de Hollande. On répond en même tems aux autorités de Panorme, & au droit des Pontifes.

Il eſt bon de tranſcrire les notes du Sénat de Hollande ſur les Canons du Concile de Trente, qui autoriſe des maximes contraires aux anciens uſages. A la Seſſion IV. chap. 12. il ſemble gréver les Patrons Laïcs : » il faut remarquer, pourſuit-il, ſi l'expreſſion ou l'eſprit du » Concile tend à priver un Laïc du » droit de Patronage, dans le cas » où le Bénéfice, dont les Patrons

» ont le droit, ou plûtôt le conser-
» vent, n'est pas suffisamment do-
» té. A la Seff. 21. ch. V. & Seff. 25.
» chap. IV. Qu'on examine si l'u-
» nion des Cures, même des Béné-
» fices simples, ne préjudicie point
» aux Patrons Laïcs. Au chap. IX.
» Seff. 22. comme il est de droit,
» que les Laïcs peuvent administrer
» les Eglises, & que la Hollande en
» a conservé l'usage, c'est devant le
» Juge Laïc qu'on doit instruire de
» leur administration: il continue
» ainsi, cette connoissance appar-
» tient aux Seigneurs temporels,
» même ceux appellés Ambachts-
» Heeren & autres Magistrats sécu-
» liers, il feroit triste d'innover.
» Chap. XVIII. Seff. 23. on blesseroit
» les droits des Patrons Laïcs.

Telles font les Loix fondamentales que le Sénat a cru devoir maintenir, & qu'il est plus raisonnable de défendre, que celle que les Flamans ont jugé insupportable, au milieu des horreurs d'une guerre civile. Pourquoi les Papes & Panorme n'ont-ils pas exigé des Patrons Laïcs ce qu'ils usurpent maintenant à la faveur de leur autorité ? Je ne disputerai point sur le terme, si la présentation du Patron est une *vraie élection*, le passage de Clément III. paroît résoudre la question; chap. du droit de Patron. ex. D.C. » Il est plus » de la dignité de l'Eglise de deman- » der le consentement du Patron a- » près l'élection qu'avant. Je passe la » suite, les termes sont importans, » à moins que son droit ne soit cons- » tant. En effet, l'usage contraire a » prévalu depuis plusieurs siécles & en plusieurs lieux, sur-tout en Hollande; témoin notre Sénat au chap. I. Seff. 5. du Concile de Trente: » Il est „ essentiel de considérer, que si la pre- » miere Prébende vacante est desti- » née dans les Eglises Collégiales aux „ Lecteurs en Théologie, le Prince „ & les Patrons Laïcs, qui ont vo- „ lontiers en Hollande la présenta- „ tion des Eglises Collégiales, se- „ roient frustrés, dans chaque Chapi- „ tre, de la nomination de la premiere „ Prébende vacante: l'erreur est grossiere d'interpréter au chap. I. *Nobis*, que le Bénéfice de l'Eglise conventuelle est celui qui regarde la Prêtrise, ou qui demande les fonctions publiques. On cite Panorme, sans doute afin que du haut de leur Tribunal il les condamne ; car voici ses mots : » Le Patron à le droit de „ présenter le Pasteur dans chaque „ Eglise non Collégiale, même Pa„ roissiale, parce que les droits n'ex„ cluent point le Patron de présen„ ter le Recteur, à moins que ce „ ne soit dans une Eglise Collégiale. „ Doute-t'on que l'Eglise conven„ tuelle & Collégiale ne soit la mê„ me ? Le Glossateur, au mot Chap. „ dit, que l'Eglise conventuelle est „ une Communauté composée de „ deux ou trois. Le Collége est le Chapitre des Chanoines, à se prêter aux vûes du Pape : un tel Collége admet à peine un Patron Laïc ; mais les Empereurs, les Rois, & les Princes de Hollande en ont reconnu jusqu'à nos Peres : aussi le Pape, dans la crainte qu'on n'obéît pas, joint à son Decret l'exception de la coutume, que plusieurs ne passeroient pas, du moins à les voir, si on leur offroit la Thiare.

Comment imaginer après cela que les Etats Généraux ont éteint le droit de Patronage? le dire, ce seroit leur faire injure: ils n'ont point oublié que les Actes du Concile de Trente ont été un des principaux sujets des troubles, & que l'obstacle le plus fort à leur publicité, a été les cris des Patrons Laïcs, qui se sont plaint hautement des atteintes qu'ils donnoient à leurs droits. On a lû plus haut le sentiment des Etats sur cette matiere. Il est en même tems plus vrai, que le Souverain a le pouvoir de casser, par de bons motifs le choix du Patron: ce droit comme tous les autres, qu'exercent les Sujets, est soumis au pouvoir des Loix; ajoutez encore l'information du Peuple, & l'Ordination des Evêques, la destruction de l'Eglise ne sera pas moins à craindre de la part des Patrons, que de la part des hommes les plus grossiers.

VII. Les Magistrats infé-

Je finirai par deux réflexions, l'une que la Loi divine n'a confié

sieurs n'ont de droit divin aucun pouvoir sur la Religion.

aux Magistrats inférieurs aucune autorité sur la Religion : ils tiennent du Prince celle dont ils sont revêtus, & je l'ai expliqué ailleurs. Joseph le Décurion, & le Proconsul Sergius n'étoient pas plus dans l'Eglise que tout Fidéle, parce que ni l'un ni l'autre n'avoient reçu ou de l'Empereur ou du Grand Sanhedrin aucun pouvoir d'ordonner de la discipline : or personne ne doit s'arroger l'autorité du glaive ni même d'une partie du glaive.

VIII. Le moins qu'il sera possible de leur en confier.

L'autre observation est, que comme la protection de l'Eglise est la portion la plus précieuse de la Puissance absolue ; c'est agir sagement que d'en faire part rarement aux Magistrats, & si les circonstances obligent le Souverain de la communiquer, que du moins il ne se repose de cet important devoir, que sur les puissances qui approchent le plus de sa personne. Dès qu'on interdit aux Juges des Villes la connoissance des Monnoies & des Domaines, & qu'on forme pour ces matieres des Cours supérieures, à plus forte raison il intéresse la sureté publique & la dignité de l'Eglise, que sa discipline ne dépende point des Tribunaux inférieurs: en France les Appels comme d'abus se portent directement aux Parlemens, & autrefois en Hollande au Sénat de la Province.

IX. Sur-tout qu'ils professent la vraie Religion.

Ces commissions, qui concernent l'Eglise, ne doivent point être mises entre les mains de gens qui ne la reconnoissent pas. Pour cette raison il étoit défendu aux Juifs & aux Chrétiens de porter leurs différends particuliers devant des Juges qui ne professoient pas leur Religion: il seroit donc honteux que les dogmes de Foi, ou les playes de l'Eglise, fussent dévoilés à des hommes qui ne sont pas ses enfans.

FIN.

www.ingramcontent.com/pod-product-compliance
Lightning Source LLC
Chambersburg PA
CBHW070628270326
41926CB00011B/1847

* 9 7 8 2 0 1 3 5 2 0 0 4 1 *